幼儿教师专业成长新视界

幼儿教育学导论

YOU'ER JIAOYUXUE DAOLUN

[美]安·迈尔斯·戈登
[美]凯思琳·威廉斯·布朗 著

梁玉华 李锡奎
师建峰 郭 放 译

下册

四川出版集团 四川少年儿童出版社

Ann Gordon & Kathryn Williams Browne
Beginning Essentials in Early Childhood Education，1e
EISBN：9781418011338

四川省版权局著作权合同登记号　图进字 21－2009－61 号

图书在版编目（CIP）数据

幼儿教育学导论．下册/（美）戈登，（美）布朗著；梁玉华等译．—成都：四川少年儿童出版社，2010.5（2011.4 重印）
书名原文：Beginning Essentials in Early Childhood Education
ISBN 978－7－5365－4942－5

Ⅰ.①幼…　Ⅱ.①戈…②布…③梁…　Ⅲ.①幼儿教育学　Ⅳ.①G610

中国版本图书馆 CIP 数据核字（2010）第 082531 号

幼儿教育学导论（下册）

［美］安·迈尔斯·戈登　凯思琳·威廉斯·布朗　著
梁玉华　李锡奎　师建峰　郭放　译

责任编辑：陈　华　丁九阳
封面设计：周筱刚
版式设计：吴向鸣
责任校对：覃　秀
责任印制：王　春

出　　版：四川出版集团　四川少年儿童出版社
地　　址：成都槐树街 2 号
网　　址：http：//www. sccph. com. cn
印　　刷：成都东江印务有限公司
成品尺寸：260mm×215mm　1/16
印　　张：14.5
字　　数：290 千
版　　次：2010 年 5 月第 1 版
印　　次：2011 年 4 月第 2 次印刷
印　　数：2 001－4 000 册
书　　号：ISBN 978－7－5365－4942－5
定　　价：30.00 元

目 录

第七章

教师指导原理

问题思考：

儿童行为背后的原因是什么？
班级环境如何影响儿童的行为？
管教和惩罚之间的差异是什么？
应对儿童问题行为有哪些有效的方法？
如果幼儿园和家庭指导策略不一致，教师应该怎么做？

一、理解儿童的行为

两岁的小希和小金正在装扮区玩耍。小金抓住了小希戴在脖子上的一条项链。小希吓了一跳，大哭起来，抓住小金的手臂，狠狠地咬了一口。

五岁的马尔肯横穿房间，跑向积木区。突然，他停下来站着，看洛兰小心翼翼地把积木一块一块地往上摞。马尔肯小手一挥，洛兰正在摞的高塔一下子就坍塌了。

老师宣布清洁时间快到了，六岁的迈克答道："清洁是女孩子的工作，我才不要做。"他把画笔扔到地上，飞快地跑开了。

上述是幼儿教育场所经常出现的典型情境。无论材料多么丰富，教师受过多么完善的培训，教育方案多么优秀，儿童冲突事件总是经常发生。帮助儿童学会处理自身的愤怒、恐惧、沮丧和欲望，是教师最具挑战性的工作之一。

图 7—1　为使行为指导获得成功，教师首先要理解儿童的行为。

要对儿童行为进行指导，教师首先要理解儿童的行为。这需要教师具备儿童发展的相关知识，具有观察能力，并能理解儿童行为尤其是不适宜行为背后的原因。如果教师能理解儿童身上发生的事情，那么，教师就可以帮助儿童形成新的行为模式。那么，儿童为什么会出现不适宜的行为？儿童如何学习适宜的行为？

二、影响儿童行为的因素

（一）发展因素

与儿童相处的成人，应该知晓发展理论，了解不同年龄的儿童会有什么样的行为模式。发展理论能帮助教师预见儿童的行为，并帮助教师对儿童行为形成合理的期望。将儿童的行为看做可以预测且具有发展适宜性，这能帮助教师应对儿童的问题行为。（各种发展理论的深入探讨，请见第四章）

（二）环境因素

培养儿童积极行为这一目标应该体现在班级环境中。班级的物理环境应该明确告知儿童在此空间内应如何行事。班级环境很容易让儿童明白哪些行为是被期望的，自己应该如何做事。儿童尺寸的家具适合儿童坐着进行活动；低矮、无门的柜架暗示着儿童可以从中拿出材料，使用后再把材料放回去。材料、作息时间和人际关系，这些都是影响儿童行为的环境因素。

材料和设备应该数量充足，对儿童来讲还应该具有趣味性。当儿童沉浸在刺激丰富、适宜于自身年龄的材料中时，出现不适宜行为的几率就大大减少了。适时增添材料和设备，这能避免儿童之间为一件喜爱的玩具而发生争夺，并且能为儿童提供新的挑战，有助于拓展儿童的玩法。

作息表直接影响班级行为。如果提供一段时间让儿童自主选择活动，儿童就能按照自己的步调进行活动，不会感到紧迫、有压力。如果作息表没有留出充足的清洁和活动过渡时间，就会导致局面失控。当儿童感受到压力时，争吵、意外和流泪事件就会随之出现。一般来讲，不合群行为有时与儿童感受到时间紧迫有关。

成人与儿童之间的人际关系也影响着儿童的行为。信任和支持的氛围有助于形成良好的学习环境。困扰成人的问题也会影响儿童。家庭危机、新生儿的诞生或父母离异，这些都会影响儿童的行为，并被儿童带进班级。只有当儿童感受到他人的支持、被他人接纳，他们的行为才容易被修正。

第九章将更细致地讨论为儿童设计活动空间时需要考虑的因素。这些因素直接影响儿童如何行事。采用表7－1提供的核查表，可以评估环境与教师指导理念、儿童行为之间的关系。通过预测儿童的需要和成长模式，教师可以设置相应的班级环境，促使儿童出现建构性行为和目的性行为。

表7－1　班级核查表

时　间

——日常作息是否安排了充足的时间让儿童悠闲地开展游戏？

——对类似活动过渡这种易造成儿童紧张的环节，是否安排有充足的时间？

——活动结束后，是否安排有儿童能轻松进行的清洁环节？

课程设计

——儿童开展游戏时是否有充分的选择机会？

——课程是否有适度的挑战性，是否能避免枯燥乏味或无法休息的状况？

——课程是否适宜于班上儿童的年龄？

——是否安排有助于儿童纾解紧张的活动？是否提供有进行儿童肢体运动、儿童探究和操作材料的活动？

——形成规则和指导原则时，是否充分考虑了儿童？是如何考虑儿童的？

组织和规范

——是否期望儿童在使用物品后能将其放好？储物柜是否低矮、无门并做好了标示？

——儿童能否方便地拿到材料？是否鼓励儿童的自主选择和独立性？

——是否有足够的材料可供儿童使用，避免儿童之间发生争执？

——活动区域是否标示清晰，以便儿童明白在各区域该做什么？

——教室布置是否能避免儿童互相追逐？区域入口是否狭窄？

——儿童是否有私人空间？

——儿童是否能使用所有可见和可取得的材料？是否有明确标示“禁止触摸”的材料？

人事安排

——是否有足够的教师，给班上所有儿童以充分的关注？

——小组的规模和构成是否均衡，以便儿童有多名玩伴？

——教师是否具有经验？教师在设置规则和指导儿童行为时是否感到游刃有余？

——教师是否致力于鼓励所期望的儿童行为？教师是否忽视那些不适宜的儿童行为？

——所有成人是否一致执行同一规则？

（三）个体因素

班级里的每个儿童都是独特的。每个儿童都有自己的特色，需要得到理解与尊重。幼儿教师需要了解班里每个儿童的气质特征。如，亨利做事和玩游戏都充满活力，而诺曼却容易分心；小叶畏惧任何变化，而安立奎却在应对挑战中不断成长。根据儿童一贯的行为模式，教师就能确定每个儿童的人格特质。

索马斯（Thomas）和齐斯（Chess）提出婴儿有三种不同的气质类型：易养育型（the easy child）、难养育型（the difficult child）、缓慢型（the slow-to-warm-up child）。气质上的差异在年幼婴儿身上就已出现，在儿童成长过程中仍然存在。儿童的气质影响着他与人们的相处方式。对于易养育型气质的儿童，人们很容易对其做出回应；对于缓慢型气质的儿童，人们较难做出回应。而难养育型儿童可能因没有做的事情而受到他人的责备。认清每种气质类型的特质，这样成人就能认真对待，避免不公平地或贸然地给儿童贴上标签。*

（四）情绪和社会因素

儿童的一些行为问题，源于儿童想要表达自身的社会性需要和情绪需要，包括被爱、被呵护、被包容、被重视、渴望朋友和安全感等需要。儿童不断地努力表达这些需要和感受。由于儿童刚开始学习使用语言和交流技能，因此儿童经常通过非口语行为或间接行动，让我们知道什么事情在困扰着他们。让儿童知道，我们已经意识到他们在生气、嫉妒或受伤害，这是非常重要的。善于为儿童提供支持的成人，会帮助儿童找到应对这些社会感受和情绪的方法。

表 7—2 描述了源于儿童社会性需要或情绪需要的四种不适宜行为。儿童想从不适宜行为中获得的事物，我们将其称为行为目标。这些行为目标可以应用到儿童与成人的互动之中，或者儿童之间的互动中。儿童的某种行为可能不止一种目标，不适宜行为背后的原因有时也并不明显。但是，每一个行为目标都会显示儿童的某种社会性需要或情绪需要。

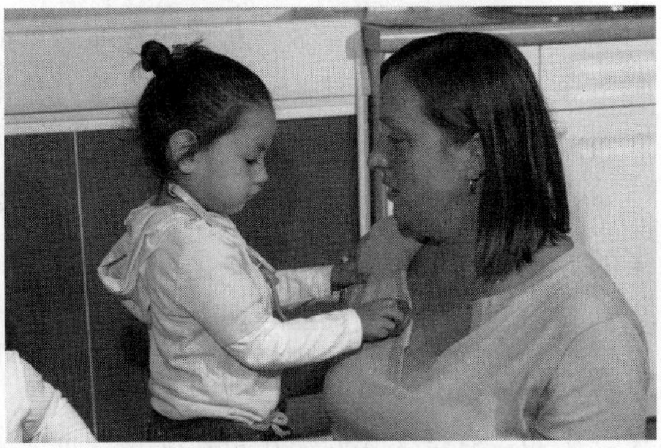

图 7—2　教师需要处理儿童的各种情绪需要。

表 7—2　四种不适宜行为的目标

目　标 （情绪需要）	儿童的行为
获得关注	儿童需要感受被他人接纳，渴望得到他人的关注，无论是积极的关注还是消极的关注。
追求权力	如果没有获得关注，儿童会努力尝试获得一种控制感和掌控自己生活的能力。他们喜欢成为他人的“领导”。
报复	儿童会对他人进行报复，来获得一种自尊感。
自卑	儿童因担心失败而退缩。儿童会避开有压力的情境，不去尝试任何新事物。对于别人期望自己做的事情，儿童感到无法胜任、无能为力。

* 理解多元化的世界时，儿童的气质是需要考虑的重要因素。气质差异也许不会像性别差异、种族差异那样立刻显现出来，但同样重要。

你的观点是什么？

回看本章开篇描述的三种典型行为情境，你认为小希、马尔肯、迈克的行为目标分别是什么？社会性和情绪在其行为里扮演着什么样的角色？

（五）文化因素

当今儿童在多元化环境中长大。多种文化汇集在一起，形成了一个拥有多个民族，多种文化、语言和态度的国家。儿童和教师都生活在这样一个持续进行跨文化交流的世界里。教师指导儿童行为时，具备跨文化沟通能力显得尤为重要。第四章埃里克森、维果茨基的理论和布朗芬不伦纳的观点，都强调了文化与行为之间的关联。

对儿童的指导和管教，与家庭的价值观和理念密切相关。家庭的文化塑造了家长养育孩子的方式，每个家庭对自身文化价值观的诠释都是独特的。从如厕到体罚，这些儿童养育方式都受到文化的影响。学校和家庭对于儿童行为的态度必须保持一致。文化影响家庭的育儿方式，而这些方式可能与教师的理念和期望并不一致，从而导致幼儿园和家庭教育方式的冲突。比如，有些文化鼓励儿童要挑战、质疑成人的观点，但在另一些文化中，这种行为却会被看做是对成人的不敬。

教师逐渐熟悉儿童家庭的习俗和理念之后，就能对儿童行为有更深的了解，明白儿童行为背后的原因。每个儿童都应被看做家庭系统的一部分，教师的角色就是支持儿童获得安全感，并在家庭中获得认同。儿童身上会折射出其接受教养的背景：家庭、文化、族群、宗教、社会经济地位以及邻近地区等。只有意识到这些影响因素后，我们才能适应不同儿童，给儿童提供最有效的指导。

在有些家庭看来，集体感的重要性超过个人主义，除非个人观点能被他人理解和欣赏，否则就可能在幼儿教育课堂中造成问题。绝大多数幼教人员不会在儿童还没有做好准备之前，就强迫儿童与他人分享自己的私人物品，幼教人员会鼓励儿童尽早独立自主。这与家庭重视合作、分享的理念大相径庭。因此，教师需要对家庭的育儿观保持文化敏感性。表7—3显示了家庭文化模式与儿童行为、适宜指导策略的关联。了解多元文化家庭模式，以及针对这种模式的育儿方法和策略，让教师能够开始与儿童进行对话。

表 7—3 影响教师指导的多元文化家庭模式

家庭文化	儿童的经验和行为	指导策略
权力结构		
民主的家庭，家庭成员共同决策。	鼓励儿童与他人协商、妥协。	提供真实的选择权；运用技巧解决问题。
所有决策都由某个家庭成员完成。	期望儿童服从，遵从指示，尊重成人的权威。儿童不能选择活动，也不能直视成人眼睛，或用名字称呼成人。	不要强调眼神接触。儿童选择活动时需要获得帮助。教师要与作决策的家庭成员进行合作。
价值观		
团结、亲密的家庭。	儿童获得家庭优先的观念；个体要为家庭作贡献。	教师要意识到家庭事务可能优先于学校。
重视名誉、尊严、自尊心的家庭。	儿童行为体现家庭的名誉；儿童会因粗俗、缺乏礼貌而受到惩戒。	与家长分享儿童的成就；帮助儿童学会礼仪；讨论儿童的问题行为时，要保持敏感性。
允许表达自我感受的家庭。	允许儿童哭泣、尖叫、发脾气。	安慰儿童并允许他哭泣；陪伴儿童直到其安静下来。
管教方式		
明确、直接的管教。	儿童学会尊重成人的权威，遵从成人指示做事；儿童可能不接受积极的指导策略，不能忍受被忽视。	善用幽默；表达确切。
基于人性本善的管教。	儿童可以自由探究事物，成人警告他们可能出现的行为窘境。	儿童如受到严格管教可能会变得消极；采用自然后果法；询问儿童而不是进行指示。
基于人性本恶的管教。	儿童常被责骂、威胁，且必须遵守承诺。	示范期望儿童出现的行为；采用“如果……就……”的方式提要求，如：“如果你吃完了，就可以玩耍。”鼓励儿童的良好行为和礼仪。

三、儿童指导要素

（一）指导方式

处于幼儿期的儿童，刚开始了解自身的情绪有多大能量，情绪对自己及他人的行为会造成什么样的影响。行为是无声的语言，儿童借助行为表现自己的情感和思想。关怀儿童的成人，必须帮助儿童学会对自己的行为负责，当儿童探求其他行为方式、发展社会技能、学习解决问题时，应该让儿童学会对他人表示尊重。

幼儿教师的主要角色，是指导儿童学习必要的自我控制，以便与他人建立积极的人际关系。因此，指导者（guide）的意义十分突出。指导者是进行领导、解释和支持的人，指导者要指出方向、回答问题，帮助儿童达到目的。这也就是教师应做的事情。

（二）管教和指导

“管教”（discipline）一词来源于 disciple，是指弟子、追随者和学习者。该词涉及一个重要概念，既是追随榜样又是遵守规则。成人通常是儿童行为的榜样。儿童所见到的成人行为，慢慢将变成儿童自己的行为。成人通过给儿童树立良好的行为榜样，从而帮助儿童学习适宜的行为。很多人将管教与惩罚（punishment）联系在一起。惩罚是对过错、失职进行的惩处，比较严格，且会给人造成伤害。因此，惩罚常被看做是负面的词汇，在某些人看来，管教和惩罚是同义词，但实际上两者并不是同义词，表 7－4 显示了两者的不同含义。采用管教这种指导方式，能鼓励儿童的互动与参与；惩罚通常是成人施加在儿童身上的行为，并非儿童主动参与。

指导的过程是教师和儿童共同完成的。指导是一种互动，而不是成人单方面施加给儿童的行为。有能力的教师采用关怀和理解的方式，帮助儿童获得对自身行为的控制能力。为了达到这个目的，教师需要在儿童的独立愿望和外部控制需求上，维持一种微妙的平衡。

表 7—4 管教和惩罚

管 教	惩 罚
强调儿童应该做什么	强调儿童不应该做什么
是连续进行的过程	是一次性事件
树立榜样以供儿童模仿	坚持儿童要服从
培养儿童的自我控制能力	暗中破坏儿童的独立性
帮助儿童作出改变	是成人主导的方式
是积极的	是消极的
接受儿童的需求	促使儿童做出某种行为
培养儿童的思维能力	为儿童考虑
维护儿童的自尊心	打击儿童的自尊心
塑造儿童的行为	谴责儿童的错误行为

优秀指导的目标之一是帮助儿童达成自律（self-discipline）。只有成人支持儿童发展自我控制能力，这一目标才能实现。逐渐将管理自身行为的机会移交给儿童，成人借此向儿童传递自己的信任。随着责任感和信任度的提升，儿童的自尊和自信也得以加强，儿童会觉得自己越来越有能力，自身价值感也在提高。

儿童必须体会到成人放松控制后的自由滋味。只有当儿童有机会自我检测和自主决策时，他们才会认识到自身的能力和水平。

（三）发展适宜性指导

为了实施发展适宜性指导，教师在思考如何更好地对儿童行为做出回应时，需要运用有关儿童发展规律的知识和认知。

实施发展适宜性指导时，教师需要考虑儿童个体特点及该年龄段儿童的典型特点。确认特定年龄段儿童会有哪些常见行为，这是非常有价值的，这为教师了解儿童提供了线索。这样，儿童行为可以看做是正常的、可以预测的，并有助于教师作出相应的回应。基于发展原理设计的指导，有助于教师了解：

1. 6～8 岁的儿童已经具备评判他人观点的能力，对于这些儿童，可以选取问题解决的方式，让儿童思考自己的行为对他人造成了怎样的影响。

2. 小希（本章开头小故事里的孩子）是班里唯一一位父母年纪较长的孩子，他不常与其他孩子互动，因此教师的指导应包括给小希提供建议，教他如何与他人玩耍。

3. 学步儿对于自己的物品有强烈的所有权意识，因此，教师应该确认班上有数量充足、吸引力强的适宜材料，以便儿童不用和他人分享自己最喜爱的玩具。

这些范例确保了教师的指导技巧符合儿童的能力水平，成人对儿童的期望是合理而切合实际的。

（四）指导和管教的语言

指导和管教有自己独特的语言。* 指导中的语言和交流可以是有声的，也可以是无声的。成人越能发现语调的潜在价值，知晓哪些话语何时成效显著，就越能有效地运用肢体语言、身体状态和态度。

1. 语　调

与儿童交谈时，请采用平时对他人说话的方式。将良好的说话方式作为儿童模仿的榜样。教师要学会控制音量的大小——在适当的距离内采用适当的音量，便于双方听得清楚。教师需要适应儿童的发展水平。一般来讲，减小音量和降低声调，能有效地制止儿童的行为。

2. 遣词用句

教师进行指导时，语言越简洁越好。简单、明确、只说一次的话语，具有最大的影响力。儿童已有能力抓住教师话语中的重要部分。简洁的事件陈述，用一两个词说明许可或禁止的行为，提供可行的问题解决建议，这些都是必要的交流技巧。

遣词用句时请谨慎。教师需借由语言向儿童传递他人的期望。如："瑞奇，把积木移到离卡车远一点的地方，这样莎拉就不会再撞到了!"教师采用这种直接的方式，告诉瑞奇怎么做才能保护他的积木大厦。如果教师说："瑞奇，看管好你自己的积木大厦!"瑞奇并不会知道如何做才能解决这个问题。表 7—5 列出了运用积极话语作为指导策略的更多范例。

3. 肢体语言

与年幼儿童共处时，教师必须对自己的身体高度和位置保持警觉。教师无论坐、蹲或跪都要配合儿童的高度。如果教师的身体高度超过儿童头顶半米，或隔着教室大喊，就很难向儿童传递温暖和关怀。

对肢体语言善加运用，可以有效增强语言的影响力。紧紧握住儿童打人的手，或温柔地轻抚儿童的肩膀，这些行为都能让儿童知道成人会在身边保护自己。除了肢体语言，眼神接

---

* 指导和管教的语言存在文化差异。其中，性别差异可能伴随出现。如面对冲突时，鼓励男孩"反击"，但却教给女孩更为积极的处理方式。

触也是必要的。教师可以通过眼神和面部表情，让儿童知道某种情境的严肃性。教师也可以借此传递确认、关怀、悲伤、喜爱等信息。

表 7—5 运用积极话语作为指导策略的范例

——告诉儿童你希望他们做什么。使用积极话语进行指示和建议，而不是消极的话语。如："希拉，沿着草地边缘走，这样才不会被秋千打到。"而不是"小心被秋千打到！"

——强化儿童做得对的、你喜欢的并希望再次出现的行为，这能为儿童适宜行为的出现奠定积极的基础。如："山姆，做得好！你很认真地解决了这个问题。"

——直接建议或提醒，强调你期望儿童做的事。明确指引儿童关注任务，而不是采用唠叨的方式。如："米奇，我知道你很喜欢田野散步。看来你已经把外套穿好了，我们可以出发了吗？"而不是"快点穿好外套，这样我们才可以出发。"

——尽可能采用积极的方式引导儿童。如："我们去拿个篮子把球投进去，这样就不会影响到附近玩的其他小朋友了。"

——运用适当的鼓励，帮助儿童获得成功，让儿童理解你期望他们学习的事物。如："亨利，我注意到你在爬树的时候，很小心地关注自己的脚应该放在哪里。看起来你找到了适宜放脚的地方。"这样的话语向儿童传递了你的支持态度，告知了儿童哪些行为是正确的、适宜的。笼统性的表扬，如"做得很好，亨利！"可能会让儿童迷惑，不知道自己做的哪件事情被表扬，也让儿童忽略了从经验中进行学习。

——对儿童提要求时解释原因。采用简单、直接的话语让儿童知道要求背后的原因。如："汤姆，如果你把椅子移到旁边，你和小迪就有更多的空间跳舞了。"而不是"汤姆，把椅子移开！"

4. 态　度

态度是指导儿童的无声语言。态度通常从经验中形成。教师会发现，运用自己儿时受管教的方式很有价值，也能知晓儿童的感受。当教师约束班上儿童的行为时，应该对自身的态度有所了解。

（五）文化适宜性指导

随着社会的多样化发展，文化价值观和管教之间的话题也逐渐增多。管教方法与学校理念不一致的家长，对于教师来讲是一个挑战。* 在幼儿园运用与家长一样的管教方式，这也会给教师带来压力。教师希望坚持按幼儿园准则和自己的标准指导儿童，但又不能向家长说明其家庭价值观是错误的，也不能让家长和儿童感觉到教师在贬低自己的家庭。当家庭和幼儿园的教育方式不一致时，教师的职责是学会跨文化交流，可以采用如下建议：

1. 平等接纳幼儿园、家庭双方的观点；秉持一种开放的态度，对每个人的观点都表示尊重和欣赏。

2. 避免根据自身文化背景去解释他人行为的含意和价值；请记住，你自身的行为不会完整传递你的看法和价值观。

3. 了解班上儿童的不同文化背景，了解面部表情、身体接触、身体距离、时间概念等如何传递信息，传递了什么样的信息。

4. 观察、询问和谈论幼儿园和家庭的差异体现在哪里；从家长身上了解其家庭的文化背景。

5. 与家长共同商量，找出解决这种困境的办法。

（六）教 学 启 示

教师会直接、间接地影响儿童的行为。教师对儿童的直接管教主要是通过其言行实现的。教师对儿童的间接影响也很明显。教室布置、作息安排、教师的态度与行为，这些都影响着教师指导的品质。

对于儿童发展过程有着深入了解的教师，就会明白在儿童期出现问题行为是正常的。教师也会认识到，成长中的儿童必须身处一个安全无虑的环境中，以检测自己能反抗外部世界到什么程度。

在指导过程中，教师作为行为榜样（behavior model）非常重要。儿童会模仿成人的行为。儿童会意识到教师如何应对愤怒、挫败和攻击，以及教师如何解决问题和冲突。成人必

---

* 目前存在专业指导和家庭社会化实践两种指导。家长和教师对于儿童有共同的培养目标，但教师依据的是专业标准和行为规则，相比较而言，家长的指导则更为自由、随意，因为他们的指导融入了更强烈的爱、安全感、威信和忠诚。

须确保自己示范的行为，正是期望儿童出现的行为。为了成为优秀的行为榜样，教师应该意识到自己的情绪和感受，并注意不根据自己的直觉来解决问题。

指导儿童行为时，保持一致是优秀指导的关键因素。如果成人期望与儿童相互信任，教师制定的规则就必须明确、公平，且有规律地、前后一致地执行。同时，儿童必须知道如果不按规则行事会面临什么样的状况。对所有儿童，违反规则的后果也应该保持一致。

教师应该对儿童持有切合实际的期望，既不要过高，也不要过低。有时教师误以为儿童已经具备某种能力或技能，这就可能导致儿童出现不适宜的行为。事先与儿童一起，演练教师期望他们出现的行为，这是非常有益的。尤其要引入某个新话题或实施某项新计划时，事先的排练就非常有价值。

很多时候，教师要求儿童完成的任务对于儿童来说太过复杂。例如，刚学着穿外套和裤子或刚学会铺床的儿童就常常遇到这种困扰。如果教师能将复杂的任务分解成一些小的步骤，那么儿童就容易完成。例如，戈登铺床时，教师先帮忙将床单和毯子整理好，然后让戈登自己将床罩拉到枕头上。在这样循序渐进的指导下，戈登逐渐学会了铺床。

教师能了解自己管教和指导儿童的效果。教师在课堂中充当一名积极的观察者时，也应该知道何时去指导儿童。教师观察儿童时，可以自行安排介入的时机。但教师最好不要过早干涉儿童的行为。通过观察，教师可以了解儿童的行为，以及儿童行为对他人的影响。

表 7—6　提前计划

——提供充足的时间让儿童活动。给儿童自己做决定的机会。

——定期检查规则。随着儿童的成长和发展，规则也应进行调整。如果环境改变了，规则也应随之变化；规则须富有灵活性。

——鼓励儿童就某事进行讨论。即使你不认同儿童的观点，也要以开放的心态接纳它。让儿童知道你乐意倾听他们的各种观点。

——对室内或室外的环境保持警觉性。在儿童感到枯燥或厌恶之前，预先调整活动步调或改变活动。

——请记住，改变儿童行为需要花费时间和精力。采用前后一致的指导策略，能帮助儿童反复练习新的行为。

教师的另一个重要角色是预防儿童出现不适宜行为。教师需要在不适宜行为发生之前，预先察觉到潜在的问题或情况，这才是优秀的指导。尽管如此，仍有许多意外情况会突然发生。比如：一个儿童生病了；教师被叫到教室外；一场大雨，让户外活动不得不改为室内活动；预定的安排被迫延期。这些令人烦恼的事件出现之际，就是教师大显身手的时刻。教师可以采取如下方法帮助儿童维持良好行为：

1. 清楚明了儿童可能出现的问题或状况。教师要知道儿童可能会面临的困难。例如："葛斯，你看起来很累。等一会儿就是吃点心时间了。吃完点心后，你可以趴在桌子上休息一会儿。"

2. 要求儿童帮助教师，让儿童参与问题解决。例如："格罗老师必须离开一会儿。而我需要注意积木区的小朋友，同时还要进行烹饪活动，那我们怎么办呢？亨利，你有什么解决办法？"

3. 给喜欢挑战的儿童布置一项工作或任务。例如："罗蕾妮、保罗，你们能帮我把鼓搬进来吗？因为我要帮助小班小朋友在下雨前将三轮车搬走。"

4. 随时做好讲故事、唱歌、猜谜、做练习等准备。通过树立这样的行为典范，帮助儿童采用适宜的方式消磨时间。例如："小朋友们，消防车还没有到学校，我们得再等五分钟。等待消防车时，让我们想想，消防人员是怎样爬梯子、滑溜绳的？"

5. 将你的期望表达出来。说明你为了改变现状愿意做哪些事情。例如："喔，理子，我也希望马上把你妈妈叫回来，但我没有办法啊，因为她必须去工作。不过，我会一直抱着你，直到你不哭了。"

图 7—3 "他们都不跟我玩。"听到儿童这样的话，灵敏的教师会在问题发生之前介入其中，引导儿童的行为。当你面临这种情况时，你会怎么做？

这些管教方式适用于婴儿和学步儿，但教师还必须考虑一些特殊情况。婴儿会哭泣，有时是大哭。这是婴儿与外界交流、表达自我的唯一方式。当婴儿啼哭时，我们不能忽视或者责骂，而是要安慰他们。无论婴儿年龄多小，对他们说话都会对他们有很大的帮助，然后你要明确能减轻婴儿痛苦的步骤。学步儿也需要成人用话语描述各种问题情境。先前的例子适用于该年龄段中活泼好动的孩子。需要警惕的是：将婴儿或学步儿与其同伴团体隔离开，或将他们限定在一定的游戏区域内，这是不适宜的管教方法。因为年幼的孩子根本不懂这样的隔离有什么意义。若要获得良好的效果，教师的指导对于儿童必须是有助益的，而不是惩罚性的。请见表7—7列出的教师“务必避免”的指导方式。

表7—7　教师应该避免的指导方法

——任何让儿童感到屈辱、被恐吓、丢脸的方法。

——身体虐待。

——在儿童之间进行比较。因为比较会激发竞争，影响儿童个体的自尊心。

——反复强调已结束的事故。一旦事过境迁，就将其结束，不要一再向儿童提起。

——太过冗长、严苛或延迟的结果。因为儿童从即时、简洁的结果中获益最多。

——规则过多。设置能确保环境安全的规则即可。

——许诺你做不到的事情。

——对儿童的帮助过多。让儿童尽可能自己完成事情，包括解决他们自己的冲突问题。

——威胁儿童你会不理他或不爱他。

四、指导的基本策略

（一）指导方法

诱导型指导（inductive guidance）是最有效的指导方法之一。本章中有许多诱导型指导范例，它们包含如下关键因素：

1. 选择适宜的方式。（见表7—4）

2. 向儿童提出开放性问题。例如：“如果你……会怎么样?”“如果你……，你认为他的感受如何?”

3. 向儿童传递你对他们的信任和信心，相信他们能自己解决问题、控制自身行为。

4. 将指导作为教师和儿童互动的过程，让儿童参与到成人指导中来。

5. 儿童逐渐了解自身行为对他人的影响后，就会增强对自身行为的责任感。

6. 教给儿童思考和推理的技能，帮助儿童发展自我控制能力和道德意识。

这些原则主要是基于埃里克森、皮亚杰的理论观点，但必须归功于维果茨基，因为他认为儿童是处于社会互动情境中的学习者。例如，"最近发展区"（zone of proximal distance）这一概念（见第四章）强调了成人与儿童之间相互影响的关系，这其实也体现在了绝大多数诱导型指导中。诱导型指导也反映在索马斯和齐斯的因材施教指导模式中，他们认为成人需要根据儿童的独特性格，选择最适宜有效的指导方法。教师在选择适宜于儿童的指导方法时，应该优先考虑儿童的家庭背景。

处于指导天平另一端的是专制型指导（power assertive method），这种指导主要依靠儿童对惩罚的畏惧，而不是采用讲道理、让儿童理解的方式。打儿童的屁股、大声喊叫儿童的名字，或者使用贬低人格的惩罚，这些都排除了教育和学习的机会，无助于问题的解决。

下面我们将呈现其他指导方法，其范围从介入最少的指导，到需要成人较多参与的指导。这些有意义的指导方法有助于提高儿童自我管理、自立的能力。

图 7-4 "这是我们的城堡，你不能在这里玩!"遇到这种情况，教师该如何处理呢？你又会怎么做？

（二）指导的基本策略

1. 忽视儿童的不适宜行为

当不太适宜的儿童行为出现时，如儿童一直抱怨，成人最好忽视这种不适宜行为。虽然这类行为会让人感到厌烦，但没有伤害性。为了有效使用该策略，当儿童的不适宜行为持续时，成人可对儿童行为不做出任何回应，甚至忙于做其他事情。这种方法主要基于负强化（成人忽视儿童）的学习理论，以最终促使儿童停止不适宜行为。儿童为了测试成人是否会真的忽视他们的不适宜行为，其不适宜行为的次数可能会增加。一旦儿童发现成人没有给予任何回应，其不适宜行为就会消失。

2. 积极倾听和传递“我”的信息

家长和教师可以学习积极倾听（active listening)，以对儿童的感受和话语做出回应。成人认真倾听儿童的话，努力理解儿童的话语及其背后的含意。然后，成人用自己的话语做出回应。这样，儿童有机会纠正成人的任何误解。成人和儿童之间的深入对话有助于澄清儿童话语背后的含意。请参见下面范例：

瑞塔：我讨厌上学！

教师：看来你因为今天不能参加烹饪活动很失望。

瑞塔：我真的想帮着做烤饼。

成人可以向儿童传递“我”的信息，说明儿童行为对他人的影响：

家长：你在屋里大声尖叫，我的耳朵真的很疼。

家长：当你告诉我你不喜欢我的时候，我真的很难过。

“我”的信息采用诚实、无偏见的表述方式，对儿童行为不加责备，而是纯粹将儿童的行为及其后果陈述出来。（见表7—8）

表7—8　丰富多样的指导方法

如果儿童出现如下行为	教师可以尝试	范　例
发牢骚	忽视	如果儿童持续发牢骚，教师不用给予回应，当儿童停止发牢骚时才注意他。
合作游戏	正强化	“你们俩在花园里做得真认真！你们配合得很好！”

拒绝合作	提供选择机会	“瑞瓦，你想把积木从地板上捡起来还是想帮助查理整理写字桌？”
坐立不安、注意力不集中	改变活动	“今天的故事好像太长了，我们待会儿再讲。现在我们来做律动。”
做白日梦、发呆	间接提出建议	“薇诺娜，你穿上外套后，我们就要出去了。”
为玩具而争吵	积极倾听	“利夫，你很想要第一个玩蓝色卡车吗？”
闲逛，吃点心时迟到	自然后果法	“对不起，纳特，点心已经收起来了。明天你要记得和其他小朋友一起进教室哦。”
室内推挤、奔跑	改变教室布置	构建大的开放空间，让儿童有更多的活动自由，不感到拥挤。
不愿排队和等待	检查日常作息和安排	添购几种受儿童欢迎的设备和玩具。让儿童有足够时间自由活动，以免他们因轮流等待而焦虑。
喧闹游戏	正面引导	“你和塞吉奥似乎想玩摔跤。我们到其他教室铺上地垫再玩吧。如果你们要在这里玩的话，会干扰其他想安静玩游戏的小朋友。”

3. 强　化

行为矫正法主要依据的观点是：个体是通过正强化（positive reinforcement）、负强化（negative reinforcement）或奖赏，而习得某种行为的。该观点认为，如果儿童出现某种行为后，得到了自己期望的结果（正强化），就倾向于重复该行为。如果儿童得到的结果并不是自己所期望的（负强化），就会避免做出同样的行为。正强化常用来鼓励儿童形成某种全新的、不同的行为，并促使这种新行为持续下去。当儿童行为不适宜时，负强化包括忽视儿童，或减少对儿童的注意。最初，强化（或奖赏）必须在儿童行为发生之时即刻实施，并持续施加。如果成人希望珍妮把外套挂在衣架上，那么珍妮每次在衣架上挂好衣物时，成人就应该给予表扬和赞美，以强化珍妮的行为。一旦这种行为成为习惯之后，就可以减少强化（表扬）的强度。

强化物（reinforcers）或奖赏必须适宜于当时的情境，能满足儿童的需要。社会性强化如微笑、关注、谈话等，对于儿童都具有很大的影响力。食物、玩具和钱币，有时也被家庭和学校当做强化物。但强化的目标是，无论曾经使用何种强化物，个体内在的自我满意度将成为真正的奖赏。

行为矫正法允许成人邀请儿童参与矫正过程，给儿童提供主动管理自身行为的机会。儿童可以持有一张表格，上面记录着他们完成家庭作业、进行合作游戏或喂狗等的次数。对于儿童，这张表格就发挥着自然强化物的作用。

4. 修正儿童活动

有时候，成人希望改变活动的形式，让儿童更能接纳、更容易投入其中。例如皮雅和艾莲娜在阅读室里抛掷图书，教师就希望能矫正他们的行为，于是建议他们去玩把软海绵丢进篮子里的游戏。修正（redirecting）儿童的活动，要求成人对于儿童想做什么进行准确的估计。这样，皮雅和艾莲娜才能享受抛掷物品的乐趣。教师还可以进一步考虑其他因素："你们俩好像喜欢从高处抛东西。我们一起想一想，什么样的抛掷活动不会破坏图书？"

儿童不适宜活动的替代活动，必须是成人能接受的，且能满足儿童的活动需要。大多数活动中，儿童的不适宜行为并不是出于恶意，或者为了破坏，他们只是在表现自己的好奇和想象，或者是在探索世界。正面的引导能满足儿童的这些需求，并改善儿童的自我概念，提高其自制力。

5. 提供选择

尽可能给儿童提供选择机会。这会让儿童感到他们拥有一些控制权，而不是总被成人支配。让儿童作出选择，这有助于培养儿童的自立、自我引导和自律。"没错，瑟斯，烹饪区现在人不多，陶艺区和写字桌那里也有许多空间。你想到哪里去玩呢？"

只有当你做好了让儿童选择的准备，并能接受儿童的决定时，才给儿童提供选择的机会。"有些小朋友正在教室里唱歌。你想一起唱歌还是想到外面活动？"

如果儿童可能拒绝某种建议，成人就要提供两种选择。这样，儿童会知道你期望他或她完成的事情，但他们在某种程度上仍然拥有决定权。如："该回家了。你是想穿好外套后再拿你的美工作品，还是想现在先拿上？"

儿童作出的选择必须是有效的。你必须承认儿童处理事务的能力正在增强，并帮助他们作出合理的选择。"现在大家都该休息了。你想在刷牙前挑一些书，还是想在刷牙后挑？"成人还要让儿童知道自身选择会带来什么样的结果。"如果你现在玩电脑，就没有时间完成拼图活动了。"成人帮助儿童作出合理的选择，这能为他们将来的人生决策奠定基础。

6. 设置行为界限

界限（limits）对于任何团体或社会来讲都是必需的。行为界限是设置好的限制，帮助儿童知晓哪些行为允许出现，哪些行为禁止发生。教师设置行为界限通常有两个原因：

1. 避免儿童受伤。
2. 避免资源、教材或设备遭到破坏。

行为界限如同篱栅，这是一种保护性规定，让儿童获得安全感。如果儿童知道行为的界限在哪里，哪些限制和规则在发挥效用，他们就不会持续试探是否有行为界限的存在。在设置的行动界限里，儿童可以自由而安全地尝试多种行为。*

儿童可能不喜欢行为界限的存在。他们也许会试图抵抗限制其行为的成人。教师必须学会如何自信而威严地设置行为界限，并维持这些行为界限。优秀的指导应该是将儿童卷入其中，让儿童成为主动的参与者，这样能够促使儿童更加自律。如果儿童参与了行为界限的设置，那他们对行为界限的抵抗程度就较低。表 7—9 阐述了与儿童一起设置行为界限的多种有效方法。

表 7—9　处理儿童的攻击、捣乱、多动等行为

重　点	你能做的事
观察	收集与儿童行为有关的信息，找出让儿童失控的原因。例如：什么时候小南会大发脾气？只在吃点心之前还是在她妈妈离开幼儿园之后？什么原因让鲁迪抵抗、不配合他人呢？之前发生过什么事情？持续了多久？当阿图洛打断了教师正在讲的故事时，教师给予他多少关注？为何阿图洛采用捣乱的方式吸引他人的注意力？观察并了解这些儿童何时会出现良好行为，并记录下当时他们得到的教师关注程度。
修正教室环境	根据你的观察，评估教室环境。室内井然有序吗？有充足的空间让儿童进行大肌肉活动吗？儿童可以自行选择活动或决定活动地点吗？课程设计是否符合儿童的年龄特征？活动需要改变前，教师是否有明确的提示？是否建立了生活常规？是否让儿童参与整理打扫游戏区？ 范例：材料需放在低矮、无门、便于儿童取放的柜子里，并且上面贴有标签（如剪刀放置格、蜡笔放置格等）。 如果桌上堆满了拼图，就收掉一些，并且经常更换。 清楚展示积木及其配件（卡车、人物等），要让儿童清楚看出整理时应该放在哪里。提供一个安全的地方让儿童玩积木，最好远离安静的活动区域。 确认活动区之间的分隔物高度是否合适，是否利于教师督导儿童的各种活动。

* 让儿童为成功生活做好准备的良好方式，就是帮助他们对自己的行为负责。

教师的关注和语言	在儿童攻击事件中，将关注焦点放在受伤的儿童身上。使用简短、直接的句子，不随便下定论，也不随意训斥儿童。视线和儿童同高，直视儿童的眼睛说话。切记，不能让儿童感到丢脸，也不能嘲讽儿童，更不能体罚儿童。 优良范例："不行！我不会让你伤害其他小朋友的。" 不良范例："打小朋友是不对的！你如果打人，小朋友就不会喜欢你！为什么你不能像他们一样乖乖地玩呢？放学时你妈妈来接你，我会告诉她这件事。你能答应我以后不打人吗？现在去向汤姆道歉。" 当攻击性和破坏性强、做事不专心的儿童表现良好时，给予关注。当他出现不适宜行为时，向他提出建议。 范例："下次生气的时候要告诉别人，而不是打人。""你不想玩积木时就告诉我，我会帮你找到其他游戏。""如果你不想听故事，那你想做什么事情，同时又不会干扰其他想听故事的小朋友呢？" 后续行动。帮助儿童回到游戏中，必要时让儿童自己选择：是玩较动态的活动（玩黏土、木工或攀爬等），还是玩较静态的活动（水中测量、绘画等）。通过教师的建议、兴趣激发、适度挑战等方法，鼓励儿童参与游戏。 范例："费萨尔，现在我们来决定要去哪里玩。有一个教室可以玩水、捏黏土。我会在旁边帮你的。"（稍后）"你看起来玩黏土玩得很开心。我想你如果用力更大的话，它会粘得更加牢固。试试看，我会看着你的。"
与儿童互动	互动的开始基于儿童的兴趣。通过观察，知道哪些游戏能吸引儿童注意力，进而在儿童活动时促进其适宜行为的出现。这种方法也可以帮助提高儿童的注意力。 范例："洁西卡，你一定觉得水中测量平台很有趣。这里有些漏斗和试管。你能用这些做什么？" 帮助儿童计划下一步要做的事，最好刚开始就提供帮助。事先改变活动，避免儿童对活动丧失兴趣，或在活动中失控。 范例："小杰，扫地时间快到了。我知道要你放下正在玩的游戏去扫地有些困难。这样好了，请你帮我把想搬桌子的小朋友分分组。你愿意当我的小助手，并告诉他们桌子应该放到哪里去吗？"

与儿童互动	耐心等待儿童的回应；费心教导儿童。儿童对他人的要求作出回应需要充裕的时间，成人不要唠叨催促，尤其在他们学习某种新技能或需要帮助时。例如，如果一段合理时间之后，沙奎尔还没有穿好外套，教师就可以再陈述一遍要求，并提供帮助。 范例："沙奎尔，你把外套穿上咱们就可以到外面去玩了。如果你把外套像这样放在地板上，接着把手臂穿过这里，你就能把衣服套到头上了。" 帮助儿童集中注意力。蹲下身子，视线与儿童齐平，叫他们的名字，看着他们，直接对他们说话，这些都是帮助儿童集中注意力的方法。或者事先警告儿童，提示语简明扼要，必要时给儿童提供选择机会。切记，不要用规则或教导主宰儿童。 范例："柯瑞塔，放学时间快到了。画完画后，你可以去活动区唱歌，也可以去阅读角挑选一本你喜欢的图书。" 明确指出儿童行为的后果，让儿童了解他人的感受，并为自身行为负责。 范例："琳达很伤心，因为你不让她和你一起玩。""如果你把颜料罐里的颜料都混在一起，其他小朋友就不能画画了。" 提醒儿童注意规则，向儿童传递成人的期望。让儿童记住哪些行为得到允许，哪些行为被禁止。 范例："去积木区之前，你要记住盖房子和铺路需要多少空间。一定要注意有谁在附近玩，然后找一个安全的地方，以免你的房子或马路被别的小朋友破坏掉。"

个体的成长，其部分本质在于延续这些行为界限。对于儿童来讲，行为界限具有自我保护的意义。儿童还没有学会在所有场合进行自我控制的能力，所以他们的行为很容易越界。儿童刚开始学习运用内在压力（即自我控制）管理自己的行为。这时，儿童仍然需要在成人的帮助下，学会何时以及怎样自我克制。行动界限就是避免儿童越过行为的限制。儿童的愤怒、沮丧或恐惧，可能会让自己或他人感到恐慌。这时，他们需要成人制止他们对自己造成身体上或情感上的伤害。思虑周详的行动界限，给儿童提供了自由试验、测验和探索的空间，能够促进儿童的成长，发展儿童的自制力。

7. 主动解决问题和冲突

主动解决问题（active problem solving），需要儿童主动面对各自观点之间的差异，共同合作、解决问题。这个时候，教师的任务是引导儿童找出解决方案，而不是替儿童解决问题。通过提出开放性问题，成人可以帮助儿童聚焦问题，让他们自己提出各种问题解决方案。例如：

“你会怎么做呢?”

“如果……她的感受如何?”

“如果……会怎么样?”

“你怎样能够……?”

儿童提出的建议无论是否合理，都应该得到成人的积极肯定。儿童提出解决方案时，很容易引发讨论。例如，针对马尔肯所处的情境（见本章开头第二个范例），孩子们一开始可能会提出类似的极端建议：“以后都不让马尔肯来幼儿园了!”当其他孩子对该建议进行集体讨论时，这个建议就会变得比较温和；最终，孩子们可能会想出公平、合理的解决方案：“如果有人推倒玩具或其他东西，那接下来一整天，他都不能去玩那个玩具。”

教师可以帮助儿童思考他们提出的解决方案，以及每种方案可能带来的结果。例如，“如果我们停止使用书写角，那你下午想练习写字时怎么办呢?”让儿童了解自己所提建议可能带来的结果，教师就能帮助儿童了解他们的行为会产生什么样的影响。这是人类终身追求对自身行为负责的开端。

冲突解决（conflict resolution）应该成为儿童日常生活中的一部分。教师可以帮助儿童采用非暴力的方法，解决意见不合的情况，并帮助儿童探讨能达成此目标的各种解决方案。表 7—10 列出了主动解决问题和冲突的步骤。正如前面所言，运用团体讨论解决观点差异是非常有效的。当一个或一个以上儿童卷入冲突事件时，团体讨论也非常有效。遵照这样的解决方式，儿童就能学会尊重他人的意见，也能用适宜的方式表达自身感受，甚至包容他人不同的行事风格。*

为使指导具有发展适宜性，冲突解决的过程就需要遵照一项重要的原则，即成人的干预越少越好，让儿童有机会自己思考合理的解决方案。

当儿童帮着思考解决方案时，他们其实获得了一种集体归属感。解决问题和冲突的过程，会给儿童带来力量感、控制感、独立性和自我价值感。

8. 转移注意力

如果成人将儿童的注意力引到他处，或许能避免某些问题。年幼的孩子，尤其是婴儿和学步儿，容易受意外行为的影响而分心。请想想本章开头小金抓走小希项链的例子，思维敏锐的教师可能会马上给小金一个可爱的东西，以转移他的注意力。采用这种指导方式，最重要的是选取适当的介入时机。

---

* 儿童应该将幼儿园看做是极为多元化的地方，这里有形形色色的人，他们的文化背景和生活经验都应得到尊重和理解。

表 7—10　解决问题和冲突的六步骤

情境：两个孩子为了抢夺三轮车，在户外追逐奔跑。当他们同时碰到三轮车时，两人开始拉扯车把手，都大声喊："是我的！"一个孩子将另一个孩子推开。

步骤 1：走近（开始调解）

——走近发生冲突的地方，表示你已经察觉到这件事，并且你能提供帮助。

——必要时走得更近，进行干预；制止攻击行为，或由教师保留物品，以免发生冲突。

步骤 2：陈述

——描述当时的情景。

——思考儿童所说的话。

——不作任何结论、价值评价，也不提出解决方案。

"你们俩都想骑这辆三轮车。""我看见你们朝对方大吼大叫。"

步骤 3：提问（收集信息，界定问题性质）

——不要让问题带有批评的意义。

——了解细节，界定问题性质。

——帮助儿童进行沟通，而不是决一胜负。

"事情是怎么发生的？"

"你要怎么解决这件事情？"

"除了吵架，还可以用什么方法解决这个问题？"

步骤 4：思考多种解决方案

——交给儿童任务，让他们思考该问题的解决方案。

——持不同意见的儿童或旁观的儿童可以提出建议。

——提问："谁来说说我们该怎么解决？"

"你们可以轮流玩。"

"你们可以一起玩。"

"你们可以都去玩别的玩具。"

"你们都不能玩这个。"

步骤 5：形成最终解决方案

——当儿童双方都接受某种解决方案时，改变措辞再确认一下。

"所以，你们两个都说愿意她当司机了？"

——如果解决方案存在安全隐患，或是相当不公平，你应该告诉儿童。

"你们俩都站在上面，而且都从斜坡上骑下来的话，就太危险了。还有其他方案吗？"

步骤 6：后续行动

——监督儿童，确认他们照计划进行。如果决定两人轮流骑三轮车，你可能需要充当计时员，记录时间。

——告诉游戏者和全体儿童："看来你们自己解决了问题。"

——运用语言的力量，达到以下目标：

- 增强问题解决的可能性。
- 描述游戏者的相关能力。
- 指出有助于问题成功解决的积极环境。

运用表 7—10 中提到的这些指导方法帮助儿童解决问题时，教师要少讲多听，允许儿童出现失误，但需要找出相应解决方案，并向儿童指出：各种观点都是自然的、正常的，都可能发挥效用。

图 7—5　儿童通常能够合作想出解决冲突的方案。

9. 自然后果和逻辑后果

自然后果和逻辑后果（natural and logical consequences）能让儿童了解其行为在真实生活中的影响和结果。例如：

- 如果利比没有吃早餐，她就会在午餐前饿上挺长时间。
- 如果凯拉没有完成作业，她就不能去玩球。
- 如果汤尼抢走本的画册，本可能会打他。

一方面，采用自然后果法，成人能将儿童的行为结果真实地呈现出来，且不需要作任何评判，儿童就会知道行为的结果。这些结果是儿童自身行为产生的自然结果。

另一方面，逻辑后果是成人实施的行动权利。儿童干扰团体活动的逻辑后果，就是被教师带离团体活动。对于成人而言，逻辑后果是指儿童不适宜行为发生之后，成人所采取的后续行动；一旦某儿童不适宜行为发生，就必须执行逻辑后果。让儿童了解自身行为的可能后果，这时儿童自行选择行动来说显得极为重要。

10. 隔　离

当儿童因为生气、受伤害、沮丧等情绪而失控时，带他离开是合适的处理方式。将儿童带离让其情绪强烈的情境，能让他们有时间冷静下来，有时这是可以帮助他们的唯一方式。把儿童从游戏区悄悄带离时，教师的态度和行为必须坚定、一致。这种指导方式体现的是一种积极、正面的态度和方法，而不是作为对不适宜行为的惩罚措施，这一点非常重要。但隔离（time out）经常会变成一种严苛的管教。例如，把儿童从游戏中带走，安置在椅子上，并告诉他："你看，其他小朋友都安静地玩，没有吵闹！"或"除非你能保持安静，不然你一直都要坐在这儿！"这些都是对隔离法的不恰当使用。

隔离法如同竞赛中使用的暂停一样：短暂的时间暂停，让所有活动停止，商讨应对策略或重新进行人员编制。采用隔离法，教师的角色是帮助儿童了解整个事件，在回到游戏或重新参加活动之前，给儿童提供自我控制的机会。儿童可以反思自己的行为，并自主决定回到活动的时间。例如，诺亚在玩游戏过程中，总是用令人反感的字眼称呼其他小朋友。教师就可以把他带走，并告诉他："直到你准备好不再破坏其他小朋友的心情时，你才能回来一起游戏。"接下来诺亚就要对自己的行为负责，并自行决定何时回到游戏中。

教师需要用轻松的方式使用该策略。经常把儿童放到一边，让儿童感到被放弃的教师，容易误用隔离法。如果能配合其他适宜的指导方法，隔离法将是帮助儿童自我控制、解决不适宜行为的良方。

对于教师而言，帮助儿童学习新行为是一项挑战。幼教工作者承担着一项特殊职责，即支持儿童采用和平的方式调和各种差异。

关键术语

积极倾听

主动解决问题

冲突解决

管教

诱导型指导

界限

自然后果和逻辑后果

正强化和负强化

专制型指导

惩罚

修正

强化物

自律

隔离

最近发展区

教学应用

1. 写下你对管教的定义。

2. 与你的同事或儿童家长讨论隔离法的适宜（或不适宜）的使用方式，讨论对你的看法产生了什么影响？

3. 对于某些特殊家庭而言，表7—3的指导策略在何种情况下会被看成是文化漠视？你该如何调整这些指导策略？

4. 把“我四岁时，做过最糟糕的事情就是……”这句话补充完整，说给你周围的成人听。他们的反应如何？如果现在的你面对你四岁时的那种情况，你又会如何处理？

5. 观察一群游戏中的儿童。反思一下：你能否判断出这些孩子的气质类型？哪个孩子属于易养育型？哪个孩子属于难养育型？哪个孩子属于缓慢型？针对不同气质类型的儿童，教师应该采取什么样的管教措施？是采用同样的管教方式吗？如果不同，请描述各指导策略的差异。

6. 对于打孩子，你的看法是什么？当你还是个孩子时，被大人打过吗？如果有，是因为什么而挨打？你能提出其他取代打孩子、有效控制儿童行为的方法吗？

第八章

家庭和教师:不可或缺的关系

问题思考:

有效的家园关系能带来什么益处?
优秀的家长课程的构成要素有哪些?
成功的父母—教师委员会的构成要素有哪些?
在为家庭提供支持性氛围的过程中，教师的角色是什么?
父母主要关注什么?

一、历史概述

家园工作通常具有两面性，它可能是教师最满意的职责之一，也可能是最令他们泄气的职责之一。这两种可能性会在一种动态的合作关系中展现出来，而这种合作关系是由儿童生活中重要的成人建立的。家庭和教师的共同目标非常明确——儿童的幸福。为了达成此目标，双方都需要知识、技能和爱心，需要双方彼此协助。家园的伙伴关系也是源于这样的需求。因此，家庭和教师成为了合作者，共同努力帮助儿童的全面发展。

建立父母和教师的关系有历史先例。19 世纪初的教育者，裴斯泰洛齐（Pestaozzi）和福禄贝尔（Froebel）细述了他们关于家园工作的做法（见第一章）。在那时，人们普遍认为母亲参与儿童教育非常重要。当幼儿园在美国开办时，父亲和母亲俱乐部也随之开班了。从这次运动开始，建立了母亲国家委员会，它就是今天的全国父母教师联合会。这个组织在推动幼儿园、家庭、教师和父母之间的联系方面，提供了不可或缺的力量。

20 世纪 30 年代期间，父母参与教育没有得到积极的鼓励。那时人们普遍认为教师是唯一的教育工作专家。在很多情况下，教师感到他们只需做一点点工作，就能补救父母的失误。直到父母支持和鼓励的需要得到了认可，这种趋势才得以结束。教师和父母之间建立了更亲密的关系。如今，几十年过去了，教师和父母之间需要建立更亲密关系，已经成为幼教界公认的教育准则。

在培训中，教师接触到了那些可以帮助他们重视和利用家长作为促进孩子发展的共事者的课程。20 世纪 60 年代以后，开端计划要求家庭参与，并着手开展家庭教育和家庭培训计划。教师对孩子承担的义务中包括对这些孩子的父母的义务。

和父母合作，在家庭背景下与父母一起共事，这两个特殊的变化在现代社会中具有重要的意义。人口统计数据的改变，增强了家园之间建立完全、平等伙伴关系的需要，并为未来的家园关系打下基础。人种、民族和文化方面的多样化，也影响到家庭和幼儿园的关系。今天的幼儿教育专家也需要掌握增强家园联系的方法。

相较于其他年龄层的教育，没有比幼儿教育更为重要的阶段，这一观点也得到了幼儿教师的公认。孩子的需要常与父母的内在需要相互关联。加强家园关系应该是幼儿教育者工作的一部分。（注：在本章，家庭和家庭关系的意思包括母亲和父亲，也指有责任养育孩子的其他家庭成员。）

图 8—1　当父母和教师为了他们养育和关爱的孩子的利益与对方合作与分享时，一个真实的关系便建立了。

二、教育伙伴——父母

（一）家庭的贡献

家庭对影响孩子接受幼儿园教育有着独一无二的贡献。孩子从教师那里能获得什么东西，不同的家长对此有着不同的理解。他们了解孩子生理、健康、社会性和智力等各个方面的发展过程；他们知道孩子是家庭成员之一，了解孩子在整个家庭群体、更大的家族和社区里扮演的角色。家庭提供了这样的环境，使教师可以全面地了解孩子。随着教师对孩子的熟悉，家长也已经知道什么可以使他们的孩子感到快乐或难过，或者知道如何通过常规的方式应对变化。因此，父母有了解孩子的特有优势，教师仅仅是开始去发现孩子的特点。

（二）家庭的获益

家庭课程的一个最大的价值在于，父母发现，他们和教师具有相似的问题和困扰，他们可以在寻求解决方法的过程中支持对方。在共同的利益和关注点基础上建立友情，可以帮助他们打造新的关系。

通过亲密的家园关系，父母可以找到一种更有效的方法，使他们扮演孩子父母和老师的双重角色。他们可以注意到一些模式化的技巧，这些技巧是教师在成功应对孩子时发现的。同时，教师也可以了解孩子在某一年龄段中什么样的行为是适宜的。通过观察孩子与他人相处的方式，父母可以逐步知道作为社会化的人，孩子可以越来越好地发展。父母会越来越多地意识到那些对他们有用的幼儿园和社区资源，教师作为他们现在能够接触到的了解和理解他们孩子的顾问，可以在他们需要的时候提供帮助。

父母也是孩子的老师。他们通过语言，比如他们所做的、所说的来教孩子，通过更亲密的家园关系，父母可以了解他们每天与孩子一起经历的教育时机以及教育孩子的机会。教师需持续地为家长提供有关孩子在每个阶段的发展情况，展示如何用鼓励性的语言和思考技能，教育父母满足孩子在特定年龄段的社会性需要，提供鼓励孩子思考和培养创造能力的书目和玩具，通过这些工作来帮助家长。教师要确保父母备有孩子最喜欢的歌曲文件，掌握如何在家庭中教孩子养成健康和安全习惯的技能。父母不需要教一门课程，他们需要的是用家庭共同的传统做法和经验来支持孩子全面的发展。教师在帮助父母掌握如何做这些工作中扮演着非常重要的角色。在表 8－1 中，一个著名的作家和家庭顾问列出了父母可以教给孩子的十件最重要的事情。

在家园关系中，以家庭为中心的方式（family-centered approach）支持了家庭和孩子的成长。当父母与教师建立了非常有意义的关系时，这种关系就会增强他们重要性的感觉，减少孤立感、降低养育孩子的焦虑。通过加强父母在孩子生活中关键阶段的权力，允许父母参与影响孩子教育的决定，教师可以帮助父母了解到他们自己就是解决方案中的一部分。

表 8－1　父母可以教给孩子的十件最重要的事情

1. 爱自己
2. 读懂行为
3. 使用语言交流
4. 理解想和做的不同
5. 好奇，问为什么
6. 明白复杂的问题的答案并不简单
7. 知道失败是成长必不可少的部分
8. 相信成年人
9. 有自己的思想
10. 知道什么时候才可以依赖成人

（三）教 师 的 贡 献

教师作为儿童发展的专家，他们需要了解儿童发展阶段的正常发育情况和适宜行为。他们能够注意到每个孩子在游戏中与其他孩子的互动方式，如米琪认为挑战力十足的活动，拉蒙却举手放弃参与。与家长不同的是，教师可以从他们教过的很多孩子的角度来理解每个孩子。他们注意到孩子的行为与成人的不同之处，并在与孩子的互动中感知孩子相信其他成人的能力。当父母需要教师帮助自己或自己的孩子时，教师就能提供这样的资源。在得到父母允许的情况下，教师还能和父母配合，去找心理学家、听力和语言专家，或者参加其他教育项目。

今天，大部分家长愿意学习教养孩子的最好的方法，也希望能提高自己抚养孩子的技能。这就为幼儿教师提供了大量的与家长合作的机会。表 8－2 是促进幼儿园教师与家长实现良好互动的核查表，其中列举了很多行之有效的方法。

表 8－2 家园互动核查表

□为家庭提供一个便于参与活动的规则
□为家长聚会提供一个空间
□做一个家长海报栏
□对参与家园互动活动的家长提供奖励
□允许家长协助制定幼儿园管理和工作程序
□对晚上和周末开展的家园互动活动制定时间表
□建立一个玩具或图书租赁店
□不定期地打电话给家长，特别是跟家长分享孩子的成功
□为需要的家长提供咨询顾问
□根据需要和兴趣对家长进行全面分析
□与健康和社会支持服务机构建立关系
□提供各类家庭教育参考资料
□定期发行幼儿园简报
□聘请有较强沟通能力的教师支持家庭和父母
□为做家长工作的教师提供在职培训
□聘请代表不同文化背景的员工和家长自愿者
□鼓励家长和教师的定期会谈
□提供多样化的家庭支持计划
□为家长做志愿者提供机会
□为家长提供表达他们想法的多种机会
□鼓励家长提问题、参观和打电话
□鼓励家长了解孩子所在班级将要进行的教学内容
□鼓励家长反馈哪些工作做得好
□鼓励家长参加社会活动
□鼓励教师家访

（四）教师和幼儿园的获益

父母的积极参与也会带给教师和幼儿园带来好处。在大多数幼儿园中，父母是一份未开发的资源。父母的技能和天赋丰富了儿童可利用的资源。有些父母想直接跟孩子一起在教室里学习，其他家长则作为志愿者在办公室、操场或餐厅里工作，有时，父母还能安排好时间能跟自己孩子所在的班级一起去郊游。有的家长愿意在家里工作，如缝补、打字、修理、建筑或刷漆；其他家长可以参与集资活动。然而，在一个公平的关系中，父母的参与程度必须高于幼儿园活动中志愿者的参与程度，父母需要参与扮演决策者的角色，比如，父母可以服务于学校预算、家长顾问委员会，以及提倡孩子教育需求的其他组织。

由于工作时间的安排、家里有小孩子需要照看、没有交通工具或者不会说英语等问题，有些家长或许不能参与孩子的幼儿园教育活动。一个真正愿意加强家庭和幼儿园的关系的幼儿园，必须考虑到这些问题，需要在吸纳所有家长参与的基础上解决这些问题。

（五）儿 童 的 获 益

那些因为父母选择积极参与的儿童能因此获益。研究结果表明，当父母参与到孩子的教育中时，会对他们的成绩产生影响。家长是孩子发展和成长的首要资源。如果他们想要成功，就需要加强他们的知识、态度和动机。对于低收入家庭的孩子来说，父母的参与显得特别重要，因为父母的存在可以使他们有归属感。当父母能够看到儿童的进步，在家里强化教育的使命时，孩子的收获就会得到增加。

三、家园合作的十个关键点

幼教工作者经常是家庭以外可以为家长提供帮助的首选人群，所以父母常常会到幼教机构去寻找了解孩子并能与他们合作的教师。帮助在养育孩子方面有问题的家长是教师角色的一部分。教师在界定角色时，他们对家长关心的问题作出反应的方法应该是值得思考的。下面是为家长提供支持性氛围的一些指导。

1. 让家长做好准备。幼儿园的政策和年度工作表应该陈述清楚，并在孩子进入幼儿园时与父母进行全面的探讨。父母也会知道他们的职责是什么，幼儿园在什么地方为他们提供帮助，幼儿园对父母的预期是什么。

2. 支持所有家长，即使是与你意见相左的家长。寻求方法了解他们，以及了解他们正努力去做的事情。如果教师和家长愿意寻求共识，就可以有比较好的机会去讨论不同的意见。孩子对成人的感觉是很敏感的，所以，当教师和家长有不同意见时，最好不要当着孩子的面进行讨论，教师不应该做任何事情贬低孩子眼里的父母。*

3. 尊重所有家庭的价值观。社会的、文化的和宗教的不同以及生活方式、养育孩子的方法和教育理念的多样性，都会反映在每个班级里。重要的是，教师要让父母感觉到被接纳，能聚焦在父母之间的相似点上，发展出一套反偏见的教学方法。

4. 保持职业距离。许多教师都面临家园关系转为社交关系的困惑。为公平起见，你最好能保持对孩子更现实、客观的印象。如果孩子在进入下一教育阶段之前能维持密切的关系，则孩子和家庭都能获益良多。

5. 用询问代替命令。合作始于家长关注的问题。一个教师的角色是帮助家长弄清他们对孩子的目标，找出问题所在，鼓励和支持父母一起解决问题。如果让父母感觉到他们必须改变他们整个养育孩子的方式，他们会不知所措，敏感的教师会观察父母并引导其向合理的方向发展。

6. 定时联系家长。保持家园之间沟通渠道的开放和畅通，一定要知道儿童父母的名字。充分利用每天家长接送孩子时的接触机会。这些接触或许是简短的或微不足道的，但它是保持联系的一个好方法。一定要找到方法，通过电话、便条或家访的方式与那些每天不能到幼儿园的父母进行基础的接触。

7. 帮助家长之间互相支持。任何父母群体都代表了很多资源。每一个家长都有积累起来的经验，这些经验或许可以对别人提供帮助性的支持。父母有共同关注的问题和大量可供共同分享的东西。教师可以提供一个场所供家长之间互相分享有关孩子身上发生的一切的信息。通过建议两个家庭的孩子在幼儿园外一起玩来引导他们。家长会议、工作聚会和聚餐都是让家长互相联系的方法。教师的角色就是提供场所，鼓励家长们相互认识，然后就由他们自然发展了。

8. 提高家长对孩子的认识。父母需要了解、喜欢和支持他们孩子的教师。这意味着承认孩子的长处和他们的个性特点特别能让人高兴。

9. 关注父母与孩子的关系。帮助强化父母与孩子的关系，而不是仅仅关注孩子学习和

* 幼儿教育专家必须愿意与家长进行对话，让他们展示文化方面的设想，并允许有不同观点。

技能的发展。关注父母与孩子关系的本质：作为一个家庭，他们如何相处，如何互动。这些问题是父母与孩子关系的核心，教师应该扮演提高这些互动的质量的角色。

10. 倾听父母。父母也有积累的经验可以分享，他们的观点也是有用的。教师要从理解的角度来学会倾听，明白他们的观点，而不是进行评判或争论，这是开放沟通的基础。

你的观点是什么？

你认为在你工作的幼儿园里，家长能感觉舒服自在和受欢迎吗？如果不能，是什么阻碍了家长有这样的体验呢？

四、成为平等的合作伙伴

家庭和幼儿园是天然的同盟军，他们一起对孩子的教育和社会化负责，他们也应该是平等的伙伴。

（一）家庭支持运动

幼教工作者很久以前就认识到，给父母提供有关孩子养育的信息和支持的重要性。今天，养育孩子的任务越来越困难，为了满足当前父母的需要，父母教育和参与的方式正在发生变化。家庭支持运动（family-support movement）发展的首要的目标，是加强家庭胜任未来养育子女的挑战的能力。

亲子教育（parent education）经常通过有关教养、引导或适宜年龄特点的讲授得以实现。父母可以通过基金捐赠、志愿在教室外部提供帮助和驾车去郊游等方式参与幼儿园的活动。父母也可以得到有关孩子特殊需要的参考资料。这些当然是建立良好的家园关系的重要方面，但对于当今的家长来说，这还不够。

正如卡根（Kagan）所说的："孩子影响和被影响是通过一个社会网络实现的：家庭、学校和社区。"今天，在逐步增长的认识家庭生态系统（ecology of the family）之外，很多课程都提供了更广泛的家园合作方案（参见第一章和第四章更多内容）。以家庭为中心的课程创造了家教中心，中心提供咨询、文化议题探讨、支持团队、周末家庭活动，并与健康和社会服务机构建立联系。很多因素增加了以家庭为中心的方案的需要量，包括离婚率的上升、数量不断增长的单亲家庭和双职工家庭，数量不断增长的移民家庭。长期以来对家庭结构的认识或许不再与现实生活中对家庭的界定一致，当家庭构成的不同被认识和支持时，家庭支持产生了新的意义。

（二）公众肯定

人们越来越清醒地意识到，政府部门已经认识到为家庭教育提供以家庭为中心的途径的必要性。1965年开始，美国联邦政府开端计划就规定父母参与是很多儿童健康和福利所必须的。1986年残障者教育法修正案要求早期干预服务的目标是家庭，而不仅仅是孩子（参见第三章），把父母看成是一个与儿童和家庭需要相联系的，发展个性化教育计划专家团队中的成员。表8—3概述了建立高质量家庭教育计划的四个关键点。

表8—3　高质量家长课程的四大要素

1. 父母与教师之间的合作必须要保证父母计划的目标、方法和内容符合父母的需要。这也要根据幼教机构服务的人群进行相应的变化。父母有很多共同的需要，但他们并不会同时具有同样的需要。在父母参与到课程计划过程中，对父母需要的评估是必须的。

2. 加强社会服务和社区支持网络，保持孩子、家庭和社会的内部联系，保证孩子和父母需要的平衡。要记住，孩子最好的利益就是一个好的父母计划的共同目标。

3. 针对特殊父母群体的特点和需要，顺应文化特点和民族价值来调整计划。针对青年父母、不讲英语的父母或只有中学及同等学历的父母，或许可以通过常见的父母课堂和工作室得到发展。*

4. 课程建立在相互尊重的基础上，父母可以自由接受他们认为有用的东西，拒绝违背良心的东西。

* 随着美国家庭的变化，年幼儿童的课程需要创新家庭和幼儿园环境之间的联系。

（三）瑞吉欧学校：家园合作关系典范

家园关系中最好的一个例子，并且它还为鲍威尔（Powell）的高质量计划标准提供了证据，那就是意大利的瑞吉欧·艾米莉学校。在学校功能的每一层次上都有稳固的和积极的父母参与，这并不令人惊讶，因为这样的学校原来就是作为父母的合作者创立的。在这里，教师、父母和孩子之间平衡的职责是一个教育中心的“三和音”，它又反过来依赖社会的其他人员提供一个孩子学习的文化背景。

以学校为基础的管理促进了有意义的父母参与。所有的决定由每个学校的教师、父母、厨师和其他员工共同制定。似乎没有哪个方面排除了教师和家长广泛的作用。比如，课程计划依赖家庭的参与、兴趣和贡献。

图 8—2　家长参与到儿童的课堂活动中，有利于培养儿童的家庭观念。

父母是学校每个委员会的核心，委员会的成员具有很好的代表性，他们是决定孩子教育的政策制定过程中必不可少的部分。定期的家长会议能够为父母提供学校的计划的信息，使其了解他们的孩子正在做的事情。而其他的会议或许会集中在一个父母感兴趣的主题上面，要么为父母提供机会探讨和讨论，要么是一个专家就孩子发展的某个主题进行演讲。小一点的家长群体会议可以全年开展，让父母与教师一起谈论他们的孩子和课程。还可以要求召开父母和教师一对一的商讨会，解决一些特殊的问题。

家长也有很多机会可以主动地参与到学校的日常生活中。父母、教师和城市居民为教室和操场提供家具设备和主要的材料，并重新安排空间为课程的需要提供方便。通过教师与教育专家（pedagogistas）的指引，家长学习各种课程必需的教育技巧（如摄影和玩偶制作），他们和孩子一起在班里使用这些新的技能。把整个城镇作为一个背景，父母参与到很多有历史意义的建筑物的户外旅行中，或者作为一个小群体去参观孩子的家。记录和描绘孩子的活动和作品通常是父母的一个职责。

家庭的重要性是通过瑞吉欧学校的环境与瑞吉欧学校的孩子进行沟通。在教室的角色表演区和学校的餐厅里，陈列着孩子在家里就能找到的食物、材料和器具。孩子也被鼓励从家里带来特殊的物品，这些物品会被安排在展览区。孩子和家庭的摄影作品也非常丰富。这些要素就是用来确保瑞吉欧孩子的学校和家长沟通顺畅的工具。

瑞吉欧的教育似乎与他们服务的家庭有着一种独一无二的互惠关系：父母影响并帮助学校教育产生变化，而学校也影响和改变着家庭，使得每一个家长都变成代表孩子利益的强有力的代言人。

五、现代父母

很多人在成为父母时往往没有充分的准备，当面临不熟悉的领域时，许多父母都感觉孤立无援。大家庭里也不会经常教新父母一些传统的、历史悠久的育儿技能，也没有人能与父母分担他们的担心、困惑和焦虑。

图 8-3　由于有为数一半的六岁以下的孩子的母亲要在外面工作，因此需要父亲经常送孩子去托幼中心。

（一）父母成长的阶段

父母的角色并不是静止不动的，父母会和孩子一起成长和改变。与人类发展的阶段类似，父母成长（parent development）有六个得到确认的阶段。由于有些家庭里有不同年龄的孩子，父母也会在同一时间处于不同的几个阶段。父母成长可以发生在任何时间和任何阶段。随着孩子的成长，父母角色也在发生变化。

表 8—4　为人父母的六个阶段

阶　段	父母职责	孩子年龄
1. 想象阶段	父母描绘他们对自己想要成为什么样的父母的记忆和想象。他们为自身和其他重要的成人改变做准备。	怀孕期间
2. 养育阶段	父母应对依恋的需要，他们比较想象与现实的不同。	从孩子出生直到孩子能说“不”，大概 18～24 个月
3. 权威阶段	父母规定家庭体系的规则，以及他们所担任的角色。他们决定谁是权威。	从 18 个月到 5 岁
4. 解释阶段	父母决定开始向孩子解释世界，关心如何向孩子解释自己，孩子的自我概念是如何发展的，哪种价值、知识和技能对此有推动。	从学前末期到青春期
5. 相互依赖阶段	父母重新审定他们与孩子的规则，第三个阶段（权威）的问题再次出现，父母与他们的孩子建立新的联系。	青少年
6. 启程阶段	父母评价他们对成功或失败的感觉——他们是否完成了他们想要的亲子关系，重新定义这种新的关系。	孩子长成人，离开家庭

随着越来越多的孩子来到家庭，父母获得了对自身的信心。随着每个家庭成员的成熟，父母不断在改变。随着每个孩子在不同阶段的成长、发展和进步，父母也要求去调整。父母

结合他们经历的现实生活，调整他们有关孩子养育的认识。他们作为父母也在成长，改变自己的行为就是成长的一个信号。

（二）儿童教养方式

鲍姆林德（Baumrind）界定了三种教养方式类型：权威型、专制型和放任型。权威型父母（authoritative parents）具有最高水平的自我效能感，自信，独立，对孩子充满好奇。他们提供有清楚界限的高期望的温暖、充满了爱的氛围。当鲍姆林德跟踪研究她的孩子时发现，直到孩子 8～9 岁，她早期有关权威型家庭的发现对孩子的影响仍然存在。

相反，专制型父母（authoritarian parents）教养方式反映的是成年人高控制和严格的要求，以及相对低的沟通和养育。专制型家长是专横的，他们的期望和要求是要孩子绝对服从的，往往缺乏温暖和爱。放任型父母（permissive parents）是完全与专制型相反的。放任型家长有高水平的温暖和爱，但控制非常少。放任型父母没有清晰的标准的规则，他们也没有持续的赋予权力。

这个研究指出，孩子是如何受他们父母的教养方式影响的。教师的角色是要帮助父母学会用适宜的和有效的方法来养育他们的孩子。

（三）美国家庭的变化

作为一个整体，美国的家庭经历了明显的变化。将近 30 年间隔的统计显示了变化中的家庭的戏剧性的景象。

从 20 世纪 70 年代开始，美国经历了重大的人口变化，在美国社会里，非欧洲文化群体扮演着越来越突出的角色。一个新的多元的种族人群环境正在形成，这就要求教师和养护者要适应孩子和他们家庭的文化需要。教师面临的挑战就是准备去理解不同结构的家庭，作为他们家庭支持系统的一部分。美国人口统计局预测，在 21 世纪，拉丁美洲移民将会成为增长最快的人群，将超过作为美国最大的少数民族群体的非洲裔美国人。学校入学人数最快的增长将会出现在拉丁美洲移民中，增加大约 60％。

1. 有特殊需要的父母

世界上的父母都是一样的，在抚养孩子的过程中，他们有着多种多样的问题和快乐。不管他们何时何地相遇，他们共同的经验开创了一个自动的联系。然而，今天有些家长面临着孩子教养方面的更多的挑战，他们也需要更多的教师支持。这些家长是：

- 孩子发展迟钝和残障的父母
- 单亲父母
- 收养和领养父母
- 双职工父母
- 离婚父母
- 同性恋父母
- 无家可归父母
- 未成年父母
- 抚养孙辈的祖父母
- 在非本土文化中抚养孩子的父母
- 多民族融合家庭中的父母
- 首次成为父母

这些任一情况或多种情况都会让家长面临复杂的挑战。教师应该清楚地意识到在这些家庭工作中这些父母的权利，并对他们的需要保持敏感，教师对待这些父母应该像对其他家长那样给予他们同样的尊重。在某些情况下，或许可以为这些家长提供更多的支持。比如：

- 帮助家长利用社区资源
- 让他们与熟悉家庭环境的其他家长们保持联系
- 协助他们了解学校未来发展所需要的设施
- 让他们参与到学校的各职能部门
- 了解他们的特殊需求
- 寻求他们的帮助和建议
- 帮助他们与那些愿意在照顾孩子和分享友谊等方面提供协助的家长保持联系

2. 满足单亲父母的需求

迫于经济上的需要，单亲父母不得不去工作，不但要应付独自抚养孩子的问题，还要解决照料孩子的饮食起居以及各种开销的问题。对于那些以做家务为主的单亲母亲来说尤为艰难，与单亲父亲相比，她们更可能生活在贫困线以下，并且再婚困难，不能完成良好教育，成为弱势群体中的一员。

为了最好地服务于孩子的利益，教育工作者必须对独自抚养孩子的特殊性群体予以特别关注。这就意味着可能要对那些忽视了单亲父母的需求的学校政策和态度进行重新检验。在专门照料孩子的人员中，负担过重的有很多都是单亲父母，在开发新的家园合作途径中需要灵活变通。

你可能会问你自己和他们的问题有：

- 在一个幼儿园教室中，对于一位工作的单亲父母来说，哪种参与方式是可能的？
- 即使父母不能到幼儿园来，你该如何帮助他们使其感到彼此是相互联系在一起的？
- 对于单亲父母来说，适宜的支持是什么？
- 你怎样评价单亲父亲？又怎么评价单亲母亲呢？
- 你怎样帮助单亲父母和孩子们处理涉及父母缺失的问题呢？
- 当孩子们从这个家庭到那个家庭拜访时，能够帮助他们应付这种过渡的最好的策略有哪些？

这些问题和其他的一些相似问题，必须成为在教职员工大会、教师培训和家长群体会议日程中不得不考虑的一部分。

六、与家庭交流

（一）亲职教育与参与

教师和家长之间的任何联系都可以被视为亲职教育。教师向家长解释孩子的行为、建议解决问题的可选方式、向家长展示适宜的玩具和游戏、举办有关抚养技能的专题研讨会、向家长介绍感兴趣的书和文章、加强家长对他们孩子教育的兴趣和关注等，所有这些活动都被视为亲职教育。这些活动中，一些是有计划的，一些是自发的。不管是关于积极的纪律的一节课，或者是有关汽车后座安全之类的非正式谈话，亲职教育经常发生。

正如本章前面所述，在儿童教育方面，父母参与有各种各样的选择。在早期教育计划中的亲职教育和参与的概念正不断扩展，包括基于父母和孩子们需要的许多家庭支持计划。亲职教育和参与是家园关系的核心，并且在推动父母与教师建立真正合作关系方面还有很长的一段路要走。

（二）保持联系

教师可以用很多方法来增加他们和家长交流。* 在这样做的过程中，教师论证他们如何评价家长在他们孩子生活中所扮演的角色。教师可以向家长提供信息的五个常用的方法是：

1. **班级简报** 简报简要介绍了班级孩子正在做的事情，班里发生了什么特殊的事情，有关孩子的个人信息，有关假期的事情，以及孩子生活中其他重要的事情。

2. **海报** 张贴在家长能看到的地方的这些海报，其内容通常包括家长会、讲座、社区资源、儿童养育、衣服和家具交换以及图书馆故事时间。有关健康的课程、汽车和玩具安全常识、免疫会诊也可以用海报进行公告。

图 8-4 家长教师交流的途径有很多。如贴在教室门外的海报、简报、通知、孩子的作品。

3. **家长园地** 家长园地为父母在学校提供了一个区域或地方，这是让父母知道他们想要的和需要的非常关键的一种方式。有些学校给父母提供了长椅、完善有关儿童养育方面的图书资源等。如果没有可以利用的地方，那就在办公室或大厅里建一个咖啡吧。最小的地方，哪怕是放杂志的工作台也可利用起来。

4. **非正式接触** 与父母进行非正式接触是最简单和最有效的交流方式。所有要做的就是一个电话、一条短信、一封电子邮件或者是一个日常生活方面的简要谈话。对于那些参加幼儿园会议有困难的或者是不能接送孩子的家长，教师们可以在送给家里一张便条的同时附上一件孩子的艺术作品、一个孩子能背诵下来的故事、或者是孩子与朋友的照片。

5. **家访** 基于某种目的，家访可以用来加强交流。一次拜访可能仅仅是为了致力于建立教师与孩子的关系；或者这次拜访完全是为了实现一个社会功能——这是老师与孩子全家人见面，孩子家人对老师熟悉的一种方式。不管怎样，老师可以利用家访作为一个桥梁，与家庭建立一个令人愉快的、非正式的交流的开端。

---

* 对于教师和幼儿园来说，家长可能是无价的信息资源，是提供支持和肯定的资源。

（三）家长—教师见面会

家长一教师见面会是任何一个良好的家长一教师关系的支柱。它为满足单个孩子的需要提供了一种方式。见面会是一条相互有支持力的纽带，这条纽带建立在非常关心每个个体孩子的成人之间，并可以用来帮助孩子开发他的全部潜能。

家长与教师之间的见面会可以出于很多的原因而举行。当孩子刚入园的时候，最初的见面会的焦点可能集中在家庭方面。这时的见面会可能包括关于孩子发展的总体概况、日常习惯、兴趣、家长对孩子的看法以及他们的期望。教师会确保家长明白，如果他们对幼儿园或他们的孩子有什么问题，可以随时打电话。孩子入园以后，家长和教师可以进行有关孩子进步的最新评价，关注孩子的长处和需要改进的地方。

如果有大家都关心的问题要进行探讨，家长或教师可以随时召开见面会。一份写好见面会目标提纲的核查表将对指导讨论和直接切入问题有所帮助。当家长和教师聚在一起谈论一个孩子的时候，任何一个机会都是建立家园相互间信任感的一步。教师最重要的职责之一就是开家长会。一个好的家长一教师见面会是关注和加强家庭和学校之间联系的。让双方都感到满意和富有成效的见面会模式见表 8—5。

表 8—5　通过富有成效的家长一教师委员会，建立良好的家园关系

1. 常规的日程会议。父母和教师应该分享一些有关孩子成长、发展的积极方面。如果见面会时不时地举行而不是有问题出现了才举行，那就更有助于推动父母和老师双方建立情感。

2. 准备。与参加会议的人员提前讨论他们想参与的任何问题。搜集所有可能解释论点的材料、笔记以及孩子的作品示例。

3. 选择一个安静的、不被打扰的地点。如果有可能，可以定下一个会议室。确保每个人不被电话和其他约会打扰。

4. 有一个明确的目的。使用一个书面表格做指导，用来将会议的内容集中起来。这样就给了要包含的要点一个简洁的提醒，并使父母不至于离题。

5. 让家长感到放松。可以为家长提供咖啡或者一起分享刚在教室里发生的趣闻。让他们感到自己在幼儿园事务中扮演着非常重要的角色。这些轻松、主动的方式将有助于教师和家长之间的缓和气氛。

6. 使用最新信息和数据。从教师的观察角度引用最近刚发生或者是几天前发生的事情。包括当家长自己在场时发生的例子。“3岁的提姆非常容易转移注意力，对吗？这点从今天你们两个从门口过来时谈话的方式就能够很清楚地看出来。”

7. 给家长一个展示的空间。告诉他们做得非常好——不论是顺利地与别人合伙用车，还是对园内发生的争吵成功调解。如果他们有与大家一起分享的特殊想法，或者是作出对孩子们有影响的评论，都应该对他们给予肯定。

8. 询问而不是命令。通过提出开放性问题来与家长交谈。“新的作息时间安排实施得怎么样？”“告诉我更多的有关凯西的饮食习惯吧！”教师将把这些问题与他们有关孩子的知识和经验相联系，承认幼儿园与家庭、教师与家长的不同，然后在幼儿园内参与实施。教师要学会倾听，将精力集中在父母们的述说，当打算做一个评论或是回复时不要漫不经心地倾听。

9. 避免指责家长。将对话建立在共同关注上和怎样相互帮助上。着眼于一些可供大家共同选择的事物并制定一个行动计划。讨论彼此见面的方式或者是提供在幼儿园或是家里实现的方式。这些方法可以让家长感到大家是在一起工作而不是感到受到指责。

10. 知道哪里有社区资源提供参考以及如何获得。许多家长不知道哪里可以给孩子进行口语测试，不知道什么是智商测试、哪里可以获得家庭诊断。他们可能没有意识到有游戏小组、体操学校、图书馆故事会、儿童博物馆，要确保幼儿园可以为家长提供他们所需的信息。

11. 在会后写一篇简洁报告。对谁要求开会、谁参加、有哪些由家长或是教师提出的重要问题、讨论了哪些解决办法和策略等做一个报道。

12. 发现优秀范例。向有经验的教师讨教，分享他们成功的秘诀。尽可能参加一次他们举办的家长会议，观察他们做了哪些工作，学习他们的经验。在家长会后，向有经验的教师询问你自己表现的不足之处。

（四）隐私权与保密原则

在幼教机构的工作中，参与的父母越多，建立保护所有入学幼儿家庭隐私的指导越重要。那些在办公室、班级和野外旅行中充当志愿者的父母必须明白，他们不能把孩子、教师、管理者和其他家长的任何事情带出幼儿园。幼儿园必须清楚自己有保护儿童及其家庭的隐私不外泄的职责，并与家长就此原则进行交流。那些从事建议委员会、计划委员会和其他允许接触幼儿园办公室工作的家长必须对机密问题保持高度敏感，尊重每个入学儿童家庭的隐私。

关键术语

权威型父母

专制型父母

放任型父母

家庭生态系统

以家庭为中心的方式

家庭支持运动

父母成长

教学应用

1. 有关父母身份，你自己的看法是什么？列出两个清单。一个标题为《教师关于家长的看法》，另一个标题为《家长关于教师的看法》。比较两者，然后与家长和同事进行讨论。

2. 分小组讨论下面的问题，然后与你的同事分享你的回答。完成句子：

(1)“对于我来说，今天或是将来成为一名父母最困难的部分是……”

(2)“当我有孩子的时候，我计划（工作/待在家里/两者兼顾）因为……”

(3)“作为一名单亲父（母），我将……”

(4)“当我有孩子的时候，我将抚养他们（就像我的父母抚养我一样/与我父母抚养我的方式相反），因为……”

3. 看一下家园合作的十个关键点。给出你如何在班上应用每条原则的一个例子。你能发现一些指导中没有提到的例子吗？你打算怎样处理它？

4. 在你的班级里有特殊需要的家长吗？幼儿园的制度是如何支持或不支持这些家长的？你能做什么改变呢？

5. 采访一个单亲家长，了解他面对的最关键的问题是什么，他怎样看待孩子所在的幼儿园对他的支持，他认为哪些地方还需要提高。这些信息将怎样影响你和孩子、家庭之间的关系？

第四部分

教学内容有哪些

第九章

创设环境

问题思考：

创设一个发展适宜性的学习环境，要符合哪些标准？

规划整体环境时，健康和安全方面的标准是什么？

环境规划方案的基本材料是什么？

规划时间环境时，教师应该考虑何种作息时间表？

创设人际环境时，教师如何营造学习的氛围？

一、什么是环境

（一）概念界定

环境（environment）是指一个人在童年时期经历欢乐、喜悦、困难和成长事件的地方。因此，儿童的环境包括所有影响他们的人、事、物。它是自然和人为特性综合创设的一个空间，在这里，成人和儿童一起工作和游戏。环境是教师安排的内容，是他们创设的课程表，是他们交流的感受的反应。环境是一幅完整的图片——从交通流量到每日的日程安排，从与课桌配套的椅子数量到奶油杏仁蛋糕的摆放，这些都是环境的组成部分。教师作出选择时，要考虑的环境有：物质环境——器材和材料、房间布置、操场和可用的设施；时间（tempo ral）环境——过渡（transitions）、常规（routines）教学和活动的时间安排；人际（interpersonnal）环境——教师的数量和性格、儿童的年龄和数量、教师和儿童以及儿童与儿童之间互动的体系和类型，这些环境综合起来支持课程目标。

图 9—1　当教师说他们想创设学习环境时，他们指的是什么？

每种环境都是独一无二的。没有一个对所有儿童都适用的单一模式或理想的环境。成人为儿童创设的环境对他们的行为有强有力的影响。比如儿童的游戏容易受到环境和材料的强烈影响。在室内外设计和使用的方法的影响下，儿童的社会性互动、独自游戏或想象游戏可能会因此受到鼓励而实现“环境就是教科书”，道奇（Dodge）和库克（Kolker）如是说。教师规划他们认为对儿童来说最好的环境。例如，在瑞吉欧学校，环境被称为“第三个教师”（第一个是父母，第二个是教师）。不管这个环境是合适的教堂地下室、一个小学教室，还是一个因特殊需要为儿童设计的空间，它都将对儿童的生活产生强有力的影响。

尽管课程会随群体规模、儿童年龄、一天时长、课程重点和员工数量而进行较大的调整，然而为养育儿童提供的所有环境，都有相同的基本环境组成部分和共同的基本目标——满足儿童的需要。当一个机构变得更大时，要强调规则和常规引导，户外区域通常不会发生变化，儿童经常热情地参与户外活动和经常随意走动。群体大小和师幼比是影响儿童教育质量的两个方面。表 9—1 推荐了幼儿园中群体规模和师幼比的标准。

虽然对儿童教育环境的规划有无数种选择，但是教育中心的共同要素还是必须要考虑的：

1. 物质设施
2. 可用的资源
3. 课程目标

表 9—1　适合群体规模的师幼比

年龄	群体规模 6	8	10	12	14	16	18	20	22	24	28
婴儿（0～12 个月）	1:3	1:4									
学步儿（12～24 个月）	1:3	1:4	1:5	1:4							
两岁（24～30 个月）		1:4	1:5	1:6							
两岁半（30～36 个月）			1:5	1:6	1:7						
3 岁					1:7	1:8	1:9	1:10			
4 岁						1:8	1:9	1:10			
5 岁						1:8	1:9	1:10			
6～8 岁								1:10	1:11	1:12	
9～12 岁										1:12	1:14

群体规模和师幼比已被研究证明是预测环境质量的重要指标。人数少和低师幼比有利于师幼之间的积极互动和发展适宜性课程。

（二）物质设施

在为儿童创设环境之前，幼儿教师肯定会对物质设备进行分析。一个吸引人的漂亮的建筑会吸引儿童进去。一个充满色彩和光线的地方也会鼓励儿童去玩。很多环境能利用空间来传达别的目标，比如，像家一样的活动室、教堂地下室或者一个空的小学教室。设计过的空间的大小和形状决定了如何根据安全和适用去进行规划。为了重新测量空间，教师要将成人的视角转换到儿童的视角。蹲下来从儿童的视角扫视环境，对儿童空间的测量应从地板到操场。儿童的身高决定了什么是可用的和能被儿童注意到的。对于爬行的婴儿来说，空间首先是由地板组成的，而学龄儿童就能使用和了解大约 1.5 米高的空间（大致上略高于他们的身高）。教师在以儿童的视角规划物理空间时，要记住这一点。（参见环境计划部分）

（三）资　　源

在规划环境时，教师必须知道哪些资源是可利用的。第一个资源就是金融资产。首先要给教师薪水和福利、工具和材料，以及其他相关的服务（生活费、行政帮助、公共交通服务）。通过了解政府财政提供的额度和预算的范围，教师可以规划一个完全的环境。

好的环境规划并不依赖于大量的昂贵的工具、材料或建筑。有些工具是可以自己做、借或买二手的。以教堂为基础建立的幼儿园，每年可进行捐赠品（衣服、图书、玩具和家用电器等）义卖，幼儿家庭可以提供打印纸、木材碎料或为角色游戏提供衣物。比如，一个公共图书馆的故事讲解员或委员会群体或许就可以用来扩展儿童的经验。有效的募捐为很多幼教机构提供了额外的收入来源。

人力资源也是必需的。当成人的能力、经验和可利用性与他们的期望相匹配时，他们可以尽最大努力和儿童在一起。新手教师的资源在教室里是最好扩展的，而专家教师要准备把他的专业用在别的方面，如定位父母或评估课程材料。就像我们尽力用手边的工作来匹配儿童的发展能力一样，我们也应该把每个人看做是环境资源的一部分。

（四）课 程 目 标

课程的界定必须与物质空间相联系，因为课程的目标和目的是直接通过环境的安排来体现的。

幼儿教育课程的目标会有很大的变化，因为幼儿机构涵盖了范围很广的年龄和经验。哈姆斯（Harms）、科尔（Cryer）和克利福德（Clifford）命名了三个设计环境的共同目标：安排柔软的和支持性的设备以避免行为问题，设立鼓励自理的充满想象的环境，创设主动学习的充满刺激的空间。让课程目标在环境中得到体现，教师可以采用以下方法来规划课程：

1. 房间和场地的安排要最大程度地包含教师想要儿童使用的材料和设备。

2. 通过提供满足教学需要的时间段（包括在什么时间以什么方式来教），教师谨慎地安排每天的作息表。

3. 教师明白一个温暖的关系存在于教师和与他们互动的儿童之间。

当儿童走进教室，环境应该告诉他们如何在这样一个环境里生活和学习。从这里，儿童应该接收到他们能做什么、不能做什么的明确信息。环境在暗示他们：

- 在什么地方他们可以自由活动，什么地方他们不能去。
- 他们将会受到什么样的款待。
- 在这里谁将和他们在一起。
- 他们可以用哪些材料和工具。
- 他们可以玩多长时间。
- 在这里，他们是安全的。

● 对他们的期望是什么。

表 9－2 介绍了教师如何用环境告诉儿童在这里什么是重要的。

例如，到了户外活动时间，门是开着的。如果儿童需要离开某个器材，可以通过间隔物或旗帜做标记，教师只需站在附近进行解释指导。当儿童每天受到热烈的欢迎，他们就会知道他们的事情。当教师告诉儿童要用多长时间来完成一个作品或游戏的流程，什么时候规定的时间要到了，他们就能知道时间的价值。

教师是创设创造性环境的关键因素。这不仅仅是设施的问题，更应该是教师对所有环境因素以及因素之间的联系的理解。课程质量指标，如师幼比、护理者的稳定性、受教育程度和经验以及班级规模，都会对满足课程目标的环境产生作用。

表 9－2　环境反映课程目标

儿童需要——	环境应该——
被看做是具有独特能力和发展目标的个体。	确保师幼比支持一对一的互动。提供私人和公共空间，这样儿童可以进行群体和社会性游戏。 确保儿童有准备好的途径接触教师和材料。配备在观察和评估的基础上为儿童设定目标的教师。 提供匹配班级发展水平的材料。 提供动静时间的平衡。
看到儿童自己和他们家长的文化明确地体现在环境中；用有意义的方法展示文化的差异。	包括图片、书、玩偶、角色游戏材料、活动等能反映很多文化和生活经验的东西。 专职教师理解和评价儿童家庭文化及家庭实际情况。 为各种文化习惯、庆典活动提供机会。
有机会作出选择和参与独立学习活动。	鼓励自由探索和明确什么是有用的观点。 提供多种活动中心，这样儿童可以探索、操纵和探究。 为儿童进行自创的游戏安排大量的时间段，这样儿童可以获得更多的机会。 提供经过培训的能胜任的教师，支持儿童自我探索。

儿童需要——	环境应该——
学习成为团队的一分子。	为团队游戏安排一张桌子配 3～5 把椅子，与另一个人连接的架子，一个以上电话机，玩具马车，小推车。 有规律的小团体和大团体时间安排表，鼓励儿童参与进来。 包括让经过培训的员工为团队选择发展适宜性团体活动。 允许儿童与儿童互相把对方作为资源来使用。提供能加强儿童合作和社会交往的活动。
变得对环境负责，维护工具和材料。	把清理环境作为日常事务的一部分。 教师和儿童一起修订规则。 给儿童时间学习正确使用材料，并意识到对工具的日常维护。
在幼儿园环境里意识到行为的限制。	确保教师和日常的安排表反映行为规则的重要性。 教师用公平和稳定的方法处理行为问题。 在过渡环节提供充足的时间，这样儿童可以毫无压力地从一个活动向另一活动转移。 用家具避开通道和死胡同。
全天候提供支持，使游戏容易，和鼓励学习的成人一起。	儿童到达之前要设立好环境，这样教师就可以随时欢迎他们。 通过小组和允许更深入交往的时间安排鼓励师幼互动。

当教师把房间和操场作为学习的环境时，房间就不再是房间，操场也不再是操场。教师自己是环境中最敏感的部分，正是他们谈话、微笑、赏识、传递信息和理解每个儿童的个性，他们创造了空间、时间和气氛，这些将有利于儿童的好奇和积极的参与。

（五）发展适宜性的学习环境

我们都受环境影响，对于儿童来说尤为如此。所有儿童的行为是受他们眼前的东西影响的，其中有些儿童对刺激（噪音、光和杂乱的东西）特别敏感。因此，我们必须注意到他们所处的是什么样的环境，他们待在那儿的时候发生了什么事情。

下面是发展适宜性学习环境的16项要素：

1. 创造一个高活性、低压力，适宜于大脑学习和记忆的环境。当儿童全身心投入到一个学习过程中时，大脑会产生积极效应。但若受到来自外界的干扰和影响，大脑则会自动减缓运转速度。所以在某种程度上，教学环境会直接决定儿童大脑的活跃程度。教学中心应让儿童在无压力和干扰的状态下，全身心地投入到整个学习过程中，促使儿童积极参与体力的、智力的、抑或是人际互动类的活动。“就每一个儿童来说，发展适宜性学习环境应同时提供给他喧闹和安静的环境，让他既有独处的时间，也有丰富的人际互动活动可参与。”格里曼（Greenman）说，“同时，这样的教学环境还应为反应敏锐的儿童提供一些利于智力开发、动手动脑的活动。”

2. 建立符合文化背景的教学环境。首先，我们得明白关键的一点——任何一个教学环境，都会反映出参与者身上秉具的文化。如果一个教学环境重视人际关系的深化和人与人之间的相互依赖，则儿童会更倾向于依赖成人，以及与他人建立互信；又如欧美文化强调个体的独立，则处于该教学环境下的儿童会体现出较强的自主性和自立性。同时，一个儿童在家庭场所以外的人际社交活动，会与其家庭文化形成互补关系，所以，如果教师并非饱含热情去教学，或者教学环境无法让儿童感到在家般的舒适放松，都无法取得良好的教学效果。

3. 确保儿童可以接触足够多的玩具和材料。这些材料存放的时候，要确保儿童在每次用到它们时，不需要依靠成人。这些设备放在一个符合儿童身高的开放的架子上，可以让儿童按自己的节奏进行活动和选择材料，而不用依赖成人的服务。

4. 给儿童选择的机会。不管是在室内还是在室外，应该有大量的材料和活动方式供儿童选择，这样他们将决定自己如何打发时间。选择合适的玩的地点能帮助儿童练习自我引导。儿童也应该能决定他们喜欢一起玩的同伴和他们喜欢与其建立亲密关系的教师。

5. 考虑儿童的发展水平。应该认识到，虽然有很多事情是儿童自己不能独立完成的，但应给儿童自己去做他们能做的事情的机会。从发展的角度意识到，在教室里什么是儿童能力范围之内的，他们现在处于什么发展水平，下一步应该怎么做。3岁的索菲亚只能完成把她夹克的拉链拉上，不久，她就能自己把拉链放到拉链头里。罗伯特老师意识到当她设法拉拉链时，她通过蹲下来保持拉链头不动为下一步做准备。

6. 提供用家庭区域形式划分儿童空间的方法。用他们名字、一张照片或一个熟悉的图片来标示小房间，这样他们就明白他们的外套、艺术作品和其他的私人物品该放在什么地方了。

7. 明白儿童有看护设施和材料的责任。在每天的作息表上安排一个清理时间，给儿童固定的时间去整理房间和操场。用图片或存放什么东西的象征物做架子和橱柜的标记，这样儿童可以很容易找到这些东西属于什么地方。在放积木的架子上标出积木形状的轮廓，便于儿童找到每个积木存放的位置，这将有助于发展儿童的自理技能。室外清楚地标明有轮车玩具或沙子游戏区，有助于儿童独立地区分游戏的设施功能。

8. 让儿童参与规划和创设环境的过程。让儿童帮助教师决定他们想通过正在进行中的区域活动和他们带进教室的小件物品学习什么。例如，弗宁的宠物几内亚猪有猪宝宝，因此，塔亚老师安排弗宁的妈妈把弗宁的宠物猪一家带到学校来让大家参观，然后又向其他儿童的家长发了邮件，要求其他儿童也带宠物来让大家参观，这样创设出小组去一个宠物店旅行的情景，角色表演区成了一个宠物商店和动物医院。

9. 给儿童足够的时间。儿童学习的方法之一就是一遍又一遍地重复一个活动。他们探索、操作、实验，逐渐掌握一个18片的智力玩具、一块橡皮泥或者刷牙的方法。每天的作息表上安排大量的时间来做常规活动，让儿童在宽松的节奏中进行活动。

10. 有可能的情况下，让儿童解决自己的问题，不用成人参与。蒙台梭利教法（参见第二章）鼓励儿童自己去发现什么是成功的，什么是不成功的。好教师的一个标志就是，能让儿童在需要帮助之前独自充分地去解决问题。

表9—3是反映多元文化环境的核查表，为教师提供了为儿童创设反偏见环境的评估和监控进步的标准。

表9—3　多元文化环境核查表

整体环境 1. 总体上看，教室气氛是热情友好的吗？ 2. 墙上挂的是什么？如果挂有儿童完成的作品，它们看起来像样吗？比如，你剪出小兔子或其他动物的形状让儿童来涂色，或是这些艺术品完全是由孩子们自己完成的？ 是______否______ 挂在墙上的人物照片或海报代表的是多元文化社区吗？ 是______否______ 即使照片确实代表了不同的人群，但它们是否刻板呢？例如，是一张字母表中用“indian”来代表字母“I”，或者是用一个穿着裙子的小姑娘牵着小男孩参与到活动中作为特征的日历？是穿着绿裙子的夏威夷人或者是脸部涂着油彩手拿长矛的从南美洲来的人？	是______否______ 3. 为儿童提供的所有的相片和艺术品是挂在儿童的眼睛视平线上的吗？ 是______否______ 4. 儿童的父母或其他家庭成员参与到创设一个充满热情的教室环境这项工作中去了吗？ 是______否______ 如果是，你是如何吸纳他们的？你是如何让他们感觉到做这项工作是他们参与孩子的幼儿园生活的一部分？ **各活动区** 1. 各活动区的装饰物代表了各种不同文化群体和家庭结构吗？ 是______否______

把它们列在下面，从而确信没有漏掉主要的文化群体或家庭结构。

2. 各活动区的装饰物具有性别角色刻板印象吗？

是______ 否______

如果是，你如何改变它们？

社会性学习

1. 作为一个整体的课程是否能帮助儿童增加对其不熟悉的态度、价值和生活系统的理解和接受？

是______ 否______

如果是，是怎么实现的？

如果不是，你将改变你当前的课程的什么内容来反映多元文化的价值？

2. 材料和游戏有种族性或性别刻板印象吗？例如，黑人掷骰子或男孩玩战争游戏。当男人做很多有趣的工作时，女人只能是看护者吗？

是______ 否______

如果是，你将会从你目前的陈列品中去掉什么？你会增加避免刻板印象的材料和游戏吗？

角色表演游戏

1. 角色游戏区里有大量的包括各种文化群体的服装吗？

是______ 否______

如果有，都是些什么东西？

如果没有，你需要增加什么？

2. 墙上的照片和角色游戏区里的道具是否代表了多元文化？

是______ 否______

如果是，都包括什么？

如果不是，你需要增加什么？

3. 角色游戏区里的玩偶是否代表了广泛的种族群体？

是______ 否______

如果不是，你需要增加什么？

4. 白皮肤的玩偶是否需要改变肤色？

是______ 否______

如果是，哪一个需要替换？

语言艺术

1. 教室是否有适宜幼儿年龄的不同文化的图书以及语言艺术材料？

是______ 否______

哪些方面是空白？

2. 在图书区，是否有关于下面每个不同群体的故事？

——美洲印第安人文化

——亚洲裔美国人文化

——黑人文化

——白人伦理文化

——西班牙语系文化

——黑白人种混血人或多人种混血人文化

——组合家庭文化

3. 是否有些书具有对不同文化人群带有刻板印象或贬低的内容？比如，把拉丁美洲人描述成“懒惰的”或把日本人描述成“呆板”的。

是______ 否______

如果是，都是些什么内容？你要用什么新的主题来替换它们？

音乐和游戏

1. 课程里的音乐内容是否加强了儿童对不同文化的肯定？

是______ 否______

如果是，是什么样的？

2. 在教室里是否使用来自不同文化群体的手指游戏、竞赛活动和歌曲？

是______ 否______

3. 教室里是否有多种音乐器材，包括儿童自己做的？

是______ 否______

烹饪

1. 教室里的烹饪体验是否鼓励儿童去尝试，而不仅仅只是展示他们熟悉的食物？

是______否______

2. 是否设计烹饪体验让儿童共同关注文化遗产，了解准备、烹饪和吃食物过程之间的关系？

是______否______

如果是，是什么样的内容？

如果不是，你能做什么来让儿童建立这些联系？

11. 接受儿童的成就。为了支持儿童的独立探索，成人必须要对儿童的成就感到满意。比如，要乐意接受汤姆做三明治的方法和谢莉穿反鞋的问题。

12. 传达期望。让儿童知道他们被寄予了什么期望。用口头语言或非口头语言告诉他们："你不用着急，我们有足够的时间来清理。"让儿童知道他们可以毫无压力地去做事。描述如何进行活动来为儿童提供一些暗示："如果你先把内裤拉起来，那么你就很容易把短裤穿上。"教师告诉正在等着成人帮他穿外裤的雷蒙德："好的，你已经把后面拉上来了，现在拉前面。"通过指出雷蒙德是如何成功的，教师传达了对他能够完成这个任务的能力的信心。

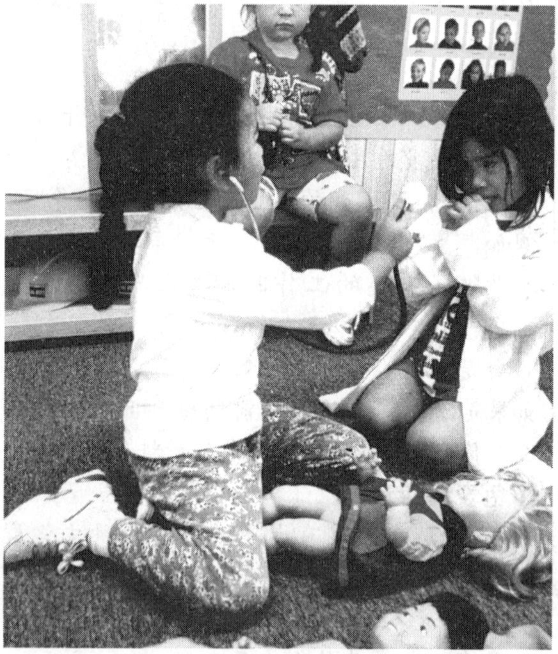

图 9-2　让儿童在没有教师干预的情况下自己解决问题，是成功教育环境的一个基本原则。

13. 确保工作人员的期望是可持续的。教学小组应该为每个儿童设定共同的目标，保证它们的持续性。如果一个教师提醒珍妮丝自己去铺她的小床准备午睡，但另一个教师却替她做了，那么，她会困惑的。

14. 在安全范围内允许犯错误。人类是从经验中学习的。让儿童知道，事实上他们是不可避免地会犯错误，而这是可以接受的。帮助孩子解决他们行为的后果。克罗伊把她的果汁溢出来了，因此，狄娜指着海绵和水桶里的拖把，她帮助克罗伊弄干净了桌子。通过评论狄娜擦洗的能力来强化她努力的成果。不久，吃点心的其他儿童也就用餐巾纸和汤匙来帮忙了。

15. 该赞许的就要给予赞许。提供反馈，这样儿童就知道他们什么时候成功了。比如，称赞查斯通过数手指发现他玩分类活动时占用的时间；告诉艾伦她在努力地打开她自己的保温瓶。让儿童能及时得到针对他们自己成就的赞许。

16. 让儿童互相教。鼓励儿童去跟同伴分享他们已经掌握的技能。主动找出每个儿童做事的方法，支持不同的方法。那些可以系鞋带的儿童乐于帮助那些有难系的带子和容易滑落的扣子的朋友。不管是给其他人讲故事，还是做一个比较快的穿夹克的示范，儿童都会从相互帮助中获益。

一个规划良好的环境能让儿童突破自己的极限，从而为他们获得自我满足感开创了无限的可能。

二、环境中融入核心价值

每个优秀的幼儿教育课程的核心价值都会承认儿童的独一无二性，认为儿童应该受到尊重，是家庭的一部分。* 每个儿童都有权利实现全部潜能，发展积极的自尊（self-esteem）。每个家庭应该支持儿童扮演的独特的角色。幼儿教师的一部分责任就是引导儿童学会评价他人的独特性、不同点和相似点。在某种程度上，教师通过表达这样一个包容性的态度来达到目的。

（一）反偏见的环境

源于太平洋橡树学院的反偏见课程，鼓励儿童和成人去探究那些组成我们个性和群体身份的不同点和相似点，并且发展区分关于他们自己和他们同伴的偏见的负面影响的技能。

由于文化包含了人们做类似活动的各种方式，因此，物质环境可用来探索人们在日常生活中从事基本的人类活动的许多方法。如果儿童对制作东西特别感兴趣，或许“所有人生活在家里”这样的主题就会出现，该主题可集中在人们如何建造建筑物，他们利用这些建筑做什么以及他们如何建造某种建筑物。

用反偏见的态度创设环境，根源存在于埃里克森、皮亚杰、维果茨基和马斯洛的理论（见第四章）。儿童很小就开始注意并建构类别和评价种类。事实上，两岁的儿童就开始注意性别和种族的不同，甚至也有可能注意到生理残疾者。幼儿教育课程必须发展一个儿童基本的信任感，并使其掌握它，这样儿童就能学习理解他们自己，变得对别人有耐心和富有同情心。

这种方法是与“观光式课程”不同的，后者仅仅提供脱离儿童自己生活的表面信息。这种

---

* 反偏见和全纳的环境让儿童学习忍耐，接受世界的多样性。

方法通常是建立在班级内儿童性别、种族和文化群体的利益基础上的。反偏见环境综合了多元文化课程的积极方面，并且使用能突出其他文化的一些活动，它提供的是一个更包容、更持续的途径。对所有幼儿教育计划的一个有价值的评价，体现在这种反偏见课程中。环境源于三种资源：儿童和他们的活动、教师对发展性需要和群体学习体系的意识、社会性事件。

理解如何安排环境有利于那些自然产生的问题的解决：一个学步儿教师为清洗儿童玩水游戏的桌子，选择代表不同种族和民族群体的玩偶，并邀请儿童去给它们打肥皂和冲洗。一个两岁的儿童开始洗教师的胳膊，然后用力地去擦。“你是想知道我皮肤的颜色会不会洗掉，对吗？”教师问，这名儿童点点头，其他的儿童抬头看着。“你是想要洗掉它吗？继续来，试一试……看，一个人的肤色是他（她）自己的，和他（她）永不分离。也试试你自己的。这是人们寻找不同的一个方法。我们都有皮肤，然而我们每个人都有自己的颜色。”（表 9－3 是多元文化环境核查表，可以帮助教师评估环境）

反偏见方法从更大的视角看待教室环境。作为一种“小社会”，教室中的儿童和成人共同组成的正好是一个世界。社会风气容易影响儿童的发展，因此教师要努力消除这样的偏见。例如，幼儿园教师向儿童展示一张关于“美国新娘”的杂志图片，照片上的女人都是白人。她问：“你们怎么看这张照片？”索菲亚回答说：“这是一张愚蠢的图片，我妈妈也是一个新娘，她是墨西哥人。”

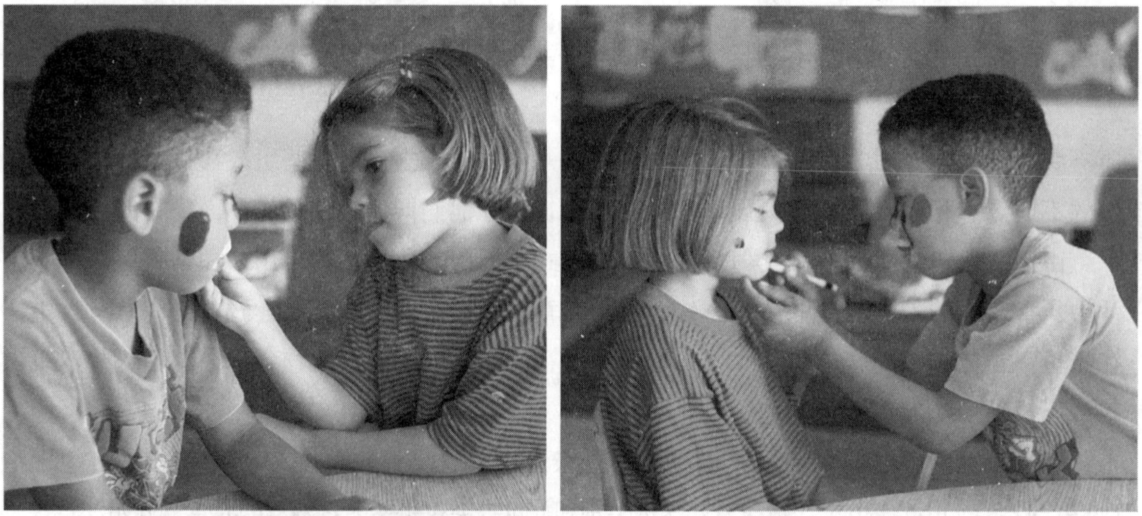

图 9－3　反偏见环境鼓励男孩和女孩一起游戏，尊重差异和用新的方法包容别人。

总的来说，反偏见环境促进了：

● 客观的自我概念（self-concept）。好奇和创造来自能影响环境和存在于其中的事物。当贾马尔说他的宝宝的头发像他的那样毛绒绒时，他的微笑告诉我们他对此的感觉是多么地好。

● 意识。所有的人都有兴趣和感觉，包括对他们自己的和对别人的。洋子注意到她的同学朱莉跑过去伸开双臂拥抱爸爸，但洋子更喜欢较少情感流露的问候。

● 尊重差异。这源于区分并欣赏相似点和不同点的能力。儿童在班级里给图书做自画像时会选择不同颜色的纸来做封皮，但他们都用同样的标记来标注它们的特点。

● 沟通和问题解决技巧。学习如何表达想法和感觉，包括倾听他人和寻找和平的方式解决冲突。吉姆和兰妮用急速的语气告诉埃本他不能参与游戏，但他们发现埃本年龄太小了，告诫他并不起作用。作为3岁的儿童，吉姆和兰妮都说不出充分的理由让埃本离开，所以他们要么尽力让他参与进来，要么发出声明以示拒绝。

（二）自理环境

促进儿童的自理和独立行为在幼儿教育课程中普遍实践着。自我概念建立在他们知道自己是什么的基础上，包括照顾自己需要的能力。照顾好自己，感觉学习的能力，解决问题，这些都是与自尊相关的。自尊是我们对自己的评价，即我们喜欢自己和不喜欢自己的程度。帮助儿童实现一个客观的自我概念和自尊是教学中最重要的部分。强烈的自尊的发展是伴随人的一生的，它在人之初就出现了。

自理环境把儿童自身技能的发展作为一个基础性的目标——培养他们负责自己的自我保护、学习、情感控制、问题解决、选择和决策的基本能力。自理环境给儿童这样的感觉，即他们是有能力的、能干的和成功的人。它允许儿童为自己去做事，去迎接成长所带来的挑战。自理环境在欧洲裔美国人里有它的根基，因为他们认为自主（autonomy）和独立是重要的。

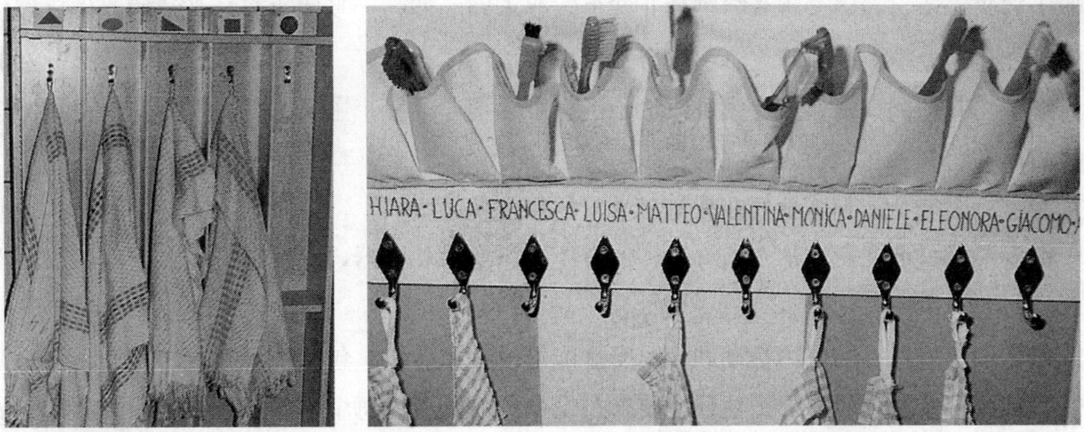

图9-4 左图，在一个俄罗斯儿童看护中心，不同颜色的毛巾用很容易识别的形状进行编号。右图，在意大利的瑞吉欧中心，牙刷和毛巾很容易拿得到。

如果不能按基本的方法来维持自己的需要或照顾自己，这会让人们感觉非常无助。儿童需要各种经验帮助他们了解自己的能力范围。最重要的是，他们需要理解他们能逐渐达到自我依赖的成人，鼓励他们的能力和提供给他们时间去实践技能的成人。

在规划一个自理环境时，教师把穿衣、吃饭、上厕所和休息的自理技能作为儿童自理的基础。这里有学习系纽扣和拉拉链的材料，架子也是低的并做了标签，玩具也是易得的和摆放在显眼位置的。儿童会积极地参与到吃点心时间所做的事情——他们的教师和他们坐在一起——学习管理他们的午睡事务。表 9－10 到表 9－13 反映的都是自理环境。

（三）全纳环境

1975 年，美国针对所有残疾儿童的教育行动计划，要求从幼儿园到高中终止对残障儿童的隔离。1986 年，为这个议案制定的修正案宣布，有特殊需求的残障学前儿童应该被置于对他们来说限制最少的环境中。这个将残障儿童置于正常儿童所在的同一个班级中的实践行为（参见第二章与第三章）被称作全纳（full inclusion）。在 1990 年颁布的美国残疾人法案中，美国人禁止儿童看护中心仅仅由于儿童有残障而拒绝儿童入学。同时，这些联邦法律为幼教机构成为更融合的环境提供了逻辑依据。

在残障儿童的生长环境中，他们需要与其他儿童同样的事物。他们需要一个安全、有保障、可预料的、既熟悉又新奇的环境，以便为他们的发展提供材料和活动。当一个残障儿童与其同龄人相比有不同的发展需求时，我们必须作出调整。这些改变可能要求增加原来环境中所不具备的事物，或者是用不同的方式来利用原有事物。肌肉运动方面有残障的儿童比那些听力残障、语言残障、视觉残障的儿童更需要不同的调整。身体改变是必须的，作息表的修改可能还需要征询一些建议、出于个别考虑的运动可能最好。父母是了解孩子情况最好的信息来源。其他阅读资料或专家可以给予进一步的指导。三个主要的观念将有助于记忆：进入、可用性、最大化学习。

- 一名儿童能到达他要在教室里学习的那个地方吗？
- 一旦这名儿童在那个地方了，他会使用原材料和仪器，以及尽可能独立地参加活动和学习吗？
- 那些安排好的学习活动和日程安排能符合儿童个体，包括残障儿童学习的需要吗？

设计一个全纳环境，要记住环境要求是安全的，能帮助每个人参与、学习和交流的。表 9－4 是一个为创造全纳环境而作出调整的简略核查表。

表 9—4　全纳环境核查表

物质环境

问题思考：

△不同的儿童怎样利用他们的身体或者周围的空间来学习？

△我们如何为行动困难（或多动症）的儿童改善或调整身体环境？

△我们怎样为学习行动的儿童利用好身体环境？

安全地利用环境：

□门口的宽度是否符合当地建筑规范？

□有没有额外的斜坡或走廊的代替品？

□在条件允许的地方安置有低矮、宽阔的楼梯（包括操场设施）吗？

□楼梯的两侧都有栏杆扶手吗？

□门上、抽屉上有便易的把手吗？

□至少一部分儿童的椅子是扶手椅吗？

●方椅子很好。

●通常一个搁脚椅或安全带将能为一个儿童做好身体运动提供足够的稳固性。

●当一个有运动残障的特殊儿童要调整座位、行动或大量身体运动时，事先请教一位运动专家。

通过环境学习：

□环境和设备反映了多样性吗？

●表面、高度（质地、光滑、矮、高）

●大量身体活动的空间（开放的空间、攀爬的结构、地板垫）

●安静、舒适的空间（小空间、毛毯、枕头）

●社交空间（戏剧表演区域、凳子或枕头堆）

□玩具和设备方便人体使用吗？

●将磁铁粘在拼图背面，将积木按属性分类，并使用钢柄托盘。

●将大的把手或杠杆粘到有盖子和活动部分的玩具上。

●将小标签贴在容易翻阅的书页上。

□ 一个专业的治疗师可以为原材料和活动的调整提供具体的建议，这样一个有运动残障的儿童就可以参加活动。

视觉环境

问题思考：

△不同的儿童怎样利用他们的视觉进行学习？

△我们怎样才能为一个弱视或失明的儿童改善视觉环境？

△我们怎样才能让通过看才能进行学习的儿童更好地利用视觉环境？

安全地利用环境：

□在边角或当地面改变时，能使用对比强烈的颜色吗？（例如：在毛毯周围、楼梯口铺瓷砖等）

□窗户能遮强光吗？

●也要考虑到稍微暗点的非光滑的地板和桌面。

●一旦强光消除了，某些儿童的行为和学习或许会戏剧性地进步。

□墙上、架子上避免了视觉混乱吗？

●视觉混乱会干扰学习、可预测性和安全。

□在微暗的房间里是否备有射灯？（如摇臂灯等）

●射灯帮助某些儿童更好地把注意力集中在桌面任务上。

□定位和移动专家帮助有视觉障碍的儿童学习导航环境。

通过环境学习：

□环境里的物体和位置做标签了吗？（如“门”“椅子”等）

□在你的课堂里，图片和字母的尺寸和反差适合有视觉障碍的儿童吗？

□视觉展示处于儿童的视平线吗？

□大字印刷的材料、纺织材料和听觉材料随手可得吗？（如大书、字母、配磁带的图书等）

□每天的日常安排是用文字和图片呈现的吗？

●维可牢（一种尼龙搭扣，两面一碰即粘合，一扯即可分开）可以让儿童粘贴日常表，然后随着主题的完成变换主题，它可以帮助儿童集中注意力，更容易地从一个活动转换到下一个活动。

□视力弱的儿童是否坐得离活动中心比较近而离强光比较远？

□教师辅助视觉障碍的儿童选择和改造弱视力儿童使用的材料了吗？

□盲童或许需要一个对事件、空间等的实况报道。如，应该把书里的图片和盘子里的食物描述给他们听。

听觉环境

问题思考：

△不同的儿童如何使用他们的听力材料去学习？

△我们如何为耳聋的、有听觉障碍或听觉区分技能弱的儿童改善听觉环境？

△我们如何利用听觉学习者的听觉环境？

安全地利用环境：

□进入这个区域，背景噪音（从门内或门外）是否过滤了？

□有方法消除或减轻背景噪音吗？（如用地毯、关门窗等）

●现场的儿童不能自动过滤背景噪音。

□是否避免了"听觉竞争"？

●与"安静信号"相比，用提高声音来与满屋吵闹的儿童对抗几乎是无效的。如，举起一个表示安静的信号，鼓励注意到这个信号的儿童，直到房间里充满了举起安静信号的安静的儿童。

□非听觉信号需要提示一个有听力障碍的儿童吗？

●开灯或关灯是常用的策略。

●问儿童的父母在家里用的是什么策略。

通过环境学习：

□听觉信息与视觉信息配对吗？（如简单的信号语、法兰绒广告牌、图式作息表等）

□听觉障碍的儿童是否坐在他们能看到别人的脸和动作的位置？

□负责听觉障碍儿童的教师可以提供为有听觉障碍的儿童调整活动的策略。

□通过信号语交流的耳聋儿童需要一个使用信号语的教师或助手。

社会性环境

问题思考：

△不同的儿童如何使用学习用的社会性暗示？

△我们如何调整攻击性行为、注意缺失或有其他行为问题的儿童的社会性环境？

△我们如何利用那些通过与别人联系而学习的儿童的社会性环境？

安全地利用环境：

□日常安排表是可预测的吗？提供给儿童的日常安排表变化了吗？

□日程安排表提供了一个活动水平范围吗？（如体育活动的平等机会等）

□学校的心理学家和行为专家可能帮助分析不端行为、调整环境或日程安排表使注意缺失或有行为问题的儿童的问题减到最少。

通过环境学习：

□环境对自尊有积极的影响吗？

●所有儿童感觉到安全吗？

●邀请所有儿童参与吗？

●最大化地给予所有儿童独立的机会吗？

□学习材料和玩具是否包括各种民族、有残障的儿童和成人？

●残疾人应该在活动和领导角色中得到体现，而不只是作为被动的旁观者。

□日程安排表是否除了包括不同的分组（一对、小组、整个班）的机会外，还有安静时间或独处时间？

●配对或分组的能力互补的儿童减轻了对教师的需求，也能使儿童之间学会相互帮助。

●当提供了一个机会时，同伴经常会提出最有创造性的方法来让没有能力的儿童参与进来。

●在某些活动中，创造性的配备人员需要为某些儿童提供额外的支持。

□日程安排表提供了结构性的和开放性的活动时间吗？

●参与一个特殊类型活动有困难的儿童或许需要在那段时间里得到额外支持。

想想在辛迪亲子班上的安德鲁吧！安德鲁 4 岁了，他患有肌肉运动残障和语言残障。他的认知能力非常强，但社交能力却很弱。安德鲁的妈妈在课堂上对每个人都谈到安德鲁的需求和担忧。如果他倒下了，他要费尽周折才能站起来；他需要在别人的帮助下坐和站；他害怕受碰撞，因为他会很结实地摔倒在地，然后起不来。安德鲁的同学们都答应在他身边打闹（roughhousing）时，会特别地小心。成功的条件就建立了。

图 9－5　儿童对环境的需求包括设备的柔软度和硬度等关键特点，这些特点可以引导儿童在环境中进行学习或游戏。

由于安德鲁没有很好的手部精细动作控制技能，因此，辛迪让他涂画和玩面团。等辛迪放稳美工桌后不久，安德鲁就把图片有规则或无规则地粘到纸上，他对自己的作品感到非常自豪。他甚至用剪刀去剪一些简单的形状。物质环境符合他的需要。他是一个非常让人惊讶的建筑师，当其他的儿童有困难时，他们通常会寻求他的帮助。看到其他儿童如何把他吸纳到很多事情中去，是非常令人惊奇的。从开始他们就接受了他不同的权利，像对其他同伴一样对待他——除了他们在他身边小心地跑和玩的时候。他的担心是明显的，他们尊重他的担心。因此这种人际互动环境就出现了。

每天的课程休息时间固定有一个“体育时间”。在一个大的房间里，让每个儿童跳绳、玩“西蒙说”游戏*、红灯绿灯游戏和障碍超越训练。刚开始，安德鲁坐在边上看。他欢呼，看得饶有兴趣，因此，辛迪便邀请他成为她的同伴，刚开始，他拒绝了，让她找别的人，“因为我有点害怕。”她继续邀请，直到有一天，他忽然说：“可以。”于是辛迪和安德鲁便一起跑和跳大绳，所有孩子们都大笑。他们相互拥抱，这就是开始。当儿童有需要的时候（暂时的环境）提供机会，儿童便能体验成功。

三、环境规划

很多人在幼儿教育环境中生活或工作，比如厨师、校车司机、行政室人员、保洁人员等，他们都分别对环境提出了特殊的需求。然而，教师、父母和儿童对幼儿教育环境的影响最大。

● 使用这个空间的儿童是什么样的？他们有什么需要？

● 儿童在身体、社会性、情绪情感以及智力方面的发展要求，决定了房间的类型、家具的尺寸、设备的选择、小组的规模和年龄段、带领及指导小组的教师人数以及预算的分配使用。

● 为了满足教师的需求需要准备哪些条件呢？所有的教师都需要有一定的空间，来准备课程材料、评价课程、熟悉其他教育材料以及和同事一起开会。研究表明，看护者工作环境中的某些因素对儿童接受的看护质量有着重要的影响，这些因素包括环境设置的一般情况、教师专业发展机会、社会地位以及收入状况。

● 如何规划一个接纳家长的环境？在这样的环境中，成人可以无拘无束，有一个能够交谈和看书的舒适空间。还要给那些参与班级活动的家长提供一个存放个人物品的空间。

● 家长是否可以使用学校环境？去园所的成人都需要充足和安全的停车场。他们要知道在紧急情况下如何与老师和孩子取得联系，包括下班后如何与管理者取得联系。一个公布学校通知和家长使用的公告栏可以提供这些信息。设置信箱可以鼓励父母与学校之间、幼儿家长之间进行书面交流。

---

* 译者注：“西蒙说”（Simon Says）是一种英国传统的儿童游戏。一般由3个或更多的人参加，多数是儿童。其中一个人充当“西蒙”。其他人必须根据情况对充当“西蒙”的人宣布的命令作出不同反应。

（一）保护儿童的健康

不管有多少儿童，也不管他们的在园时间有多久，园所首先要保证的是儿童的健康和安全。健康、安全以及营养之间的关系最为密切，因为其中一个因素的质量会影响到其他二者的质量。因此，为儿童提供的方案必须建立一定的制度，这些制度能够为儿童的健康和安全提供持续的保护、服务及教育。不同的政府部门制定的规章制度不同，专家的推荐也存在差异，但他们都能提供一些保证儿童健康和安全的标准。

图 9－6　保护儿童身体健康是一日生活常规中的一部分。

1. 卫生设备

在集体生活条件下，适宜的卫生设备是防止疾病扩散的重要条件。在早教机构的物质环境规划中，要求必须为儿童和成人提供充足的盥洗设备。一般来说，卫生间及洗脸池的数量和大小规格是由当地的卫生部门或其他管理部门规定的；而对于教师来说，将预防疾病的卫生护理落实到日常生活实践中去就成为了他们的重要职责。

这些卫生护理包括洗手（抵御有害细菌传播的首要方式），以及人所共知的、标准的预防措施。通过适当的提醒以及动作示范，教师要帮助儿童养成在必要的时间点洗手的习惯，比如饭前和吃点心前。每个托幼机构都应准备一些橡胶手套和塑料袋，用来处理垃圾。健康的皮肤是抵御病菌的天然屏障，因此没有必要一直戴着手套。然而，如厕后的洗手却是非常必要的。所有用于用餐、清洗尿布及大小便的区域都必须进行彻底的清洗和消毒，除了清除表面污垢之外，还需要用消毒液处理。

必须每天打扫教室，一些经常使用的设备也需要进行定期消毒。环境中的所有设备及材料都必须使用无毒涂料，包括户外设备、儿童床以及儿童在美工活动中使用的文具。教室中的表演服、枕头、睡毯以及抱枕玩具都需要定期清洗，或在园所中清洗，或让家长拿回家中清洗。

2. 温度、通风情况以及光线条件

应根据儿童的活动水平，将供暖以及通风设备调节到舒适的程度，并需要随着天气的变

化进行调整。要提供充足而不刺眼的光线条件。研究表明，没有光线变化的荧光灯不能为儿童提供最佳的光线条件。因此，不同照明程度的光线条件更为适宜，比如家里的光线条件，房间应有调节光线的设备（遮光物、帘子）。儿童用餐、睡眠或活动房间中，要保证通风。合适的供暖及隔音设备也很重要。

3. 传染性疾病

很多人质疑幼儿教育机构的可取性，他们认为这些机构让儿童暴露在疾病传播之中。但也有人认为这种暴露能够让儿童在早期形成身体抵抗力，这样，到了上小学的年龄他们会更加强壮和健康。美国最新记录儿童健康的研究是由疾病防治中心（Centers for Disease Control and Prevention）提供的，他们的结论是，虽然在日托机构中婴幼儿面临感冒和其他病菌感染的危险性较高，但总体来讲，日托机构并不会增加儿童长大后的患病几率，也不会增加患病风险。

一些典型的儿童疾病（如麻疹）和一般卫生问题（如长虱子）发生时，园方应该及时通知父母。需要引起成人特别注意的传染病包括麻疹、甲型肝炎以及细胞巨大症病菌（CMV）。症状描述以及对发生期和潜伏期的记录会帮助父母医治孩子，帮助父母控制疾病的继续恶化。表9—5简要描述了发生在幼儿园里的10种最常见的儿童健康问题，并提供了一些处理建议。

教师需要接受急救及心肺循环复苏术（CPR）的培训；另外，掌握校园常见健康问题的处置技能，能够帮助教师更好地照顾儿童。

表9—5　儿童最常见的10种健康问题及建议

状　况	建　议
1. 过敏及哮喘	列出引起儿童过敏的过敏源清单；检查食物成分；监控过敏源。
2. 擦伤及割伤	安慰儿童；帮儿童洗手消毒，关心儿童；用冰块或毛巾包裹的冰豆冷敷消肿。
3. 头部撞伤	通知家长了解伤情，并持续观察2～3天。
4. 眼里进沙子	提醒儿童不要用手揉眼睛；让儿童洗手，用纸巾盖住眼睛，通常流眼泪会把沙子带到眼睛内角；用干净的纸巾擦掉沙子。
5. 被碎片扎到	用酒精清洗伤口，用镊子夹掉碎片，并用创可贴粘住伤口。请家长观察，无碍后揭掉。

6. 结膜炎	“红眼病”的传染性非常强；提醒儿童不要随便揉眼睛，避免病菌传播；要求儿童洗手；在父母接走患病儿童并接受治疗之前，对其进行隔离，让其使用可清洗的玩具。
7. 虱子	长虱子会让儿童很不舒服，但并不会严重威胁健康；清洗共用的衣物、填充玩具、被褥；用吸尘器清洁地毯和家具；在表演区不要放帽子、梳子或刷子；通知家长，连续2～3周检查儿童头发。
8. 麻疹	在家长接走儿童之前对其进行隔离；将传染期告知每个家长；疫情暴发后需观察儿童3周时间。
9. 链球菌性喉炎	通知家长；清洗所有可能携带病菌的设备。
10. 持续咳嗽	一开始发病就要将儿童送回家，直到确诊；大量喝水能缓解病症；咳嗽可能持续2周的时间；如果持续更长时间，需要考虑是否传染或过敏。

4. 健康评估以及保障制度

每个幼儿教育机构都应制定明确的健康保障规章制度，并让家长了解这些制度。美国州政府或地方法律规定，儿童入托儿所或入幼儿园之前，园所须要求医生对儿童进行健康检查，提供包括注射疫苗记录以及儿童身体的一般状况的相关资料，并开具儿童的入园许可。父母也应向园方提交有关儿童饮食偏好、睡眠及排便习惯的相关信息。记录儿童饮食禁忌或过敏物非常关键，作为提醒，教师应该把这些信息张贴在教室里。

图9-7　进餐是家庭文化和幼儿园环境的一个关键交叉点。

对儿童进行每日检查可以帮助成人通过观察儿童的鼻腔分泌物、眼睛炎症、嗓子以及皮肤状况辨别出有健康问题的儿童。这种每日检查能够及早发现儿童的严重疾病。让家长了解某些疾病的早期症状，能鼓励生病的儿童在家中接受照料。对于发现儿童生病而拒绝其入园，或儿童在园中生病的情况，每个机构都应该有一套清楚而统一的应对程序。生病的儿童被家长接走之前，需要一个和其他孩子隔离的舒适空间，并且保证有教师的看护。教师必须设身处地地体谅生病孩子的家长的感觉和处境。在这种情况下，家长通常会产生愧疚感，并感到一定的压力。要照料一个生病的儿童，双职工家庭也许需要寻找其他的替代方法。

5. 营　养

膳食对儿童的健康也非常重要。做饭和储存食物的地方尤其要保持干净。能够规律进食、摄取丰富营养的儿童通常更为健康，生病的几率更小。然而，很多儿童没有从健康饮食中获益。一些儿童在家里不吃饱饭，还有一些儿童习惯吃甜食和快餐。开展关系到儿童健康和身体发展的营养教育，已经成为幼儿园一份应尽的责任。不论家长的社会地位和经济状况如何，每个幼儿教育机构都有必要对家长进行儿童营养教育。一些幼儿园还建立了食物管理制度，以此确保儿童能够接受安全、营养的膳食。很多园所尝试为儿童提供一个轻松的进食环境。儿童可以坐着吃饭，分享食物，共同交谈。进食模式是在儿童早期建立的，因此，幼儿教师必须理解营养膳食在儿童全面发展中的关键作用。

6. 穿　衣

儿童的健康和安全还受到他们穿着的影响。要提醒儿童在参与不同的活动和不同的天气状况下适当添减衣物，这是保证儿童健康的一个简单方法。儿童需要穿着便于活动的衣服——不能穿过紧的衣服，要穿易穿易脱和便于清洗的衣物。为了提供自理的环境条件，家长和教师应该为儿童提供他们自己能穿脱的衣物（如有松紧腰带、尼龙搭扣、大拉链的衣物）。对于女孩来说，裤子是一个不错的选择；如果穿着长裙，攀爬、跑以及上下楼梯时会存在安全隐患。在剧烈活动中，最安全的鞋子应该有着合成皮革或橡胶的鞋底。不论何时，教师都要帮助儿童在学校中更换衣物。

7. 教职工的健康状况

一个负责任的幼儿教育机构能够为教职工的健康提供支持和保障。教师应该保持良好的身心健康，能够以最佳的状态和儿童相处。教师在受聘之前，应查看应聘幼儿园关于员工身体健康的规章制度和福利。美国很多州规定，幼教机构要为教职工提供一年一次的 X 光检查。对病假的规定也要清晰成文。

幼儿教育是一项繁重的工作，涉及到亲密的人际互动。大多数教师要工作很长时间，他们的工资通常也很低，健康福利很少，不论处于什么健康状态都需要坚持到岗。这样的工作状况会使教师产生倦怠和压力，从而引发疾病和其他与压力相关问题。

（二）保障儿童的安全

考虑到威胁儿童的潜在的不安全因素，创设一个无危险的环境仍然需要仔细的观察和对细节的关注。在教室里巡视一周，你需要观察以下一些潜在的问题：

- 有没有一些和儿童差不多高的锋利的桌角？
- 地毯边缘有没有突出或松动？
- 有水的区域是否有排水设施？是否有擦水用的拖布或毛巾？
- 热水是不是放在儿童够不到的地方？
- 是否允许孩子在教室里跑？
- 有没有一些关于儿童使用剪刀、锤子以及小刀的规定？
- 是否向儿童解释安全规定？是否将其落到实处？
- 不用的插座是否已盖住？
- 开放的楼梯间有没有出口？
- 成人是否监管儿童使用电源延长线和工具？
- 是否立即处理损坏的设备？
- 围墙是否足够高，是否安全？
- 有没有一个能够让骑乘玩具自由移动的无障碍区？
- 秋千是否远离人多的区域，是否用树丛或栅栏隔开？
- 有没有一些设备会绊到儿童的脚或膝盖？在链条连接的栅栏下有没有能绊到儿童的东西？
- 操场通道是否畅通？
- 儿童使用的玩具是否安全？

对于教师和看护者来说，儿童的安全是最重要的。仔细的评估和定期的安全检查能够消除儿童活动区域中的安全隐患和危险。

1. 急救护理

每个托幼机构都应制定应对儿童在园受伤的步骤和程序。每个教师都应掌握急救常识，急救常识也应该成为他们在职培训的一部分。教师应该了解如何处理撞伤、碰伤、小切口、擦伤、流血、碎片扎伤、蚊虫叮咬、烫伤、扭伤、骨折以及轻度烧伤的知识。*

每班应备有两个急救箱，一个用于户内外活动，另外一个在郊游时随身携带。急救箱应该便于教师使用，并放在儿童够不到的地方，用完的物品应及时补充，定期更换要过期的物品。

应把紧急号码贴在每个房间的电话旁，包括急救电话、火警电话、警局电话、卫生部门电话、最近的医院的电话以及咨询医生的电话（如果有咨询医生的话）。每个家长都应了解

---

* 所有的教师都应该接受对孩子进行普遍的健康预防措施的培训。教师不应该任意假定哪些孩子受到健康威胁，哪些孩子没有感染艾滋病病毒或是肝炎病毒。

幼儿园关于幼儿在园受伤的规定，都应向园方提供孩子的应急信息，包括孩子医生的姓名、如何联系父母，如果父母不能照顾受伤孩子的话有没有其他监护人。同时，如果孩子在幼儿园中受伤，园方必须及时通知父母。

2. 自然灾害

多数成人对一些常见灾难的应对方式都十分熟悉，如火灾演习。很多地方性防火安全条例都规定，每个教室和厨房区域都应配备灭火器，而且是能正常发挥功能的。火灾紧急出口、火灾报警器和火灾安全出口都应有明显的标志，并且能够正常使用这些设备。儿童和教师应该定期参加火灾演习。其他自然灾害会因当地的地理位置差异而有所不同，要开展针对当地实际情况的某种自然灾害的演习，帮助儿童应对地震、龙卷风、台风、洪水和雪灾。其他适当的准备还包括消除潜在危险因素（如将书橱固定在墙面上等），建立一个协同反应方案（一个“蓝色预警”紧急方案应该包括儿童、家长、所有教职工以及当地的应急部门），以及开展演习。这些经历能够强化儿童在家接受相似培训的必要性。

表 9－6　室内环境安全核查表

●要有监管儿童的成人（在园所大门处、在户内外）
●急救和紧急情况
——备有急救用品供教师随时使用，要放在儿童够不到的地方，定期补充和更换。
——定期对教师进行急救和心肺循环复苏术（CPR）培训，熟练掌握如何应对紧急情况的技能。
——全部使用安全插座。
●电线
——电线要放置在儿童够不到的地方；避免使用电源延长线。
——窗帘绳、窗户拉绳和拉杆也不能让儿童够到。
——将垫子和毯子固定在地上，防止脱滑。
●门
——开门和关门的速度要慢。
——所有通道要保持畅通，出口要有标志，不能堵塞出口。
●小阁间及储物柜
——固定在墙上（或者紧贴着墙面放置）。
——危险物品放在锁着的地方。
●玩具
——保养良好；确保没有破碎或尖锐的边角。

——检查其大小尺寸是否符合幼儿的年龄特点（应购买安全型号的小型玩具，或者大约幼儿拳头大小的玩具）。

——检查玩具表面的涂料。

● 动植物

——只允许养无毒植物。

——定期检查动物的笼子。

——儿童触摸动物时要注意照看。

—— 将动物食品储存在儿童够不到的地方。

● 成人物品

——将成人用的手袋、包之类的物品放置在远离儿童的地方。

——避免将热饮料放在儿童周围。

——在儿童活动区域内禁止抽烟。

● 厨房和储藏室

——只有在成人看管的情况下才能允许儿童入内。

——有毒或危险物品应放在锁着的地方。

3. 交通安全

近几年来，车内婴儿座椅以及安全带的批准使用受到了广泛的关注。美国有些州通过立法规定了保证幼儿乘车安全的特殊设备的要求。不管儿童是否需要步行去上学，都应该了解过马路的基本规则。汽车和儿童同处于一个空间内会存在潜在的危险，不能把儿童一人丢在停车场里无人看管。

（三）维护儿童福利

儿童看护和教育的最终目的是儿童的福利。儿童生长在一个被各种因素威胁的世界中，这些危险因素包括来自家庭内外的暴力、吸食毒品、成人之间的矛盾冲突以及电视等新闻媒体的持续轰炸式影响。儿童不易区分家庭和幼儿园生活，他们总倾向于谈论家庭生活细节。因此，不管对于儿童主动分享的信息，还是在活动中的行为表现，教师都会感到迷茫和不知所措。然而，环境并不一定就是影响儿童身心健康的危险因素。最重要的是，当你觉察到儿童的身体发展或情绪情感受到伤害时，你有责任展开一些必要的行动。

儿童的身心健康可能会受到幼儿园中某个困境的威胁，比如挨打、被抛弃或讥笑。他们也可能受到来自家庭中各种危机的威胁——比如家庭成员之间的矛盾，分居或离婚，家庭暴力或吸毒。尽管这些问题的解决大多来自成人的努力——父母、社区资源、专家支持——我们也同样有责任努力为儿童提供一个安全、积极的心理环境。通过环境创设和回应幼儿要求，教师可以提供一个能够安慰和照顾幼儿的人际互动环境。

四、创设环境

（一）物质环境

每个环境都是基于周围的物质空间状况来组织和创设的。不论在室内还是室外，教师的工作都要受到物质设备大小和用途的限制。托幼机构场所的楼房可以是新建的，而且是专为儿童设计的。然而更常见的是由一间普通的房屋或商店、教堂或小学教室改造而来的。有些托幼项目与其他项目共用一个场地，这就要根据需要每天或每周调整家具位置。家庭儿童看护中心是在私人家庭中开展活动的，因此需要根据空间的利用主体的不同——儿童或家庭——来进行改造。这种托幼机构可能有一个大院子，也可能根本没有专门的户外活动场地。有些机构的户外活动场地是在楼房房顶，有的可能只有利用路边的公园作为儿童活动的户外场地。

为儿童设计活动必须考虑天气条件。冬天可能不能进行户外活动，也不能使用相应的大肌肉运动器械，因此，这期间需要一个能够进行剧烈活动的室内空间。如果户外空间少有或没有阴凉地的话，在炎热的夏天就不能在户外活动。

尽管物质环境的创设受到种种条件的限制，托幼机构至少要为儿童提供能够进行以下活动的设施或空间：

- 游戏/学习
- 进餐
- 盥洗/如厕
- 睡眠/休息
- 准备食物
- 储存物品
- 办公室/教师工作场所
- 存放衣物

一个理想的教育环境应该有足够的空间，能将不同的活动区域区分开来。然而在实际情况中，房间的用途是多样的，同一种活动不会只出现在特定的区域中。儿童游戏和进餐都需要使用桌椅，因此游戏室与用餐区可以共用一个空间。当一个房间有多种用途时（用于开展游戏、进餐以及睡眠），需要有方便和充足的物品存放空间。哈姆斯（Harms）和他的同事列出了设置区域所必需的重要环境因素，包括：

1. 空间和装饰
2. 个人看护常规
3. 语言说服（language-reasoning）
4. 活动（运动、认知、创造性活动）
5. 互动（社会性、情绪情感方面的互动）
6. 课程安排（作息表）
7. 父母和教职工（他们的个人需求和职业发展需求）

教师调整活动所需时间是日程安排的一部分（见本章“时间环境的安排”部分）。

安排和组织早教机构的空间可以有多种不同的方式。大多数环境是围绕兴趣角（interest areas）、学习中心（learning centers）或活动区域来安排的。活动所占空间大小能够向教师表明这个活动的重要性。拥有充足空间的娃娃家，可以鼓励更多儿童主动进入这个区域活动。在区角中提供两个或更多个设备可以鼓励儿童进行社会性游戏。四部玩具电话、三辆儿童车或者两个黑板架可以成为幼儿社会性交往的工具。同时，环境须根据儿童的发展需求和兴趣转换进行灵活调整。如果一个小组对积木建筑有着浓厚兴趣，他们或许要持续几周的时间，在室内或户外的积木区进行这项活动。户内外空间的安排和组织会随着儿童兴趣的变化而变化——有的儿童将仓鼠笼子和发现区的花丛搬入室内，或者为了开展家庭野餐游戏把帐篷移到户外的草丛中。

物质环境对儿童发展有着重要的作用，因此，房间和场地的安排、游戏材料的选择在儿童教育经历中扮演着重要的角色。一个适合儿童发展的房间或场地能邀请儿童进入其中，并用儿童乐于接受的方式来欢迎他们。例如，简洁是学步儿房间布置的一个重要特点。洛曼（Lowman）和鲁曼（Ruhmann）提出建议：

- 有必要在学步儿的活动房中留有大肌肉活动空间。
- 表演区尤其要能引导儿童进行假扮游戏。
- 在自由区中随意摆放各种玩具材料能鼓励儿童在这个区角中自由玩耍。
- 每个儿童房都需要一个儿童可以随意玩耍、发呆、休息甚至只是放松的空间。安静区就提供了这样的一个空间。

家庭儿童托管中心面临着特殊的挑战，这就是其空间的限制和混龄。创设休息空间，如允许儿童在隔间里或沙发后面休息，提供适当的私密空间，同时仍需要确保成人的看护。

如果房间或操场的玩具充足而有趣，就能够给儿童提供更多种选择，并更有可能开阔他们的视野。教师要致力于为儿童提供一个反偏见环境，他们通过评价园所现有玩具，保证儿童和教师不会参加具有刻板印象的活动。在户外场地中提供沙类玩具储存盒以及带簸箕的小扫帚，能够鼓励儿童在收拾场地时产生自理行为。另外，一个能为视力、听力有残障的儿童提供玩具材料道具箱的托幼机构，才是真正致力于建立全纳性环境的托幼机构。

兴趣角的位置安排非常重要。不论是在室内还是户外，都要让吵闹活动和安静活动的数量保持平衡。有的活动较为吵闹，要将这些相对比较吵闹的活动区安排在一起，将相对安静的活动安排在一起。安静活动，比如拼图、语言游戏以及讲故事活动，应该在远离积木区、玩水区或表演区的地方进行，因为在后三种活动中，儿童会很活跃、积极，有时甚至会很吵闹。在户外，确保给儿童留一个思考和观看的空间，不要让跑、叫喊等吵闹的活动全部占满户外场地。

图 9-8　在意大利瑞吉欧（Reggio Emilia）学校中，连走廊都被赋予了某种用途。

（二）必备条件

对于儿童来说，一楼的教室更为合适，因为一楼可以保证儿童相对方便、安全地出入。为了减少噪音的影响，墙壁和天花板应有隔音效果。房间里的地毯、布料以及其他防火织物也应该有助于消除声音。地面必须是耐用、卫生的，并且便于清洁。应确保房间不漏风。应该每天用吸尘器清洁厚地毯。房间大小应能保证儿童进行自由活动，并且能保证儿童毫无干扰地进行游戏。许多托幼机构许可证申请代理处会对房间及操场的最小面积作出规定。

许多地方及州政府机构对托幼机构儿童空间的使用作出了规定。必须参照消防及卫生部门的相关规定，并严格执行。美国幼教协会（NAEYC，1995）制定了一套关于促进儿童积极发展的户内外设施指导纲要。除了对地面和活动空间的大小作出规定以外，还对如何安排儿童的活动区域，以及什么样的活动和玩具才是安全、清洁并能吸引儿童兴趣的活动和玩具，提出了建议。广泛使用的创造性课程能帮助托幼机构规划一种让儿童自由选择、主动学习的环境，因为它也强调室内外每个区域中学习潜能的开发。环境评价量表用于评价家庭儿童看护中心、婴幼儿看护中心、幼儿园和学龄儿童机构中每个区域的具体材料和设备的使用和选择。

对任何环境来说，都有一些至关重要的标准需要考虑。如果我们计划为儿童提供平衡和多样性的环境，那么，我们在环境创设的过程中，就必须考虑这些标准。表 9—7 列出了这些具体的关键要素。

表 9—7　评价幼儿教育环境的关键要素

1. **柔软或坚固**

柔软：厚地毯、枕头、玩具面团、手指涂料、草地、沙地、秋千

坚固：瓷砖地、木制家具、沥青地、水泥地

2. **开放或封闭**

开放（没有一种标准的使用方法）：沙水区、化装区、综合材料、画画

封闭（只有一种操作方式能操作成功）：拼图、大多数棋类游戏和蒙台梭利教具

介于二者之间：有很多种操作方式，如乐高、万能工匠*、积木、球

3. **简单或复杂**

各种游戏设备有着不同的内涵；也就是其对儿童兴趣的吸引力各不相同。一个简单的区域可能只有一种操作功能；一个复杂的区角由两种不同的材料构成；超级区角由三种不同的材料组成。

简单区角：秋千、爬梯、没有玩具的沙堆

复杂区角：只有一个厨房的表演区

超级区角：带滑梯和绳子的攀登器械，带厨房、演出服、玩具娃娃或者玩具面团的娃娃家游戏区；有玩具或有水的沙堆。

每给区角增加一个设备，就增加了它的复杂性，并且增强了儿童对它的兴趣。如对简单的玩具面团来说，增加饼干模型，再加上牙签或大蒜器，它就能成为一个超级区角。

4. **接纳或排他**

接纳：儿童便于进出的场所；积木区、娃娃家，甚至整个环境都应该是高接纳性的区域。

排他：儿童可以独自一人或只和另一个孩子或成人待在一起的空间；小房间、隔间

* 译者注：一种拼装部件结构式玩具。

或是桌子下面都可以成为私密空间。

5. **高活动性或低活动性**

高活动性：全身运动场地和其中的活动；户外、攀登器械、三轮车道、体操垫。

低活动性：坐着进行活动的场地和其中的活动；拼图和小游戏、故事和小组时间、午睡时间。

二者之间：戏剧表演、积木角、木工区。

1. 室　内

（1）兴趣角。要制定一个空间使用计划及兴趣角设置草案，就要首先决定你需要什么样的兴趣中心以及空间类型。婴儿和学步儿托管中心需要提供充足的换洗尿布及睡眠休息的空间，并且要留有铺了厚地毯的区域让他们爬行和游戏。2～6岁儿童的教室应该具有以下较大区域的兴趣角：

- 艺术区
- 积木区
- 表演区或娃娃家
- 图书角或文学区
- 操作玩具或桌面玩具区
- 科学发现区或沙水区
- 律动或小组时间（group times）活动区
- 电脑

（2）盥洗间。盥洗间应临近游戏区和睡眠区，还要便于从户外进入。选择适合儿童身高的马桶和脸盆，如果没有的话，可以搭建台阶或平台。为了便于监管，大多数幼儿教育机构中儿童使用的卫生间都没有装门。儿童的盥洗设备应该轻便、整洁、有吸引力，并且有足够大的空间供几个儿童同时使用，如有换气扇更好。纸卷盒的安放应该符合儿童的身高，废纸篓应放在附近。

提供为儿童换洗尿布服务内容的托幼机构的环境设置中，换洗尿布区的界线应非常明显，并靠近盥洗设备。教室内应张贴教师洗手的常规，教师还应记录儿童如厕排便的规律。必须使用密封的金属容器和灭菌喷雾器，并提供充足的换尿布物品，放置在区域附近。

（3）休息室。提供午睡和住宿服务的托幼机构需要充足的存储空间来存放毯子和床褥。要有可移动睡帘，其高度既要适合教师看护儿童睡觉，又要给儿童一个私密空间，并能降低噪音。

幼儿床和婴儿床上应该贴上儿童的名字标签，还要定期清洗。婴幼儿床应该固定在一个位置，这样能让儿童感到舒适，有家的感觉，感到这是属于他们的私人空间——而不是睡在一个房间的中间或是一排床中的任意一张床上。教师可以制作一张“午睡图”供儿童在参与活动期间休息或小睡一会儿。

（4）饮食服务。儿童需要营养来促进其生长发育，补充能量。除了规定儿童所需的营养之外，多样的食物是获得均衡营养的必要条件。随着早教机构中儿童背景的多样化以及文化的多元化，在制定儿童进食常规，选择食物，也包括选择玩具和其他材料时，都要考虑儿童家庭文化的实际背景及文化倾向。

每一个年龄段的儿童都有其独特的进餐服务需求。婴幼儿机构中，婴儿食品和牛奶是必备品。随着儿童独立性的增长，他们开始表达自己对食物的选择偏好。看护者必须注意提供多样的食物，避免由于儿童对食物选择的偏好而产生矛盾。学龄前儿童会受到教师的影响，因此教师应为儿童树立一个均衡营养和多样膳食的好榜样。学龄期儿童能够更好地理解营养的概念，但会更多地受到同伴吃的食物的影响。

不管托幼机构提供的是点心还是正餐服务，都应该遵循一个卫生防护和安全预防的严格标准。为了保证达到进餐服务的最高卫生标准，托幼机构要做好一切预防措施；必须每日清洗相关设备、柜台、地板和餐具；需要用半杯漂白剂兑一加仑水来对桌椅进行适当的消毒；并将消毒液储存在儿童够不到、同时教师可以随时取用的地方。

进餐时需要将儿童固定在座位上或是让儿童坐在成人旁。为了避免噎住，学步儿童不能进食玉米、坚果或生胡萝卜。必须为每个儿童提供一次性餐具或是循环水洗碗机清洗过的餐具。学龄儿童或全日托儿童从家里带来的午餐，教师须要检查其是否腐坏。教师应定期与家长分享孩子饮食习惯、食物摄取比例以及营养需要的信息。

（5）成人空间。“哦，对于一个真正的‘教师办公桌’来说”，儿童看护者这样抱怨道，“能找到一个放包的地方我就已经很幸运了！”托幼机构几乎将所有的空间都用在儿童活动和玩具存放上。然而，教师的个人及专业发展需求也应得到环境的支持。托幼机构一般会在主管办公室中留有成人存放个人物品以及教学资料的空间，通常也会有成人洗手间。然而，专业的幼儿教师需要环境对其工作的支持。他们要有地方能安全地存放他们的物品，有空间放置成人的急救物品并保留他们的家庭信息。为成人设置专门的空间对尊重教师在教室中的生活和工作很有帮助。我们应该为教师保留专属空间，为他们留出自主的时间，从而展示出我们对教师需求的优先考虑。

图 9－9 展示了一个学前儿童托管机构的室内环境，图 9－10 展示的是学龄儿童托管机构的室内环境，图 9－11 展示的是学步儿童托管机构的室内环境。

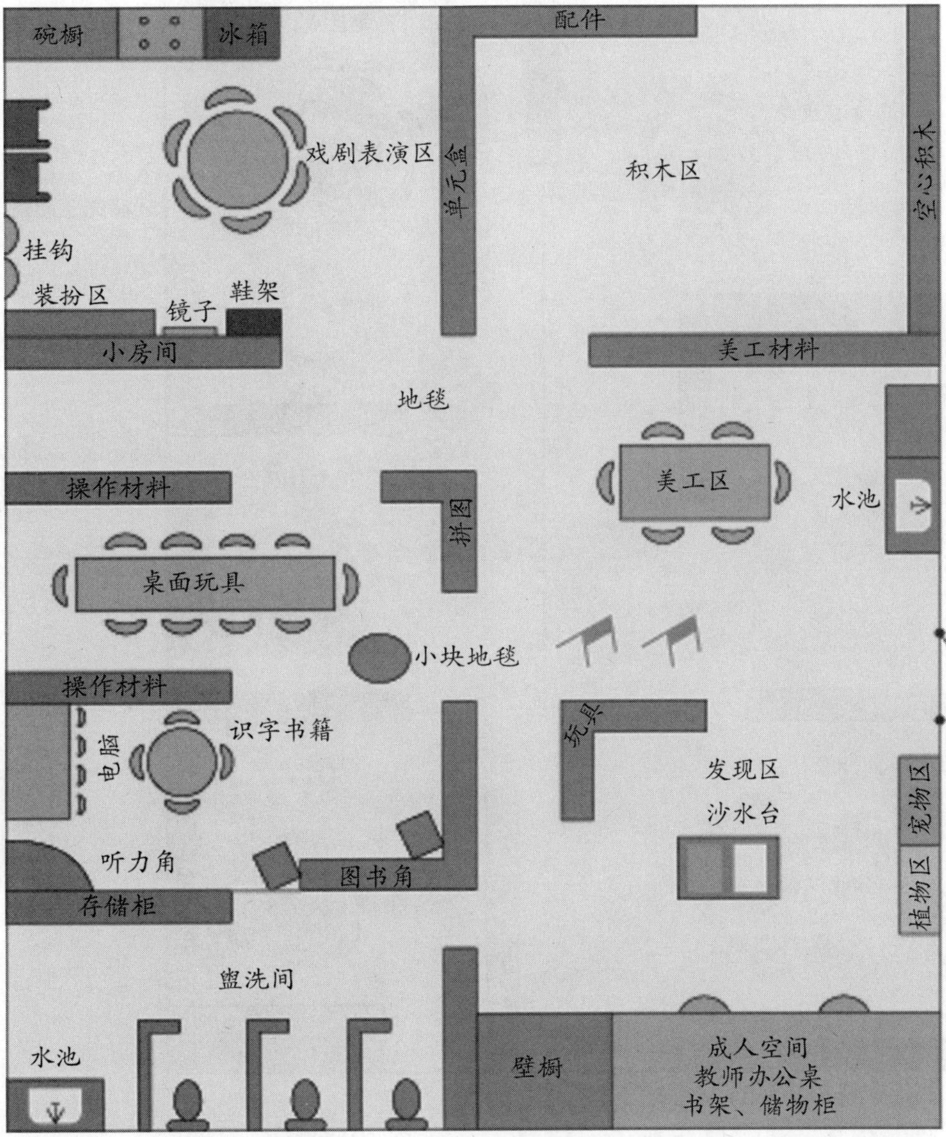

图 9-9　学前儿童托管机构的区域之间要有清晰的界线，并有明显的通道路线，便于儿童独立使用区域空间。

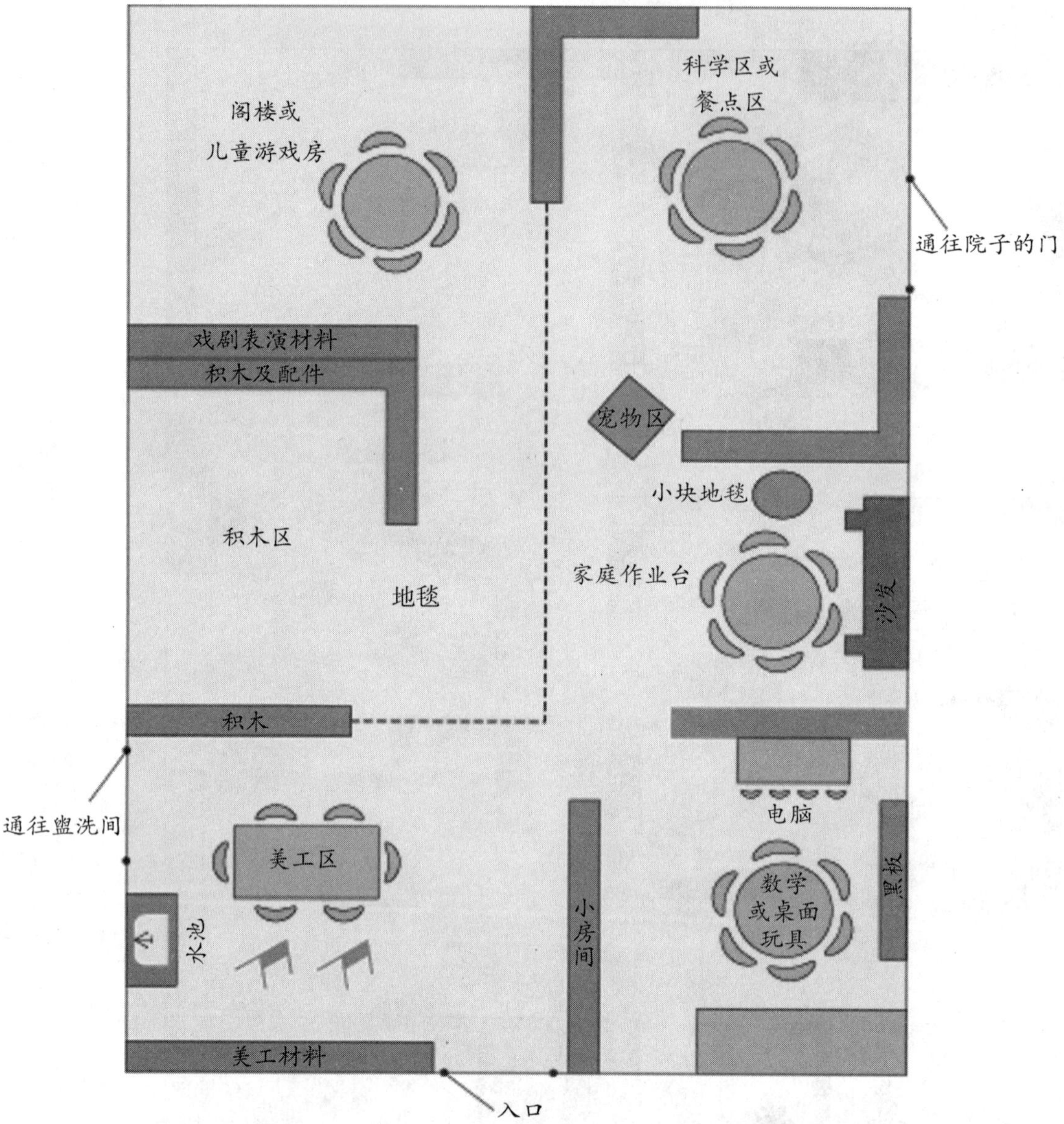

图 9—10　学龄儿童托管机构的学习中心要能通过游戏让儿童作出明确的选择，并能鼓励儿童参与到主动的学习中去。

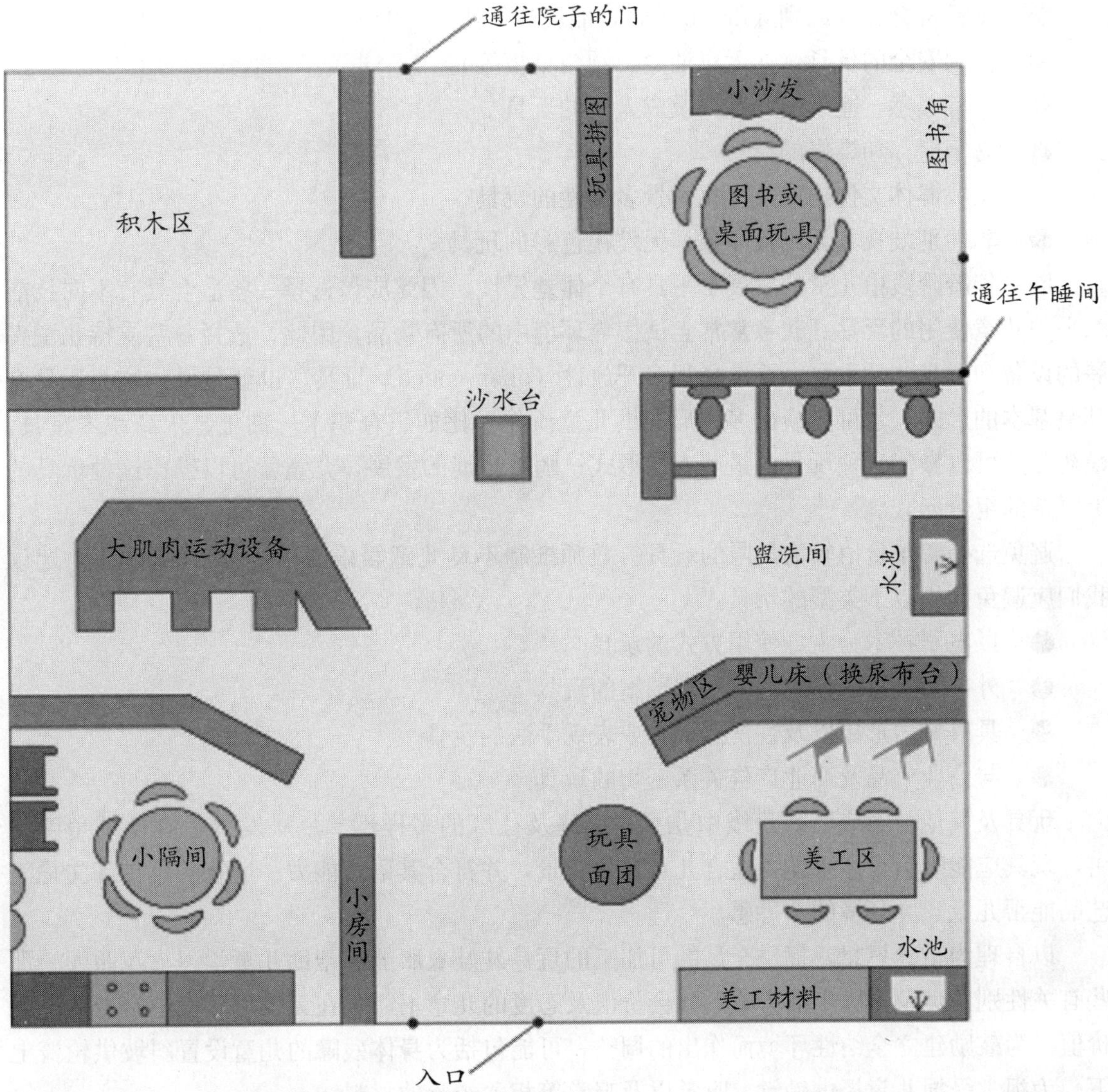

图9—11 学步儿童托管机构的环境需要考虑到环境的安全性和材料的可获取性，这样儿童能够最大程度地投入小组活动，少有被其他因素干扰。

2. 玩具和设备

选择玩具和设备应基于一系列标准。出于现实因素的限制，大多数托管机构仅将预算中很有限的一部分用于购买玩具和设备。为了物有所值，教师应该选择：

- 适合儿童年龄特点、满足其发展需要的玩具
- 与托管机构办学理念及课程相关的玩具
- 设计感强、工艺良好的玩具
- 耐用的玩具

- 玩具符合弹性原则（flexibility），能灵活使用
- 使用安全的玩具（如无毒油漆、圆角桌柜等）
- 具有美感，能吸引儿童（及成人）的玩具
- 易于保存和维修的玩具
- 反映群体文化构成及文化背景多样性的玩具
- 非性别歧视、无刻板印象、无歧视色彩的玩具

同一年龄阶段中儿童的发展水平具有个体差异性，因此应该选择一些适合具有不同技能水平的儿童使用的玩具。儿童常常尝试摆弄环境中的所有物品，因此，选择一些支持儿童发展的设备和玩具非常重要。要选择很多开放性（open-ended）玩具，也就是说，这些玩具有其最基本的形式，也可变换出多种形式供儿童操作。比如组合积木、黏土、乐高积木玩具。最初儿童可以操作这种玩具的最基本的形式；随着技能的发展，儿童就可以操作这种玩具的更复杂的组合形式。

避免选择游戏价值较为局限的玩具。教师抵制不良儿童娱乐活动协会（TRUCE）建议我们应避免使用以下类型的玩具：

- 以电子技术为主导使用方式的玩具
- 外包装上有明显的诱惑女郎图案的玩具
- 具有暴力形象以及性诱惑语言或表现手法的玩具
- 与商业产品及商业广告关系密切的玩具

玩具及其他材料应反映班级中儿童、家庭及社区的多样性*。从发展适宜性的角度来讲，玩具应能吸引个体兴趣，适合儿童文化背景，并符合其语言能力。适宜的玩具和文化工艺品能帮儿童建立环境的熟悉感。

以自理为指导思想，提供充足的可加工的玩具娃娃衣服能够帮助儿童学习自我照顾。那些有关性别角色及家庭生活方式的社会价值及态度的儿童书籍，在无偏见环境中有着重要的价值。为鼓励建立全纳性环境而作出的调整，可能包括为身体残障的儿童设置斜坡供轮椅上下，为视觉受损儿童提供触觉、听觉以及嗅觉等相关经验的材料。

儿童是积极的学习者，游戏材料应为他们提供一种探索、操作的途径，并能吸引儿童参与游戏。儿童使用所有的感官进行学习，因此，游戏材料应能吸引他们去触摸、去闻。最后，儿童需要安静和私人的空间和时间。如果儿童长时间地参与一个较大规模的小组活动的话，一个温暖的小窝是必需的。

表9—8是早教机构需要的玩具及设备清单。虽然不够全面，但它列出了组织一个可供多样化游戏的环境必需的物品。需要注意的是，为了适应儿童不同年龄段的不同特点，要对表格中所列清单作出适当的调整。

---

* 市面上有丰富、大量的资料可供教师选择，教师应选择那些以一种积极的方式帮助儿童了解不同种族的人群、残障人群，了解与自己学习和游戏方式不同的人的书籍、玩具、拼图以及海报等。

表 9—8　早教机构教室中所需的基本材料

美工用品 画架、涂料、水彩 玩具面团、黏土 水彩笔、铅笔、毛笔 剪刀、开孔凿 胶水、糨糊 拼贴材料 分类纸张 婴幼儿：提供有限的材料，可以使用开放式架子。 学龄期儿童：准备自理台，教师提供演示课堂。
发现和科学 自然材料 织物 水或感知台以及其他材料 放大镜、镜子 量尺 小宠物 婴幼儿：简单化、保证安全。可以有金鱼缸。 学龄期儿童：可以有显示屏、电脑设备。
表　演 安全的镜子 家具：符合儿童身高、多样性 服装：各种样式，无刻板印象 玩具娃娃：各种类型的娃娃及装饰 厨房用具 食物样品 手包、箱子、公文包、背包 婴幼儿：限制选择，添加防水的帽子或玩具娃娃。

学龄儿童：不同内容的表演，如以史前岩洞或月球表面为背景的戏剧表演。

积　木

单元积木、中空积木（也可以在户外使用）

道具：人或动物图形、娃娃家房子、交通工具玩具

配件：交通引导标识、娃娃家家具、布片

婴幼儿：用质地较软的积木和厚纸板积木代替单元积木；使用安全的道具及配件；提供推拉玩具。

学龄儿童：可提供“村庄”或“城堡”积木；花纹积木；增加单元积木的数量和类型，提供纸张和铅笔供儿童自制标识；使用奶瓶、纸板等自制积木。

操作玩具或桌面玩具

拼图

建构玩具：乐高、万能工匠

数学玩具：分解立方体、古氏积木、标志块、彩色立方体、系带、线状玩具、小钉板

蒙台梭利教具：粉红塔、量筒、金色立方体

要收集的物品：纽扣、钥匙、贝壳灯

合作游戏：落托数卡牌（乐透）、多米诺、配对游戏

婴幼儿：提供一些带有旋钮的简单的拼图，或是质地柔软的拼图；减少数学玩具，代之以大塑料珠子、堆垛玩具。

学龄儿童：强调建构、数学玩具以及合作游戏。加入卡片、棋类游戏。

语言和书籍

书籍

呢绒板、配件

照片

乐透游戏

唱片、磁带

写作中心：打字机、衬垫以及铅笔

婴幼儿：提供硬纸板书，使用其他材料必须有成人看管。

学龄儿童：可以提供阅读器、听力角。

3. 户外活动

儿童进行户外游戏的机会已经像水一样蒸发在阳光下了。在这个飞速变化的世纪中，如同其他事物的变化一样，这个变化发生得如此之快，以至于我们无法应对。一些童年中印象最深刻的快乐时光——在田野里、小溪旁、石山中或在空地上玩耍，那些慢慢浮现在地面上的属于自己的、秘密的小玩意儿，这是除了在户外别的地方都不能经历到的感受。能享受新鲜空气和空旷场地的户外活动时间通常是儿童最喜欢的时刻，确实，当美好的户外活动向儿童招手时，很多学龄前儿童都能很轻易地和室内活动说再见。

（1）一般性指导。传统的户外活动场所一般是在平坦的空地上，安放一些金属结构的设备，如秋千、楼梯、滑梯，或许还会有一个旋转木马或跷跷板，成排固定在水泥地上。不论是从儿童安全的角度考虑，还是从儿童发展的视角来看，这种户外场地能提供的活动质量并不高。儿童更喜欢既有固定设备，又有移动设备的多种类型设备的空间。一些未加工的材料，如沙子、水、轮胎、水池、锯木架、碗或锅，以及其他由活动材料构成的更大的大型结构的建筑物或露天“房子”，激励着儿童进行各种各样的社会性和认知活动（包括建构、表演及游戏活动）。表9－9列出了基本的户外活动材料。

创设户外空间有无限的可能性；要记住儿童需要能够奔跑、能够进行小组活动、能够亲自体验大自然、并能安静思考或独自观赏的场所。

宽阔的长廊或有遮挡的天井是儿童在雨天或强光天气条件下理想的户外活动场地。有了这样的保护，很多活动都能够拓展到户外进行。这些物质设备应包括靠近楼房的充足的户外场地。不同的地面情况能使游戏更加有趣，能为不同类型的户外活动提供适合的地面类型。秋千区可以使用鞣制革地面，骑乘区使用水泥地，攀登区使用草地。沙地可以用在大面积的游戏区中，在感知台也要使用沙子。不管是什么地面类型，操场都应装有良好的排水系统。树木、灌木丛以及其他植物区应该能够提供阴凉地，同时又能光线充足。对围墙的规格有硬性规定，一定不能让儿童爬上并站到围墙上。

表9－9 户外活动场所所需的基本材料

地面：不同类型的地面（草地、沥青、碎石或沙子、鞣制革），尽量保留自然动植物的栖息地和生长地。

设备：安置斜坡、滑梯、绳子、楼梯的攀登器械；秋千（各种类型）；小房子或安静区域通往楼房的斜坡或其他辅助设备；轮胎；其他“可移动设备”。

沙水区，玩具

骑行区，不同类型的骑乘玩具

大型建筑积木

戏剧表演用具

球和游戏材料

工作台以及木工或黏土材料

画架和干燥架

舞蹈、断绳保险器、防坠器或垫上活动的材料

宠物以及花园区

婴幼儿：准备很多简单的骑乘玩具，不要进行木工活动，有一些大小适宜、操作简易的设备。

学龄儿童：增加游戏区域，减少骑乘玩具的数量或类型；用舞台、壁饰、小船、小溪代替；增加可以让儿童进行创造游戏的其他“可移动设备”。

不存在关于游戏设备规格的法律标准，因此，成人必须承担起操场设计的责任。教师可以通过查阅资料、参观高质量的操场以及咨询儿童发展专家来选择设备。

你的观点是什么？

闭上你的眼睛，回想一下儿时最喜欢的游戏场所。是不是在户外呢？是不是在一个有你喜欢的成人在身边的温暖的地方？有没有其他孩子？也许你想描绘一下这个地方，对你当时的感受或声音和气味进行详细的描绘。能不能为你照看的孩子找到这样一个充满欢乐的地方？

（2）操场设计。必须合理安排环境，为在园儿童提供充足的游戏空间。一旦对儿童活动机会的数量进行分析，我们就能够了解某个区域及活动的重要性。一个简单区域（秋千区、攀爬区）可以算做一个活动空间，一个复杂区域（过家家或戏剧表演区）可算做四个活动空间，一个超级区域（沙水混合区）可算做八个活动空间。活动空间的数量换算通常是与这个区域能够容纳儿童的数量是一致的。通过计算确切的活动空间，教师可以明了是否有足够的空间供每个儿童开展游戏。各区域之间要设置清晰的边界和明显的通道，方便儿童开展游戏。应有足够的空间供更大型的小组聚集在一起使用，同时也供小型小组使用。

在户外活动中，儿童能够发展各类大肌肉技能。儿童在沙地里挖洞能够锻炼大肌肉群的活动；判断沙洞大小能让他们锻炼和发展知觉运动技能；打开水龙头、撒种、做泥球可以发展儿童的精细动作；骑乘玩具为儿童提供发展各个肌肉群的机会；推小车可以锻炼胳臂和腿

部力量——发展大肌肉；在有障碍的小路上拉三轮车和两轮运货马车需要儿童的知觉运动技能。有的儿童尝试用工具修理骑乘玩具，或用大刷子给小车刷漆，或将四轮马车系在一起，或是穿过自行车的辐条编彩带，这些都能发展他们的精细运动技能。从儿童身体和肌肉发展着眼来观察户外场地，教师就能在所有技能区组织促进儿童生长发育的活动。

总之，物质环境应依据以下标准来为儿童组织活动：

● 有效性、可用性。在开放的、低矮的架子上清晰地标有玩具存放位置的标志——能帮助儿童在开始游戏时取用玩具、结束游戏时收回玩具。

● 组织一致性。整洁、系统，摆放有序。

● 相容性。嘈杂的活动要远离安静活动；艺术活动需要自然的光线；使用水的游戏需要在盥洗室或厨房附近；容易脏乱的活动要在可清洗的地面上进行。

● 界线明显。区域之间清晰的界线能够表明空间的可用性及其用途；在房间和操场之间要留有明显的通道；进出区域的通道设置不能让儿童进出时打扰该区域活动的进行；没有死胡同或能溜走的通道。

● 空间设置。充足的兴趣区空间能让儿童愿意待在这个区域中活动；应有三分之一到一半的地面不被占用；相关材料应存放在对应区域的附近；玩具存放处和活动空间应有提示标志。

● 良好的沟通。告诉儿童他们要做的事情，而不是依靠成人对儿童的看管；和儿童交流成人对他们的行为的期望；区域的安排能够让儿童知道区域限制人数和活动层次。

允许儿童使用操场设备之前，教师应该用一个这样的安全核查表（见表 9－10），确保操场及设备达到安全标准。一个安全的操场可以促进儿童身体发展和社会性互动，鼓励儿童对玩具和环境的充分开发。

表 9－10　操场安全标准核查表

操场的安全意味着：

●要有足够的空间供一定数量的适龄儿童使用。

●有充足的空地。

●既有硬质地面又有软质地面。

●在一些儿童可能摔下来的器械下面铺软质地面。

●既有阴凉地又需阳光充沛。

●没有积水——具有良好的排水系统。

●没有有毒或带刺的植物，没有垃圾或碎片。

●有明显的界限区分不同区域。
●防止动物晚上进入玩沙区。
●围墙高度足够，维护良好。
●有儿童不能够到门栓的安全门。

对设备的要求：
●维护良好——没有突出来的钉子、螺丝钉、锐利边角、脱落的油漆。
●考虑儿童的身高特点，选择合适的高度和复杂性。
●稳固并安全地固定设备。
●设备损坏后要立即修理或搬走。
●多种类型的设备，以满足不同技能水平儿童的使用要求。
●设备不要挤在一起摆放。
●儿童的手经常触到的地方应平整光滑。
●经常检查设备。
●位置合理：滑梯朝北放，秋千要安置在远离其他设备及人多的区域。
●适合儿童的身体：台阶间的距离要小于或等于10厘米，或其他空地间的间隔少于20～25厘米。
●改造得适合儿童年龄特点：将秋千安上柔软的坐垫。

对教师的要求：
●加强安全措施。
●穿着适合户外活动的服装。
●经常检查儿童活动的地方。
●保证儿童在安全检查过的院子里、器械上以及地面上进行活动。
●持续、适当地看管。
●不要聚在一起聊天。
●和儿童一起活动。
●提供充足的活动和挑战。
●观察日照情况，在学步儿童进行户外活动时需要特别注意。
●儿童想重新安排可移动的设备时，协助他们。

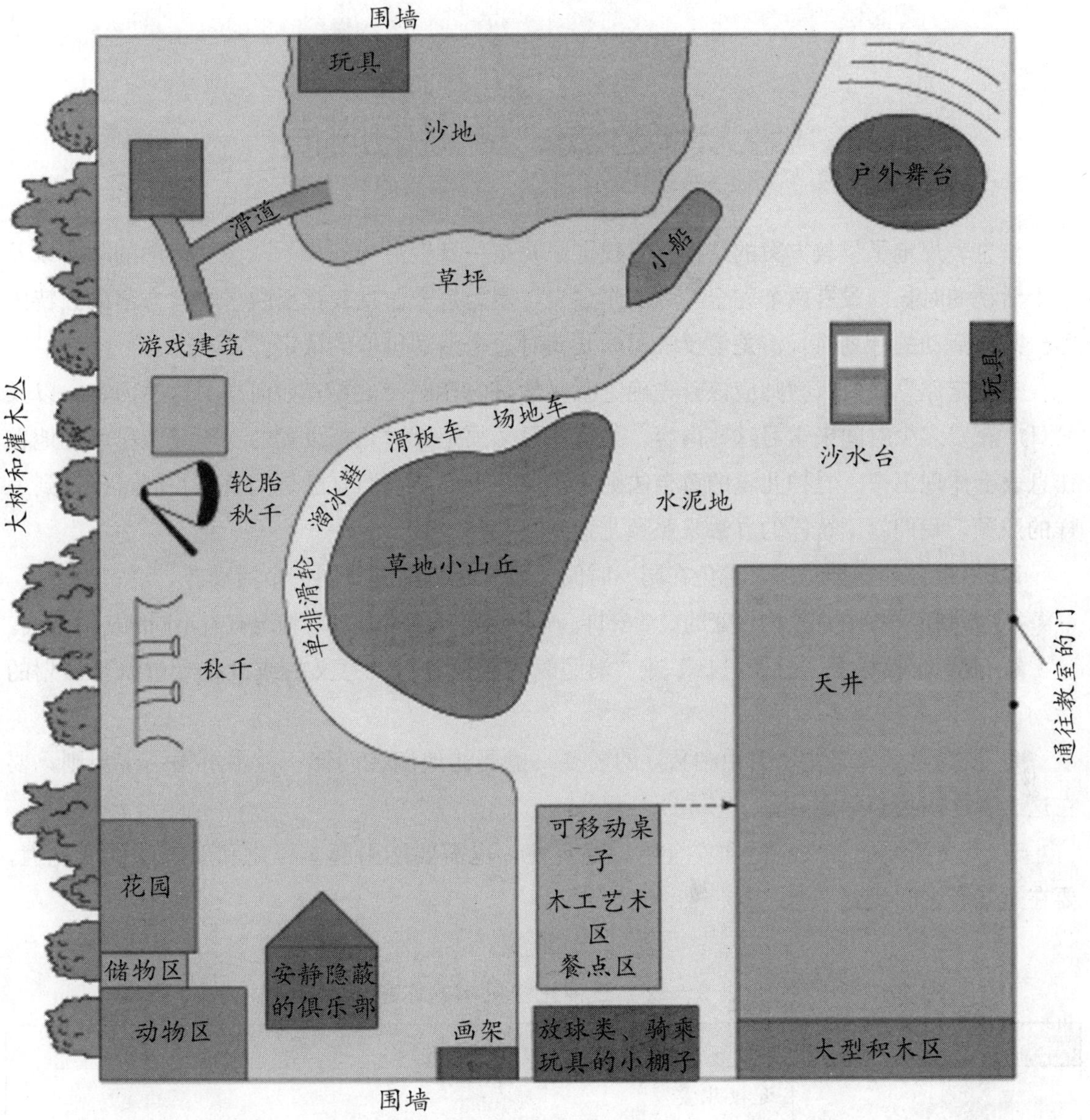

图 9-12　一个适合 4~6 岁儿童使用的操场设置。一个适合 4 岁以上儿童的操场，要让儿童感到安全，勇于探索，能亲近大自然，并给儿童提供社会游戏的机会，让他们可以自由活动以及进行体能游戏。

五、时间环境的安排

（一）作息表：学习的时间

作息表规定了早教方案的结构。它规定了儿童一日生活的安排——参加活动的顺序以及每个活动的时长。没有两个完全一致的作息表，因为每个作息表都反映了早教方案的独特内容。某个活动的计划时长清楚地反映了幼儿园对这个活动价值的认定。

在制定作息表时，教师应该首先确定哪些学习内容比较重要，如何学习这些内容，以及每日应花费多少时间来学习这些内容。儿童项目必须是针对儿童设置的，而且应尽可能地在作息表上体现出来。看护儿童的黄金法则是想象一下如果我们自己是儿童，我们希望得到怎样的照顾，我们就用这样的办法来照顾儿童：

1. 尽量合理安排时间，避免在同一时间让所有儿童都进行同一个活动。

2. 要制定一个在周期内可变的灵活安排。不同的教师对变化和新情况有着不同的应对方式。

3. 避免仅仅为了“打发时日”或“消磨时间”而进行无意义的或没有经过认真计划的活动。

4. 要满足儿童自主、自由和独立的需要，也要让他们在同伴相处中遵循一定规则，要在这二者之间找到平衡。

5. 儿童需要能带来舒适和安全感的稳定性，也需要能引起多样化和新鲜感的变化性，要在这二者之间找到平衡。

表 9－11　三种托管机构的作息表

学步儿半日托管机构	
9：00～9：30	迎接儿童 户内活动 ●玩具面团，美工活动 ●家庭生活活动 ●积木和操作材料 ●图书

9：30	打开通往户外的门
9：45～10：20	户外游戏 ●大肌肉活动 ●社会性游戏
10：20	音乐、户外韵律活动
10：30	吃点心、唱歌曲《我们在一起（Here We Are Together)》 ●洗手 ●吃点心、倒水、清洁
10：45～11：45	户外活动
11：15	唱歌曲《让我们一起来收玩具（Time to Put Our Toys Away)》 ●鼓励所有孩子参与清洁
11：20	结束（户内活动） ●家长和孩子一起参加 ●讲故事或呢绒板游戏
学前儿童全日制机构	
7：00	入园，早餐
7：30	室内自由游戏 ●美工活动 ●桌面玩具、游戏、积木 ●戏剧表演区，房间、杂货店等
9：00	清洁
9：15	小组活动：唱歌、手指游戏和小组成员的其他选择
9：30	自主选择时间、小组活动 ●探索活动、数学实验室、科学活动 ●做早点或午点 ●语言艺术或阅读前的活动选择
10：00	吃点心（在户外的桌子上、温暖的天气条件下）或自由游戏中在点心区吃

10：15	户外自由游戏 ●攀爬、游泳、沙水、骑乘玩具、小组游戏
12：00	洗手，吃中午饭
12：45	准备午睡：如厕、洗手、刷牙、铺好床褥
1：15	睡前故事时间
1：30	午休时间
2：30	让先睡醒的儿童进行一些户外活动
3：30	户外清洁和唱歌时间
4：00	午点时间
4：15	学习中心；有户外和户内两种选择，野外郊游，讲故事
5：30	回家前清洁教室以及看图书时间
半日制幼儿园	
8：15～8：30	入园 准备好： ●在图书角查书，付午餐钱
8：30	分享信息 ●“你想要分享的任何新信息” ●每周都要写新闻简报
9：00	学习任务 ●用你的新信息写一篇故事 ●在你的书中制作一页（制定主题） ●在数学实验室中做实验
9：30～10：15	选择户外活动（涂画、积木、电脑、桌面玩具） ●完成任务以后，在阁楼游戏或读书，直到放学
10：15	吃点心
10：30	休息
10：45	语言活动：读一章小说，或者开展其他语言活动
11：15	舞蹈，或玩小游戏，或互相拜访

11：45	结束：准备好离园 ●检查图书馆的书 ●收集美工作品或其他作品
12：00～1：30	对于部分在学校吃午餐的儿童来说，接下来要： ●实地考察 ●写作课 ●数学或科学实验室

日程安排中应考虑物质设备本身的一些要求。如果盥洗设备没有连着教室，那么计划中就要保证有如厕途中的时间。如果与其他小组共用一个户外场地，就需要对日程安排作出一些调整。

作息表的这两个部分——常规和过渡环节——非常重要。

（二）常　规

常规是稳定的。每天都重复着某些活动，能让孩子感知到日程安排的连续性和秩序感。大多数常规都已成为儿童日常生活中自身、个体的一些习惯模式。儿童把深植于家庭和文化背景中的习惯模式带到幼儿园生活中，它们让儿童感到安心，儿童也以掌握了这些常规感到自豪；对于一些儿童来说，遵守常规也是一件跟情绪高度相关的事情。

常规是日常安排赖以进行的依据。孩子什么时候该吃饭、睡觉、游戏，什么时候该独自游戏或与同伴一起游戏都是由常规的设置决定的。课程中的其他部分——艺术活动、户外活动、手工活动——都是围绕着常规安排的。儿童早教环境中的常规包括：

- 自理时间（进餐、休息或睡觉、穿衣、如厕）
- 活动之间的过渡
- 小组时间
- 活动的开始或结束，或一天的开始或结束
- 作出选择
- 完成任务
- 房间清扫及户外场地整理

培养自理能力可能是成人和儿童之间的一项困难任务。每个人都能回想起至少一个与遵守规则相关的生动回忆，这似乎变成儿童和成人之间经常发生争执的战场。很多时候，这会成为儿童选择独立自主的第一步。

幼儿教师必须有能力应对幼儿的自理行为，能够敏锐地感受以及理解儿童的自理行为。如果能让儿童按照一个有规律的常规参加方案，并给他们明确的要求，他们就会适应常规。以下三种环境的安排都会受到常规设置的影响：

1. 物质环境。适合儿童大小的盥洗设备和进餐用具；小床、毯子及其他床上用品的储存；储存和准备食物的设施。

2. 时间环境。作息表中进餐、休息、如厕及清洁卫生的时间。

3. 人际环境。对身体功能所持的态度；参与自理任务的意愿；活动和过渡环节中的人际互动；对教职工、父母和儿童的期望。

明确了活动的时间顺序之后，每个人都能着手自己的学习和工作。稳定的日程安排会使儿童更有安全感；他们会期待下一个要参加的活动，并为此制订计划。他们能够让自己自由地投入活动，不担心被打断。成人也能够享受日程安排的可预知性。了解了活动的先后顺序，他们就能够根据对活动的发展预期来灵活地安排时间。

不可预知的事件经常发生。比如，教师正第一次帮莎娜坐在坐便器上时，查德突然不想让爸爸走了。教师拿着精心做好的姜饼人儿、甜酥饼干，正准备和一组小朋友去厨房时，积木区突然发出一阵争吵声。家长走进一个兴趣活动小组中，玛丽莎却拒绝把她的玩具面团制作材料收拾干净。要灵活地处理这些情况，教师首先要制定一份人性化的作息表。

（三）过渡环节

人类不同于其他物种的特点之一是他们的适应能力，然而我们并不愿意改变。同样，对于儿童来说，变化是不容易的。教师和看护者如果能够关注这些变化的发生时间的话，可以让儿童更容易地经历一些必要的变化。不要催着他们开始下一个活动，而是留给他们充足的过渡时间。帮助儿童在一天之中预期、理解、经历以及成功地处理这些变化，能够引导他们日趋成熟。表 9－12 所列的每一条常规都可以成为在环境中学习技能的途径。

表 9－12　常规也是一种学习机会

- **进餐时学习健康知识**

  介绍一种新的、不同的食物，学习养成良好的营养摄入习惯。

- **进餐时学习社会技能**

  集体吃饭时重点在于对吃饭和交谈的要求；学习适宜的进餐行为和礼仪。

- **进餐时锻炼精细动作技能**

倒汤、使用勺子；自我服务；喝水、吃饭时不撒饭。

●**进餐时学习独立技巧**

找到自己的位置，坐好；自我服务；选择食物；在餐点和午饭后收拾残物。

●**进餐时了解个体差异**

个人喜好不同；对食物的选择不同；吃饭速度不同。

●**休息和睡眠时学习保健技能**

自我照顾技能；放松的习惯；身体内部的平衡和活动节奏的变化；适时转换活动，学会让身体休息。

●**休息和睡眠时学习独立技能**

准备自己的睡眠空间；选择睡前的书籍或玩具；休息之后整理床褥。

●**穿衣时学习独立技能**

自我意识：衣服的大小；女孩和男孩衣服的不同、不同年龄儿童的衣服的不同、不同身高儿童的衣服的不同。

自我评价：对自己身体的照顾；选择自己的衣服；练习穿裤子。

●**穿衣时学习精细动作技能**

学会使用按扣、纽扣、拉链；叠衣服；穿脱防寒服或夹克；正确穿戴手套、靴子或鞋子。

●**如厕时学习情绪情感技巧**

自我意识：学习身体各部位的名称，身体各部位的功能，感受对应的身体部位感觉。

自我认知：比较男孩和女孩如厕的不同（坐和站）。

自我评价：没有负罪感、不害怕、不羞愧地照顾自己的身体。

人类性别：在自然的情景中，鼓励儿童形成对身体及其功能的健康的观点，成人应该对儿童对自己身体的照顾持接纳、开放和鼓励的态度。

过渡环节是常规中一个规律的部分，它也应该成为儿童的学习时间，正如一日生活中其他活动一样。

表 9－13　让过渡环节更轻松

计划时需要问的问题

●谁（儿童、父母、教师、访问者）参与了过渡环节？

●过渡环节之前和之后分别是什么活动？

●过渡环节要求儿童做什么？

●过渡环节中教师要做些什么？

●如何告诉儿童或怎样让儿童知道在过渡环节要做什么？

●你是否了解解答这些问题的相关儿童发展知识及特殊儿童知识？

教学策略

入园

●微笑着问候每个儿童，用现有的活动欢迎儿童和家长。

●制作名字卡片或出勤表，让儿童和家长都能把入园作为一个起点来参与活动。

●和家长共同准备一种简单、清楚的方式提醒儿童和父母告别，让父母离开幼儿园。

整理玩具时间

●提前五分钟提醒儿童活动的转换。

●用平和的信号提醒儿童开始收拾玩具，最好用同一种信号。

●在收拾玩具时要有背景音乐，或者可以唱歌。

●考虑在不同的区角给儿童佩戴项链或卡片，或组成小组。

●合理设计环境，能让儿童清楚地看出玩具要存放到哪里，能让他们自己承担大部分的整理工作。

●偶尔要当众感谢儿童对玩具的整理，表扬某个儿童的努力，赞赏其做了哪些具体的整理工作。

为儿童参加下一个活动做准备

●制作图表，列出可供选择的活动。

●唱歌或玩熟悉的手指游戏，吸引每个人的注意力，让所有儿童参与其中。

●要求儿童戴上“大象耳朵”（或“兔子耳朵”等），或者让他们闭上嘴巴。

准备休息或午睡

●提前布置好可以休息的环境——光线暗的房间，柔软的毯子或附近的小房间，轻柔的音乐。教师轻声说话，可以走近儿童并和他们待在一起。

●在孩子安静地躺下之前，给他们读故事，或是分成小组，一对一读故事。

到另一个场所活动

●将小组成员聚在一起，明确地告诉他们下一个活动的内容。

●问一问他们对自己应该如何表现的看法，如："我们需要记住什么？我们怎么才能在一起安全地进行游戏？"然后强调一些具体的规则。

●让儿童排成一排，成人当引擎和车头，或排成一条有首有尾的龙。

●让儿童选择一个一起活动的同伴，互相拉着手。

等待其他人完成活动

●提供一个供儿童等待的房间一角，如图书角或听力角，如果儿童数多于两个，需要有成人在一旁看护。

●做一个围裙，或挂几个只让儿童用的装满活动卡片或小手工制品的口袋。

●制作一张特殊的桌子，上面有装着活动内容的文件夹或大信封。

●制作一个装着小玩意儿的"等待盒"，仅用于等待时间。

一位好教师能够为儿童进入下一个环节做好准备，他可以唱一首歌或弹奏一种乐器，或说："准备马上整理玩具。"同时，他们也能帮助儿童建立时间观念，产生紧迫感，帮助儿童解决日程安排的冲突。因此，如果查德不想让爸爸走，也许可以让莎娜坐在马桶上多等一会儿，或在莎娜上完厕所之前，爸爸可以给查德多读一篇故事。姜饼人儿活动可以暂停一下，先解决一下孩子们吵架的问题，或者邀请一些参与"吵架"的孩子帮那组去厨房的小朋友开门。或许玛丽莎能继续做她的作品，同时其他孩子可以去参加家长在地毯上的游戏。

（四）具有发展适宜性的作息表

正如空间的规划应该反映参加小组活动的儿童需求一样，日程安排也应允许参与儿童在适合自己的发展水平上成长。对所有处于学前阶段的儿童来说，有一些共同的因素需要考虑，同时也要考虑不同年龄段儿童发展水平的差异。

不管是针对学步儿还是五岁儿童，为全日制项目还是半日制托管设计的日程，这些作息表中都有一些共同的因素。儿童安全发展原则为教师们提供了作息表的制定框架。每个机构中的教师再将这些基本要求落实到他们具体的日程安排中去。每个日程安排都必须符合以下几条原则：

● 前后一致性。一致性可以给儿童带来安全感，可以让教师建立教师权威和专业性。

● 一定的灵活性，能维持和满足儿童的兴趣。日程安排的灵活性能够让个体感到自己的需要得到了满足，并能建立规则的权威性。

● 包括常规和过渡环节的时间。

● 在安静和剧烈活动中转换，帮助儿童调整节奏。

● 在户内和户外都提供游戏机会。

● 允许儿童自主选择活动，也要让儿童参加安排好的活动。安排好的活动通常指集体活动时间（开始一日活动的圆圈活动，宣告活动开始或结束的唱歌时间，或结束一日活动的讲故事时间）。

● 不管在小规模或是大规模的小组活动中，都能为儿童提供独处的机会。

● 时间的安排要符合本组儿童的年龄特点和发展水平。

● 活动应有首有尾。当儿童入园时，教师必须对他们表示欢迎，并为他们提供某些支持以满足他们的需要；给儿童留有结束和过渡时间；通过回顾一天活动、计划明天活动，结束在园的一日生活。

● 成人需参与每日计划和回顾；要定期开展讨论会，探讨关于儿童发展、长远计划以及活动评价等更多重要问题。

● 要留有整理房间的时间。

● 要结合教师的角色或任务，让他们了解自己的责任。

● 将作息表张贴在明显的位置，让所有人都能看到。

日程安排都有很多共同之处，同时也能看到由于儿童年龄差异而产生的不同之处：

● 随着儿童年龄的增长，选择会更多。

例如：有些玩具对两岁儿童来说刺激过多，而这些玩具正好适合学龄期儿童使用。

● 在不同的年龄组中，对过渡环节的安排也不同。

例如：对于大一点的儿童来说，他们可以整个小组同时过渡到另外一个活动中，例如从一个活动区转移到另一个活动区，或是和两个甚至一个教师一起去户外活动。但这对于小一点的儿童来说非常困难，他们可能互相推搡或漫无目的地走开。对于他们来说，应该轻轻打开通往操场的门，让儿童慢慢走出去。

例如：如果 3～4 岁儿童托管班级从唱歌时间过渡到餐点时间，是由教师根据他们的 T 恤衫颜色或名字的首字母逐个点名，而不是整班孩子一起转移。

● 一日生活的结构根据年龄的不同而不同。

例如：在婴儿和学步儿阶段安排相对较少的授课活动，在幼儿园及学前班阶段安排较多的授课活动，这种转换能够达到自由游戏和教师授课时间的平衡。幼儿园的日程安排在以个体学习为中心和以教师授课为中心的活动时间安排方面，提供了更多的结构性参考。

● 小组活动的内容随着年龄的变化而变化。

例如：在学步儿班级中，小组活动内容非常简单：一个短小的手指游戏，用一个呢绒展示板或木偶讲故事，或用一首歌来结束活动就足够了。学前儿童的小组活动包括一些歌曲，一部喜欢的手指游戏，一个简短的故事。在幼儿园中，圆圈游戏能持续15～20分钟，包括通知和天气预报，儿童“报新闻”，更长的戏剧表演，甚至讲较长的故事。

对于托幼机构来说，布置环境是一项繁重的任务，因为会有许多事情、许多学习和许多要做的工作！基拉尔（Kielar）为这些烦琐的任务推荐了一剂“解毒药”：

● 在托幼机构中，为那些想安静地坐下休息的儿童保留一个独处空间。
● 让午饭时间成为平和安静的时间。
● 午睡时间提前一点叫儿童起床，留给过渡时间。
● 不要把每一扇窗户都装扮上图案。
● 经常变换房间展示。

遵循这些原则能使时间环境的安排符合儿童的年龄特点和个体兴趣。还有一个小提示：很多托幼项目将一天划分为很多短小的时间段，因为他们认为幼儿注意力的持续时间非常短，不能长时间地关注一个活动。然而，我们知道儿童能够在他们自主选择或感兴趣的活动中持续很长时间的注意力。虽然他们可能在教师计划好、安排好的活动中坚持很短时间，但是儿童仍然需要、也会争取更多的时间来进行自己的创造性活动。参考表9－11，查看在时间环境中如何分配时间以保证充分的自由游戏时间。

六、人际环境

儿童对幼儿园中的所有因素都会作出回应：房间的颜色、家具的摆设方式、游戏时间长短以及人们对待彼此的方式。儿童在教室中的感觉就像积木或图书这样的物质实体一样真实。因此，幼儿教育环境中的人际关系是环境中的重要组成部分。

（一）确定氛围基调

儿童是幼儿教育环境中最重要的人群，环境应该让他们感到安全和舒适。一个温馨的人际环境能引导儿童参与活动和学习。当儿童能够安全地进行人际交往，能够在环境中体会到安全感时，他们就能够更加投入地参与整个项目。

教师是决定小组活动气氛的关键因素。美国教育学术委员会（National Academy）关于高质量早教项目的第一个规定便是教职工和儿童的互动。机构或家庭中的人员组成和人际关系对幼儿的发展有着重要的影响，因为他们是紧张或是开放自由的人际关系的晴雨表。

家长对儿童的学校生活影响重大，特别是在儿童早期。人们对待彼此的态度和他们对自己感觉的表达会对儿童产生影响。

教师必须从儿童的家庭和社会背景中看待儿童，为了能够做到这点，教师必须邀请家长参与教育过程，如以下几例：

> 艾琳娜的父亲说话带有浓重的口音，你很难理解他说的话。你更倾向于避开和他交谈，于是，你就只在出现问题的时候才会联系他……你会发现在他的文化中，征求教师意见的家长才能称之为“好家长”。现在的你可能需要克服自己不舒服的感觉，并要尊敬地请他稍慢一点再说一遍。
>
> 每天麦尔彦都要带午饭来学校，这让老师很为难。这种伊朗饭与其他孩子的饭不太一样，孩子们总会嘲笑她的饭菜，你不得不总是维持秩序。你考虑是不是应该直接告诉她的阿姨以后给她带三明治……直到你意识到每个人都想吃自己熟悉的食物，让麦尔彦吃她父母想让她吃的东西，同时也应该让其他孩子学习接纳。现在，你也许会利用午餐时间让每个孩子对新食物产生好奇和兴趣。

父母和教师秉着相互支持的态度，采用不针锋相对的方式进行沟通交流，能够加强双方的学习。儿童和成人之间的互动，以及通过这种互动发展而来的关系，决定着一个项目的质量。有研究者已经发现儿童对教师敏感、依赖的互动模式和儿童更好的发展水平之间可能的关系模式。不同类型的互动对儿童发展的影响，可以在儿童的认知、社会性情感以及语言发展中体现出来。更进一步地说，班级气氛的核心对英语为第二语言的儿童学习英语的作用巨大。这种研究证明了最近关于脑科学研究的结论，和埃里克森、班杜拉和维果茨基的观点相一致（见第四章）。

亲密的、充满爱的关系对儿童的发展最为有利。这对 3 岁以下的儿童、以及母语不是项目中主要使用语言的儿童尤其重要。环境中的人际关系方面，是影响学步儿游戏质量的中心因素，比物质环境的精心设计更为重要。刚学会走路的儿童不能够说出他们的内心想法，只有通过他们的游戏来外化不良情感、化解情绪冲突、控制他们自己的世界——每件事情都是和人际关系相关的。

教师对儿童的观察，以及教师与儿童的互动包括微笑、抚摸、倾听、提出问题以及眼神交流，应该使用尊重和友好的方式，并且要平等地对待儿童，破除种族、文化、语言、能力以及性别差异的界限。

教师要对儿童进行积极的引导，而不是使用惩罚性的管教（见第七章），要和家庭建立温馨的关系（见第八章）。

（二）快速核查表

以下是教师在评价环境质量时可以提醒自己的问题：

- 儿童和成人之间是否互相尊重？
- 教师对女孩和男孩是否都使用了非语言和语言的交流方式？对有不同语言能力的儿童呢？对不同种族的儿童呢？
- 儿童之间如何对待彼此？
- 教师是否和其他成人与儿童之间建立了合作关系？他们能否用一个例子展示如何解决不同意见或问题？
- 物质环境的创设是否有利于教师关注儿童？
- 收拾教室之类的事情是否疏远了儿童与教师的关系？
- 教师是否鼓励儿童把同伴当做游戏资源使用？
- 教师是否花时间向儿童展示如何独立完成一项任务？
- 是否对女孩只夸奖她们的外表，对男孩只夸奖他们的成就？是否让所有的儿童欣赏彼此的相似点和不同点？
- 教师是否给儿童讲道理，有没有坚持到底？
- 教师如何和儿童互动？教师在什么时候和儿童产生互动？
- 遇到问题时，教师的肢体语言和面部表情是什么样的？
- 如果我是一个儿童，我想来到这个幼儿园吗？

这些问题的答案为教师营造一种积极的人际交往气氛提供了一个晴雨表。最重要的是，要记住成人对彼此的态度和表达感情的方式对儿童有着重要影响。教师对人际环境创设的关注程度，必须与他们对购买设备或布置教室物质环境的关注程度相当。

关键术语

环境

时间

过渡

常规

人际

自理

自尊

自我概念

自主

全纳

兴趣角

学习中心

小组时间

弹性原则

开放性

教学应用

1. 蹲下身体，从儿童的角度观察这个教室。描述你所看到的环境是否符合成功环境的创设原则。建议做出一些能够改进物质环境质量的变化。

2. 检查一个幼教机构的日程安排。这个机构的课程目标是什么？你是如何知道的？有没有常规和过渡环节时间？有没有自由游戏和小组游戏时间？将它与家庭托管中心的日程安排作比较。它们的相似之处在哪里？不同之处在哪里？相似与不同的原因分别是什么？

3. 下面列出了环境中出现的常见问题。为每个问题列出至少一种解决方法。

(1) 在一个区域中聚集了太多儿童。

(2) 存放玩具的架子过于拥挤。

(3) 儿童对玩具发生争夺和争执。

(4) 儿童在整理玩具时缺乏合作。

(5) 骑乘玩具容易相撞。

(6) 看到其他孩子的父母离开时，有的孩子会哭。

4. 参观一个学步儿童托管机构和一个幼儿园。如何定义学习中心？为兴趣角命名，指出哪些是安静游戏，哪些是活跃游戏和学习活动。

5. 检查教室环境的多样性。使用核查表，对环境中遵守多样性原则的因素进行记录。

	种族	性别	社会阶层	残疾	年龄
图片或海报					
图书					
内务整理材料					
操作材料					
美工材料					
表演区					
音乐					

备注：

需要改进的方面：

需要补充的材料：

第十章

课　程

问题思考：

幼儿教育课程的决定性因素是什么？
什么是发展适宜性课程？什么是文化适宜性课程？
游戏和课程的关系是怎样的？
在课程设计中，教师的角色是什么？
辨别四种有效的课程模式。

一、课程的基本要素

（一）课程是什么

在幼儿教育领域，课程是由多种活动构成的，如美术活动，语言游戏，午餐时间关于倒牛奶方式的即时调查，玩沙时唱的歌曲，以及教师对仓鼠死亡原因的解释等。

儿童就像是海绵一样，会从所有与自身有关的事物中吸取经验。他们无法区分幼儿园里哪些事物是适合其学习的，哪些是不适合其学习的。他们会学习所有的事物。课程涵盖了所有的活动，包括不同的学科领域活动，人们之间的互动，以及儿童在幼儿园的所有经验。

布雷德坎普（Bredekamp）和罗斯格兰特（Rosegrant）对课程进行了全面而综合的界定：

课程是一个有组织的架构，阐述了儿童将要学习的内容，儿童达成既定课程目标的过程，教师帮助儿童达到目标的所有行动，以及教育和学习的背景。

对该界定中的关键词解释如下：

1. 课程内容（content）即指要教授给儿童的事物——反映了儿童兴趣、需要和经验的事物，表明了儿童必须学习的东西。

2. 课程过程（process）即指儿童怎样学习和何时学习，对活动或方案的选择，儿童如何与他人互动，以及日常作息或年度规划进程表。在课程过程中，儿童借由丰富多样的开放性材料，通过动手操作和探究活动，融入到学习活动中。游戏是课程实施过程的主要手段。

3. 教师（teacher）依据儿童的年龄和对儿童发展的观察和评价，创建课程、设计活动和提供材料。教师应立足于儿童发展理论，理解儿童是如何学习的，意识到儿童的个性化需要，并满足儿童的特殊需要（special needs）。

4. 课程背景（context）是选择某种活动或方案的原因，主要是基于教育机构的哲学理念和目标，儿童的文化背景，以及儿童家庭和社区的价值观和影响力。

课程与文化的关联非常重要。在美国西南地区的原住民居住地，开端计划会利用儿童所属部落的传统习俗和历史而设计相应课程。美国西雅图偏远郊区的学前课程中设计有让儿童户外散步去鱼市场观看刚抓到的鲑鱼的内容；而波士顿市中心的学前课程则会包含让儿童去搭乘地铁的内容。这些教育活动中都融入了本地的文化。

（二）发展适宜性课程

发展适宜性课程的主要基础是儿童发展理论和学习理论、相关研究成果及经验。婴儿课程需要满足婴儿的基本需要；学步儿课程需要考虑学步儿身上萌发出的独立性和好动性。4岁儿童的课程要求提供不同的材料，以拓宽儿童的思维。小学低年级儿童有学习技能的需要。设计课程时，我们需要针对每一年龄段的儿童特点进行特别的考虑。

美国幼儿教育协会（NAEYC）对具有发展适宜性的机构、课程和实践界定如下：

1. 年龄适宜性。幼教机构和幼教实践要基于特定年龄段正常儿童发展的知识。

2. 个体适宜性。幼教机构和幼教实践要以尊重儿童个体、尊重儿童个体的发展速度和独特学习风格为基础。

3. 社会适宜性和文化适宜性。幼教机构和幼教实践要提供有意义且相互联系、尊重儿童和家庭背景的学习经验。

发展适宜性课程（development appropriate curriculum）重视儿童发展理论知识、研究

图 10－1　当儿童接触到材料时，课程就产生了。

文献和实践，包括各种相关学科、文化价值观、家庭期望和关注、社区事务、儿童个体特性、教师的知识经验等。发展适宜性教育（development appropriate practices，DAP）和课程的内容主要基于杜威的观点——他认为学校能让学生进行思考和推理，从而得以融入社会生活（见第一章）。表 10－1 列出了美国幼教专业协会（National Association of Early Childhood Specialists）签署的确保发展适宜性课程的二十项指导原则。

表 10－1　发展适宜性课程的指导原则

美国幼教专业协会签署了确保发展适宜性课程的指导原则。每项指导原则都以问题方式呈现，教师为儿童设计课程时，对这些问题的答案都应为“是”。

1. 课程能促进儿童之间的互动性学习吗？能鼓励儿童建构自己的知识吗？

2. 课程能帮助儿童达成社会性、情感、身体和认知方面的目标吗？

3. 课程在引导儿童掌握知识和技能的同时，能有助于儿童获得积极的感受并主动学习吗？

4. 课程对儿童有意义吗？与儿童生活相关联吗？能更贴近儿童的个体经验或者儿童能经由课程轻松获得直接经验吗？

5. 课程给儿童提出的期望切合实际吗？是儿童能达成的吗？儿童日后能更轻松、有效地掌握知识或技能吗？

6. 课程对于儿童和教师来讲是有趣味的吗？

7. 课程敏感反映并尊重了文化和语言多样性吗？期望、允许并欣赏个体差异吗？有助于与家庭建立积极的关系吗？

8. 课程基于儿童现有的知识和能力吗？

9. 课程能帮助儿童在有意义的情境中建构自己的理解，并借此获得概念上的理解吗？

10. 课程有利于传统学科内容之间的横向整合吗？

11. 课程教授的信息是正确的吗？达到相关单位的标准等级吗？

12. 课程的内容值得儿童学习吗？现阶段的儿童能有效地学习这些内容吗？

13. 课程鼓励儿童主动学习，并允许儿童进行有意义的选择吗？

14. 课程能促进儿童的调查和探究，而不是关注完成某项任务的"正确"答案或"正确"方法吗？

15. 课程能促进儿童更高能力的发展吗？如思考、推理、问题解决和决策能力。

16. 课程能促进并鼓励儿童和成人之间的社会互动吗？

17. 课程尊重儿童在活动、感官刺激、新鲜空气、休息、营养、排泄等方面的生理需求吗？

18. 课程能提高儿童的心理安全感和归属感吗？

19. 课程能提供经验，以提高儿童在学习上的成就感、效能感和愉悦感吗？

20. 课程给儿童和教师提供了弹性空间吗？

（三）文化适宜性课程

如果有意义的学习产生于某种社会文化背景之中，那么就必须营造一种多元文化氛围，从中体现对多样性（包括种族、性别和能力多样性）的意识与关注。要营造真正的多元文化课堂，就需要对惯常的做事方式提出质疑，并采用新的视角来考虑文化因素。多元文化教育，是调整学校整体环境，以使得来自不同种族和文化的学生都有平等的受教育机会。表10—2 将基于欧洲中心论观点的主流文化课程的特质与基于文化敏感视角的多元文化课程的特质进行了比较，呈现了两者的差异之处。

表10—2 主流文化课程和多元文化课程的特质比较

主流文化课程的特质	多元文化课程的特质
孤立地看待各种族的历史和文化	整体地描述各种族的历史和文化
认为种族历史和文化没有价值和意义	将种族历史和文化描述为一个动态变化的整体
从主流视角呈现事件、话题和概念	从多元种族视角呈现事件、话题和概念
欧洲中心论——显示了美国的发展主要是由欧洲扩展至美国而来	多元视角、以世界为中心——显示了无数人民和文化（包括亚洲、非洲）从世界各地来到美国，以及他们在美国社会发展中的重要作用
有关种族的内容被作为常规课程的附加部分	有关种族的内容是常规课程的必要组成部分
将少数民族文化描述为贫困或者缺乏内涵	认为少数民族文化与主流文化不同，但同样丰富而具有内涵
注重民族的英雄、节日	注重思想、综合结论和理论
强调掌握知识和认知成果	强调知识结构和作决策
鼓励接受现存的种族、阶级和人种的阶层化	注重社会批判和社会变迁

文化适宜性课程（culturally appropriate curriculum）也是一种发展适宜性课程。形成一种既能反映美国当代社会的多元化，又能运用于普通课堂的课程，尤其是采用敏锐而相互关联的方式将其呈现出来，这是一大挑战。但这并不表示要设计一种全新的课程。

班克斯（Banks）认为多元文化与当前实践的融合（infusion），是发展多元文化课程的方式之一。根据班克斯的观点，多元文化与实践的融合能让教师持续实施发展适宜性课程，并能综合多方面的观点、参考资讯和来自不同群体的知识——这些都是有助于拓宽儿童对当前社会理解力的内容。

融合观点对很多幼教机构的惯常做法提出了质疑，如孤立或隔离地烹饪民族食物、庆祝民俗节日、经常定势地看待某个群体。民间传说、歌曲、食物、服饰等都是文化的标志和表现，而不是文化本身。为使儿童获得有意义的知识，课程内容就必须体现出对人类多样性更全面的理解，而不是仅仅将此作为一个特别的话题。另一方面，在课程的律动和舞蹈活动中要采用不同文化的旋律，将多元社会的观点融入课堂的日常活动之中。

课程材料和活动必须先经过评估，以确保对不同文化保持公平与敏感性，确保课程材料和活动与幼教机构的理念、目标保持一致，并能体现出对当前多元化社会生活的理解。奥斯特塔格（Ostertag）等人提出了一些问题，可作为评价融合话题的方法之一。问题如下：

1. 是否呈现、详述、拓宽了多元的概念？
2. 是否能顺畅地融入儿童的学习和经验，提供一种真实的学习，而非无价值的学习？
3. 是否包括了具有多元文化观的人如何行事和表现的观点？
4. 是否反映了经常发生在课堂上或社区中的儿童话题？
5. 是否提供了展现不同观点的机会，让儿童接触不同角度的观点？
6. 是否提供了机会让儿童讨论自身的情绪和感受？
7. 是否有助于澄清定势和偏见？如何澄清？

当你阅读本章后面的内容时，为了更深入地了解幼儿期的多元文化课程，请将这些问题铭记在心。同时也请参见第九章有关反偏见、融合环境的内容以及多元文化环境核查表(表 9—3)。

（四）融合课程

融合课程（inclusive curricula）体现了对儿童生活中各领域多样性的察觉和敏感性，包括文化、社会、语言与宗教领域，还有性别和能力。各种残障儿童的融合，不同文化背景的反映，这些在本书各章节中也都有说明。

第二章提到发展适宜性教育时对文化敏感性进行了描述。第三章也涉及了文化敏感性，描述了残障儿童如何融入幼教课程之中。第四章讨论了维果茨基关于个体发展和知识具有文化特性的观点。第七章提到文化对儿童行为和不同家庭模式的影响力。在第九章，你会找到创建融合环境的建议，这些建议呈现在表 9—4 中。

本书的基本观点是：残障儿童、移民家庭的儿童、母语非英语的儿童、来自不同文化背景的儿童，都需要相同的学习环境。不管接受教育的儿童有何特征，优质幼儿教育和课程都要立足于这一贯穿本书始终的原则。必要时，应该对教育和课程进行调整，以适应每个儿童的能力水平。表 10—3 呈现了在课程设计中提高多元化和融合性的方法。通过丰富多样的课程材料，儿童家庭文化可被融入课堂之中；同样地，残障儿童也能感到自己融入了课堂。

表 10—3　提升文化多元性和融合性的游戏材料和设备

课程领域	材料和设备
音乐	沙铃棒（智利）、马林巴琴（非洲祖鲁族）、巴拉莱卡琴（西非）、脚踝铃（美国原住民）、沙铃（拉丁美洲）、手摇太鼓（日本）、沙筒铃（尼日利亚）、鼓（很多文化）、陶笛（秘鲁）、各种文化的歌曲
读写	有关不同文化背景家庭生活的书籍、各种文字的畅销书、无字绘本、手语、盲文书籍、不同民族的儿童故事、各国传奇故事和民间传说、世界各地流传的儿童故事
积木与配件	具有不同民族特色的配件，老年人、无性别定势的社区工作者、残障儿童的配件，世界各地的动物的配件
美术	画册、黏土、彩笔、不同颜色的纸、镜子
角色扮演	符合人体结构的各民族娃娃玩具、娃娃的配件（包括眼镜、轮椅、拐杖、助步车、助听器等）；娃娃服饰（包括各种民俗服饰和多种文化服装）、烹调器皿（如中式炒锅、墨西哥玉米烙饼压模机、餐具、筷子）
游戏	语言牌游戏、犹太骰子陀螺游戏、世界各地人脸谱游戏、黑人历史游戏卡、地球仪
户外活动	被抬高了的沙水桌、供轮椅使用的无障碍通道、被降低了的篮框、丰富的感官材料
课堂	鲤鱼旗（日本）、墨西哥和中国的剪纸、各种族文化的日常生活照片与杂志、不同种族的工艺品、不同种族和文化背景的儿童照片

课程的理念是融合性环境的决定性因素。如何将儿童之间的差异融入课程？课程应该灵活而富有弹性，同时为能力不同的儿童提供丰富的学习活动和机会。我们需要的是这样的课程：儿童能以自身发展水平参与其中，同时课程又能给予儿童足够的挑战，以帮助他们学习。课程必须取决于儿童的差异。

二、有效课程的四项要素

有效课程由多种要素组成，其中有四项要素对所有课程都非常重要，即：(1) 整合性。(2) 生成性。(3) 运用多元智能（multiple intelligences，MI）观点。(4) 注重儿童学习风格（learning styles）的差异。这些组成要素着眼于课堂中的儿童，使课程更具灵活性。

（一）整合课程

还记得第三章和第四章有关完整儿童（whole child）的讨论吗？“个体成长和发展的各领域之间都存在相互联系”是一个重要的观点，图 3－2 呈现了该观点，显示了发展领域之间是如何相互影响的。例如，儿童的社会性发展（影响儿童与他人交往的能力）与语言发展（表达思想和情感的能力）、认知发展（明晰思想和观点并进行交流的能力）相互关联。当儿童学习时，社会性、情感、认知、创造性、生理等发展领域协同运作，帮助儿童发现世界的价值和获得控制感。

图 10－2 设计有助于儿童生理发展的室内活动和室外活动，是发展适宜性课程的必要组成部分。

采用同样的方式去思考整合课程（integrated curriculum）很有意义。整合课程融合了很多学科领域，并采用整体学习的方式。发展适宜性课程就是一种整合课程，将动手操作学习与技能掌握融合起来。整合课程横跨了很多学科领域，贯穿于托幼机构一日生活之中，也包括其他学习背景下的技能提高活动。学科知识如数学、科学、美术和语言，既不是独立分开教导给儿童，也不是作为单独的话题，而是都被设计为课程内容中的组成部分之一。各学科领域都体现在学习活动中，并在儿童投入性的学习和游戏中，采用有意义的方式强化了整合观点。如果该观点看起来有些熟悉，请回到第一章阅读杜威的教育理论。在主题（themes）课程和方案课程的发展历程中，该观点已被使用多年。表 10－1 呈现的发展适宜性课程的指导原则，其中也包含了很多整合课程的特征。

整合课程的成效很容易被看到。儿童在整合课程中的学习效果最佳。表 10—4 显示了数学如何作为日常整合课程中的一部分。让儿童在不同情境中体会数字的运用，这是一种自然性的学习，而不是预设式的学习。

表 10—4　数学概念体现在各种课堂活动中

音乐活动：唱歌曲《五个小南瓜》

日常生活作息：轮流依次等待，因为“太多人”已经在刷牙了

阅读活动：阅读书籍《一点一点前进》和《数百万只猫咪》

积木游戏：观察积木情况，运用部分和整体的概念，搭建一组积木

身体发展活动：玩跳房子游戏

烹饪活动：测量和计算食谱中提到的材料

角色扮演：注意到只有四根水管，但有五个消防员

科学活动：计算雨天、晴天、下雪天的天数；记录温度（湿度）；了解时间（钟表和日历）和季节

美术活动：通过数画笔、蜡笔、魔术棒和颜色，学习一一对应

（二）生成课程

生成课程（emergent curriculum）的含义如同字面所言：课程缓慢产生于或形成于儿童的经验和兴趣。生成强调的是儿童的兴趣，儿童在学习中的参与性，以及他们自行选择的能力。教师需要在教室和院子里安置材料和设备，有时也要设计一些吸引儿童注意的活动。最重要的是，教师要观察和评估儿童的行为，然后支持和拓宽儿童的经验。

从儿童身上寻找线索

一天，3 岁儿童的班级在集体讨论时间，孩子们谈到了园所附近新建的一所医院。教师注意到这一周很多孩子没有去积木区，于是在积木区增添了有关建筑、高塔和医院的书籍，并在积木附近放置了纸张、蜡笔、剪刀，张贴了各类社区建筑的图片。孩子们来到积木区后，画出、搭建出各种建筑物，并对医院的用途开展了讨论。角色扮演区，因为放满了医疗用品和制服，也成为一个广受孩子们欢迎的活动区域。

这个范例里，课程内容具体明确，但重点不在于成品和结果。这就是生成课程和整合课程的一个范例。儿童建构知识的过程会提高理解力水平，而如何学习是一个关键要素。生成课程永远聚焦于儿童，而非活动。

这种从儿童身上找寻线索的方法——注意儿童在玩什么、避开什么、改变了什么，是生成课程的组成要素之一。生成课程也是源于这样的理念：要成为有意义的学习经验，课程必须产生于儿童在幼儿园里的一日生活。基于埃里克森、皮亚杰、维果茨基等人的观点，生成课程认为儿童是主动、好奇、有动力的学习者，他们有能力经由自身经验主动建构知识。生成课程鼓励儿童运用最适合自己的学习风格，以自己的方式使用各种材料。一个材料丰富且重视游戏的环境，是课程的基础。

在教师方面，生成课程倡导教师与儿童、教师与其他成人共同合作，相互学习。教师和儿童都为课程提供建议和想法。生成课程要取得成效，教师有责任在儿童游戏和产生新想法时，认真地观察和倾听，并对所见、所闻作出回应。虽然生成课程提倡教师与儿童之间的合作和协商，但教师要知道哪些事物对于儿童教育和发展是必需的，并为儿童设定合适的学习目标。

（三）多元智能

第四章介绍了加德纳的多元智能理论（MI）。该理论认为，儿童至少有八种智能。也就是说，儿童有多种方式去获得知识或者表现“聪明”。复习第四章的表 4—7 有助于恢复你的相关记忆。不同智能的发展潜能主要基于儿童的经验、文化和动机。下面是美国新城市学校（New City School）和阿姆斯特朗（Armstrong）对多元智能理论的总结。儿童的八种智能分别是：

1. 语言智能（linguistic）。对声音、结构、意义的敏感性，是文字和语言发展的基础。

2. 数学逻辑智能（logical-mathematical）。识别逻辑或数理模式的敏感性和能力；掌握连锁推理的能力。

3. 视觉空间智能（spatial）。精准的视觉感知能力，并能将内在的感知转换为空间表现。

4. 身体运动智能（bodily-kinesthetic）。控制自身身体动作和有技巧地操作物体的能力。

5. 音乐旋律智能（musical）。创作和欣赏节奏、音高、音色的能力；欣赏各种音乐的表现形式。

6. 人际关系智能（interpersonal）。察觉与回应他人心情、性格、动机、愿望的能力。

7. 自我认识智能（intrapersonal）。了解自身感受、辨别自身情绪的能力；知道自身的优势和不足。

8. 自然观察智能（naturalist）。区别物体种类的技能；识别其他事物和邻近事物的存在；能以正规或非正规的方式画出几种物种之间的关系图。

在一群学前儿童中，我们很容易发现儿童学习时会运用几种不同的学习方式。有的儿童擅长拼图和操作性游戏；有的儿童则忙于讲故事，用积木搭建工厂，或者抱着天竺鼠；有的儿童不能长时间地保持安静，在一日生活中总会主动地投入游戏和学习之中。我们每个人都具有八种不同的智能，但每种智能的发展水平并不相同。

图 10-3　这是人际关系智能的体现。

通过广泛而有意义的学习经验，我们可以对儿童的能力（和主要智能）进行评价，并发展课程以促进儿童掌握新的知识和观念。洁摩擅长视觉空间智能，这可作为她的其他智能的学习背景。当她将某些绘画作品或有意义的事以一个故事的形式讲述出来或写下来，她的自我认识智能和语言智能就会借此得到提高。而其身体运动智能和音乐旋律智能则可以通过舞蹈和各种身体移位方式得到提高。这使洁摩获得不同的经验，并强化了她自身的优势智能，同时有助于促进她的其他智能的提高。

以多元智能为基础的课程和整合课程之间的关联非常清晰。如果儿童有不同的理解方式，那他们就应该采用不同的方式去感知某种概念、经历课堂或获得学科知识。一旦教师和保育人员拓宽了对儿童能力的认识，他们就会调整教育内容和方式，使教育面向多种智能，针对多项发展领域，而非专注其中一种。一种整合性的多元智能课程，就能将多种智能融入广泛性活动中，使更多的儿童按照自身的能力学习，并获得成功。

（四）学习风格的差异

有人喜欢听别人讲授来了解某种新文化或某个新国家；有人偏好观看旅游纪录片来进行了解；有人主要是通过旅游至某个国家，同那里的人群一起生活，吃当地的食物，感受其氛围，借此了解某种文化或某个国家。上述这些都是学习和获取信息的合理方式，但每种方式都体现出个体偏好的风格。第三章讨论了学习风格与儿童行为的关系。在此，我们将聚焦于基本的学习风格如何影响课程目标。

每个儿童都有自己偏好的学习方式，但偏好的学习方式并不是获取知识的唯一方式。

（1）视觉型学习者。此类儿童偏好图片而非文字，因为照片、图表和图解能为其提供必要的线索。他们喜欢通过阅读、写作、绘画的方式来学习。

（2）听觉型学习者。此类儿童通过倾听进行学习，并将其所学讲述出来或进行讨论。他们善于遵循按适当顺序排列、任务一个接着一个的指示。

（3）肢体一运动型学习者。此类儿童活泼好动，是全身性投入的学习者。他们需要通过实际动手操作触觉型材料进行学习，而不是倾听或安静地坐着学习。

这些都是儿童通过使用五种感官而选择的自己最偏好的学习方式。显而易见，整合性、生成性课程很容易适应这三种学习模式。事实上，绝大多数的幼儿教育都非常重视五种感官的发展，因为感官的发展能为儿童提供大量的、根据其自身偏好的学习风格进行学习的机会。*

三、课程：儿童的游戏

在第四章，我们已经学习了儿童游戏的价值和过程。你可以重温一次该章有关游戏类型的内容，以便更清楚地理解为什么以游戏为基础的课程能提高儿童的学习潜能。有关人类发展和人类行为的大量知识，都来自花费了无数时间用于观察和记录儿童游戏的研究者。许多学者（如福禄贝尔、维果茨基、加德纳）认为，儿童需要通过积极而有意义的材料和活动进行学习。儿童需要身体、精神、情感都投入到学习内容和学习方式中，儿童也需要游戏。通过区角活动（activity centers），幼教机构为儿童提供了大量的游戏机会。

（一）学习的基础

游戏是儿童勇于探索、践行自身想法的基础。教师期望儿童能了解自身和周围世界，获得解决问题的能力。教师设计课程时应将游戏作为学习手段，并用游戏来展现课程。随着儿童的成熟，他们会整合其游戏经验：游戏的起源——纯粹好玩——转换为知识的获得。儿童5岁时

* 学习风格也受文化和性别的影响。某些文化中，合作比竞争更为重要，当课程强调竞争时学生就会体验到文化冲突。

对磁铁的好奇，会发展成其日后的科学态度，也是其探索万有引力、天体运行、太空的基础。儿童3岁时能在集体时间自由歌唱，这可以使其在6岁时能主动参与幼儿园课堂表演。表10—5显示了游戏对于学习的重要意义。

图10—4　游戏有多种形式，能增进友谊、促进学习。

表10—5　游戏是学习的基石

认知/语言 区别现实和想象 创造性思考和好奇 思考、制订计划 发展记忆力、观察力，促进概念形成 学习扮演他人角色 掌握知识、整合学习 学习沟通技能 发展倾听和口语能力 **创造力** 运用想象、培养假想能力 灵活思考和解决问题 实现独创想法 学习冒险精神	学习运用感官进行探索 在建筑和美术媒体中重新创造新形象 提高敏锐观察的能力 提供多种经验 学习在美术、音乐、舞蹈中表现自我 提高影像创造和符号使用的能力 获取其他观点 **社会性** 尝试体验其他性格、角色 学习合作与轮流 学习领导与服从 建立一套社会语言 学习用言语表达需求 表现自身的文化、传统和价值观 学习社会规则和团体责任

展现对他人所有物、权利的尊重
学习认识他人
学习如何加入一个团体
察觉自己是团体中的一分子
产生自我认同
促进自我形象、自尊
获取经验、乐趣

身　体
释放精力
发展精细和粗大动作技能
获得身体控制能力
迎接挑战
需要肢体运动
希望重复和实践
精练眼—手协调
发展自我意识
崇尚健康

情　感
发展自信与自尊

学习采纳不同观点
解决内在恐惧与冲突
对自己和他人建立信心
展现儿童的个性
学习自治
学习探索
表现愤怒、诚实、挫败和欢乐
能自我控制
在几个领域表现出能干
能积极进取

（二）教师在游戏中的角色

有的成人喜欢在课堂里与儿童嬉戏；有的成人认为作为儿童的积极观察者感觉更舒适。但是，所有的教育情境都要求教师一定程度地介入儿童的游戏。一个犹豫不决的儿童需要获得帮助才会参与一个游戏；儿童可能沉陷于某次争论而很难独立解决；游戏有可能会因为被某个儿童胡乱利用或受其支配而变得不适宜。

维果茨基提供了参与儿童游戏的另一些理由，尤其是在教学的自然互动关系中（见第四章）。学习是人际性和合作性的，这一信念被瑞吉欧教师用实践加以说明（见第五章和本章后面内容），他们引导和支持儿童通过投入游戏而学习，并知晓哪些策略能最有效地帮助儿童获得下一阶段的能力，即最近发展区（zone of proximal development）。瑞吉欧的课程找到了维果茨基的个体探索观点与支持性探索之间的适宜联结。教师的角色是一个平衡者，要在促进儿童发展和利用教育契机促进儿童未来学习这两者之间取得平衡。见表10—6关于支持游戏的指导原则。

表10—6　支持游戏：帮助儿童在游戏中学习

一位优秀教师在进行支持游戏时应该采取如下原则：

1. 引导游戏，但不是介入游戏去主导或支配游戏情景，或压制儿童。

2. 采纳儿童的想法和观点；不强加观点给儿童。

3. 必要时示范游戏。例如，向儿童展示特定角色该如何扮演、如何请求轮流游戏、钉东西时怎样拿榔头。示范解决问题的方式，鼓励儿童尝试自行解决问题。

4. 提出问题；对儿童说明发生的事情。

5. 帮助儿童开始游戏、结束再重新开始。对儿童进行口头指导，帮助儿童实施自己的想法。

6. 注重儿童之间的彼此关注；鼓励儿童之间的互动。

7. 必要时大声解释儿童的行为；发生冲突时，帮助儿童说出自己的感受。通过陈述和提问，引导儿童的探究和调查，并借此拓宽游戏的潜在价值。

你的观点是什么？

关于“游戏是否是幼儿教育的必要组成部分”这个激烈的争论话题，你的观点是什么？当一位小学一年级的教师认为游戏花费了太多时间时，你的反应是什么？如果为孩子报名入园的家长质疑为何花那么多时间在游戏上，你该如何回答？

（三）设定游戏阶段

1. 建构环境

要建构游戏的环境，教师需要设定一段不间断的时间（至少45分钟到1个小时）进行自由游戏。不受时间的约束和限制，儿童能够对课程的多个方面进行探索。当儿童深深地投入到游戏之中时，中途的打断会让儿童非常沮丧。

在日常作息表中加入游戏时间，使其成为日常例行作息。游戏中的材料——玩具、游戏器具、设备等，需要定期更换，新材料能给儿童提供更多的挑战。*

开放性玩具更有助于游戏的拓展和延伸。开放性玩具能拓宽儿童的学习机会，因为其往往有不止一种的使用方法。积木是幼儿教育课程中的常用材料，就是一种开放性玩具。年龄小的儿童都可以搬动积木、叠起来，然后放在推车或卡车里；年龄大些的儿童则可以搭建多层的建筑物，将其作为角色扮演中的一部分。

2. 教室里的角区活动

第九章呈现了绝大多数幼儿教育机构中的区角活动。与特定游戏材料和学习材料相配套，丰富多样的区角活动和学习活动中心能给儿童提供多种游戏选择。区角活动的数量必须充足，保证每个儿童有两种以上的游戏机会。

在自由游戏时间——幼教机构里最棒的时间，所有的区角活动场地要提供活动和材料供儿童选择（见第二章有代表性的一日生活作息表）。教师筹划活动所需的资源和材料，并将其放置好，这样儿童能发现多样化的材料使用方法。有的区角活动由教师主导（teacher-directed），比如在娃娃家制作点心，在美术角进行指印画，用积木搭建城堡等。但大部分的活动都是儿童自发形成，并由儿童主导（child-directed）的。无论何时，教育的重点都应是提供一种以儿童为中心的课程。

四、课程设计必须考虑的因素

（一）帮助儿童获得技能

课程的目的是帮助儿童掌握技能、提高行为能力，从而促进儿童在身体、社会性、情绪和智力方面的理想发展。第十一章呈现了更深入的例证，说明儿童在各发展领域需要掌握的技能。在此，我们将重点放在创建一种能提升各发展领域的课程上。

创建课程时，考虑儿童各方面的发展技能和广泛的兴趣是关键性因素。因为即使是同一年龄段的儿童，其能力也存在差异，设计的活动必须具有开放性而又富有弹性，以适应大量能力不同的儿童。同时请记住，对于正式的或系统性的美术活动以及科学活动，有的儿童可

* 选择放置在教室里的材料时，应该注意让儿童接触多样化形象（如男护士、女建筑师、非洲裔美国物理学家），而不是促进和强化现有的定势看法。这些材料可以去购买，或者教师自己制作相册和海报。

能不感兴趣。这些儿童在自行选择的游戏中能更轻松地学习，比如戴着安全帽式的太空头盔幻想登陆月球的旅行，长时间地搭建积木，或者进行户外的跑动和攀爬活动。

在决定何种活动会吸引儿童时，第三章呈现的0～6岁儿童发展特征列表会很有用。

（二）关注各发展领域

1. 身体动作

儿童学习动作技能需要实践；他们必须先学习简单的技能，然后将简单技能综合成复杂活动，并花时间不断尝试、精练、再尝试。练习对于儿童的重要性就如同对戏剧演员一样。通过游戏，儿童就能练习：

精细动作技能（fine motor skills）

- 握住水彩笔、剪刀或拨浪鼓
- 随音乐踮脚走路
- 抓住一个瓶子、一只手、一个玩具
- 穿引串珠或大针孔
- 扣纽扣
- 吃东西、梳头发

粗大动作技能（gross motor skills）

- 荡秋千时握紧绳子
- 爬树
- 铲土
- 单脚在板上保持平衡

任何一群儿童都会有不同的动作发展和身体发展水平。儿童在粗大动作、精细动作和感知动作上的能力都不相同。因此活动应该考虑几种发展水平。游戏材料和设备如球、攀爬架、阶梯等，都应适应不同的能力水平（尤其是班上有身体残疾儿童）。攀爬架可以设置几种不同的高度，拼图从6片到60片的都有，这是教师如何满足儿童获得成功需要和挑战需要的两个范例。

身体发展和动作发展应该在课程设计中占据中心地位。它应该是事先计划好的，也应是自然而然形成的。儿童一日生活最多的时间应该花在体能活动中。优质的幼儿教育也认识到了这一点，给儿童提供了多种多样的锻炼身体动作技能的机会。室内，儿童可以用拼图、剪刀、缝纫用具，锻炼其精细动作技能。他们伴随音乐跳舞，并舞动彩带和旗帜，伴随着身体意识的感知动作发展（perceptual motor development）往往发生于儿童学习音乐游戏（如“脑袋—肩膀，膝盖—脚指头”）或指印画时。户外，通过攀爬、荡秋千、跳房子、投环等游戏，儿童能不断精练其粗大动作技能。表 10—7 列出了能促进各年龄段儿童身体动作技能发展的多种材料和设备。

表 10—7 有助于提高儿童身体动作技能的玩具和游戏

身体动作技能类型	婴 儿（零岁至 1 岁半）	学步儿（1 岁半至 3 岁）	学龄前儿童（3 岁至 5 岁）	小学低年级（6 岁至 8 岁）
移位动作： 走 跑 跳 单脚跳 跳远 跳高 攀爬 快跑 滑动	身体移动的安全区域 能滚动的球 悬挂的弹跳椅 有轮子的学步车 简单的障碍物	学步推车 推拉玩具 跳舞 宽的平衡木 学步儿体操阶梯和滑梯 拉圈圈游戏	跳跳球 雪橇 滑雪板 弹簧垫 轮式溜冰鞋 跳绳 平衡木 攀爬架 跳舞	跳绳 轮式溜冰鞋 攀爬绳 翻筋斗软垫 跳房子
非移位动作： 推 折弯 平衡 伸展 滚动 转 扭	大而安全的探索区域 父母或照顾者游戏：支撑、推手臂和腿 坚固的推压玩具 软质枕头障碍物	敲打板 简单的低摆动木马 骑乘玩具 学步儿秋千 大的垒高拼装玩具 坚固的玩偶推车 四轮车 建筑物通道 积木 可推式汽车、货车	购物车、娃娃推车 单轮推车 脚踩玩具、三轮车 耙、铲子 滑梯 秋千 拳击沙包	儿童踏板车 两轮脚踏车 雪橇、平底雪橇 运动软垫 杂技材料 游泳用的潜水镜 吊单杠

操作性动作： 握 丢 抓 踢 接或移动 弹	婴儿床上的可移动物品——可用脚踢动的物品、手摇铃、乳牙环 小床活动板 柔软的泡沫、海绵积木 能发出响声的串珠 能漂浮的洗澡玩具	各种球 堆叠、巢穴式玩具 地上玩的游戏盒 形状分类器 粗大的蜡笔 大木板和夹子 水桌、沙桌	蜡笔、彩笔 橡皮泥、面粉团 保龄球游戏 拼图 木工工具 各种球 镶嵌板 水桌、沙桌	棒球手套和球棒 抛接环游戏 各种尺寸的球 大尺寸球棒 飞盘 拍手朗读游戏

2. 认知发展

教师要为儿童的各种认知能力设计相应活动，以确保能够挑战儿童的思维。表 10—8 呈现的是教师全面的提问和回应是如何促进儿童的认知发展的。儿童越被鼓励自我思考，其认知能力就发展得越好。图 10—5 呈现的是一个范例，显示了如何发展分类能力。

表 10—8　教师的语言会影响儿童认知能力的发展

能　力	教师的做法
探究	●提问，让儿童陈述他们的谈话内容。 [范例]“关于天竺鼠，你发现了什么?” ●如果问题比较笼统或儿童回应很少，尝试提更加具体的问题。 [范例]“你听到什么声音了？当你摸它时，你发现了什么?” ●问儿童是如何发现答案的。 [范例]“你是怎么知道大理石不能从斜坡下面向上滚的?” ●提出能让儿童详述过程的问题。 [范例]“你能告诉我们关于布娃娃的其他事情吗?”

能　力	教师的做法
社会知识	●尝试不回应儿童尚未声明的需求。 ［范例］“你想要什么吗？我可以帮忙吗？” ●帮助儿童发现他们需要什么，让儿童学会如何提出要求。 ［范例］玛丽：“我在想谁可以帮我系鞋带？” 教师：“我也是。如果你希望有人帮你系鞋带，你可以说：‘你可以帮我系鞋带吗？’” 玛丽：“你可以帮我系鞋带吗？” 教师：“我很乐意。”
分类	●提出有助于儿童关注物体、发现差异和细节的问题。 ［范例］当儿童烹饪时，提问： “我们要把桌子上的哪些东西放进碗里？” “哪些东西是塑料做的？” “哪些食物要放进烤箱里？” “桌子上的哪些东西是用来测量的？你是怎么知道的？” “现在仔细看——你在测量杯上看到了什么？” “这些小红线表示什么？”
空间关系	●对儿童提到的或感兴趣的物体，询问其准确位置。 ［范例］“你说你在哪里看见了鸟巢？” “你可以在柜子里找到另一个订书机，它放在第一个抽屉里面。”
时间概念	●对儿童使用精确的时间。 ［范例］教师：“等一分钟。” 米罗：“是真正的一分钟，还是‘等一下’？” 教师：“你说得对。我现在和菲比在一起。我等一下就帮助你。”

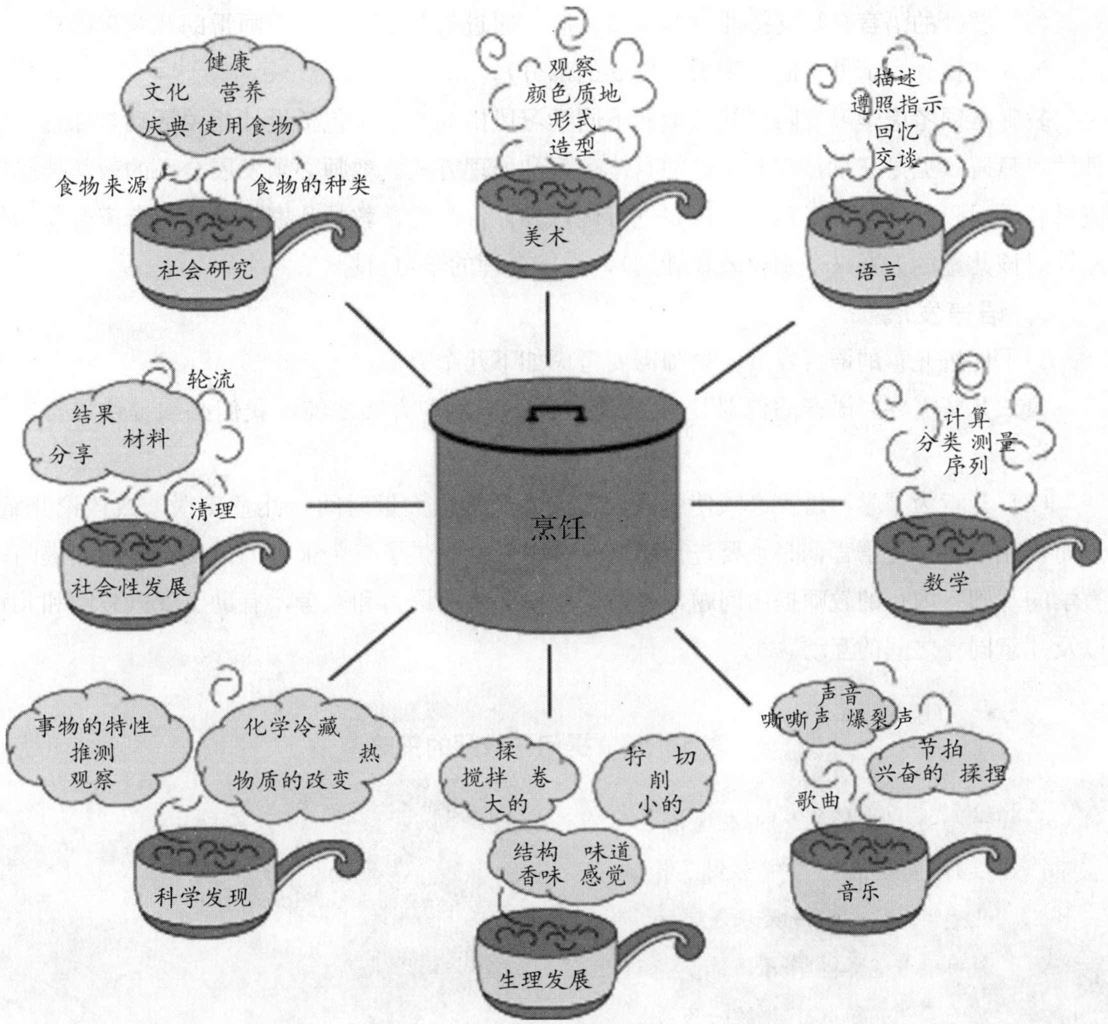

图 10-5 每一个活动（如烹饪）都能通过课程促进儿童的认知发展。到市场去采购食物的户外活动就是一次有关分类和计算的体验。

想要促进儿童的认知发展，教师应该记住如下几点：

（1）教育就是探究。在让儿童与环境互动时，教师应是信息的资源和支持者，而不是提供答案或命令的人。在方案课程（project approach）中，教师可引导儿童在数周内探究某个主题或问题（如影子、房子、建造桌子等）。

（2）儿童的思维方式与成人不同。儿童有自己的思考和感知方式。他们是基于感知具体事物的思维，立足于自身所见所感来得出结论。

（3）儿童的思维是合理的，需要得到尊重。教师可提出问题激发儿童更深入地思考，提供探究材料，从而支持儿童的思维过程。

（4）教师的语言必须支持儿童的认知发展。通过与儿童互动，教师帮助儿童正确使用单词、词汇和概念（请见下面关于语言发展的部分）。

教师必须考虑学习有障碍的儿童和不同学习风格的儿童，包括设计相关活动与课程。每种学习障碍（见第三章）都有自己的具体表现和处理方式。教师必须发展全面的教学技能以应对有学习障碍的儿童。对学习障碍进行确认和评价之后，教师和家庭需要与专家合作，拟定针对该儿童的方案（个别化教育计划），设定合理的学习目标。

3. 语言发展

为了促进儿童的语言发展，教师需要考虑如下几个方面：

（1）儿童需要“语言的包围”。在讨论“文字丰富”方案之前，我们必须提供语言丰富的环境。

（2）儿童为了学习语言必须使用语言。成人经常花大量时间与儿童交谈，或谈论儿童。然而，儿童要学习语言，必须要进行交谈。表10—9提供了一个很好的范例，表明了提问是教学的基础。内行的教师提出问题，有助于激发儿童的语言和思考，有助于促进教师和儿童以及儿童同伴之间的互动。

表10—9　提问：教师的策略

一个6岁半的儿童正在观看一张花海的照片。
教师：“你在照片中看到了什么？”
儿童：“花……一大堆花。”
教师：“观察得很好。你觉得这里有多少花？”
儿童：“不知道。大约一百朵。”
教师：“你认为只有一百朵吗？再仔细看看。”
儿童：“可能，也许更多吧。”
教师：“好，那么你认为有多少花？”
儿童：“大约一千朵。”
教师：“一千比一百要多很多。这个数字更加准确，因为一千和一百有很大的差距。”

（3）口语能力强的儿童容易在语言互动中占据主导。找出并支持语言发展能力较低者，可以通过如下个别化方式提升其能力：①读懂他们传递想法、需求和情感的非口头语言（肢体语言）。②帮助他们用口语表达自己的观点、需求和想法。

（4）成人应该了解每个儿童。教师必须与每个儿童建立有意义的关系。这包括了解儿童的父母及其与儿童交流的方式。

（5）将家庭语言引入课堂。“对家庭语言的解释十分复杂”，昌（Chang）认为，“语言和文化紧密相连，因为一个种族的语言是向后代传递习俗和信念的桥梁……儿童的母语发展可以帮助儿童获得学业上的成功，并最终提高儿童的英语能力。”（见附录中 NAEYC 提出的有关语言和文化多样性的声明）

（6）方言的差异有助于拓宽教师的语言。方言与家庭语言一样，是儿童文化和身份认同中的重要部分。

（7）有些儿童可能存在说话和语言障碍。虽然教师不是语言治疗师，但仍有可能早期发现和干预儿童的说话障碍和语言障碍。

（8）教师的语言影响着课堂。教师的话语以及教师说话的方式非常重要。为了确保所有儿童都体验到谈话的艺术，教师必须给儿童提供大量与同伴、成人交谈的机会，帮助儿童理解沟通的循环性特征，询问他们正在做什么，并用语言描述儿童的行为或活动。表 10－10 列举了一些教师鼓励儿童语言发展的语言范例。

表 10－10　促进儿童语言发展的课程设计：教师的话语

描　述

- 提到人物、地点和事件时使用名词：“我们现在要去看奶奶。这就是说我们需要穿好衣服，并走着去她的公寓。”
- 使用修饰语：“外面的卡车是你舅舅的吗？”“你能找到你妹妹的泰迪熊吗？”
- 使用关系词：“你比椅子高。”“推车比床宽。”
- 用更具区分性的词汇解释差异：尝试用“胖/瘦”“高/矮”，取代只用“大/小”。

叙　述

- 描述简单的时间关系：“昨天你待在家里。今天是来幼儿园的日子。明天是星期六，是不上幼儿园的日子。”
- 理清事件的顺序：“当你来幼儿园时，首先将你的东西放进贮物架，然后选择室内活动。”
- 用词汇描述重复性、连续性、已经完成的事件：“我们又要去商店，买晚饭的食材。”“我看见你今天还是和朱安娜一起玩。”“上次你把箱子建好了，现在你可以开始给它涂色了。”

解　释

- 指出相同点和不同点：“凯西和我都是褐色头发，我们之间的不同之处是什么？对了，她穿短袖衣服而我穿长袖衣服。”
- 将你的所见进行分类，要求儿童也这么做：“我注意到这些贝壳的外面都有凸起的东西；你看到它们有什么不同？”

4. 情绪发展

在幼儿时期，儿童学会面对新情境，并与教师建立联系，这两者都是情绪体验。优秀的教师会激发儿童积极的情绪反应。积极的情绪状态有助于提高儿童的学习能力。儿童尚不受社会标准的限制，因此他们的自我表达通常都很诚实、真实。幼儿期的儿童要学习的主要技能就是管理情绪、掌控变化、练习判断的能力，以及过得快乐、肯定自我。表 10－11 呈现的是儿童体验到的一些情绪和儿童表达情绪的方式。

表 10－11　儿童情绪的表现方式

情　绪	行为表现
1. 恐惧	脸色苍白、眼神警觉、嘴唇紧抿、身体僵硬
2. 惊讶	睁大眼睛、眉毛提起、不自觉地哭或尖叫、倒抽一口气
3. 愤怒	脸色涨红、瞪大眼睛、表情紧张、握紧拳头、咬紧下唇、声音刺耳或音调高、动作幅度大
4. 快乐	微笑、眼神明亮、自然轻松的身体动作、大笑
5. 骄傲	头高高昂起、微笑、步幅大、有宣布和命令的意图
6. 窘迫	脸红、眼神害羞不敢直视、紧闭嘴唇、身体紧绷、动作小而急、说话声音小
7. 悲伤	不笑、嘟嘴、眼神呆滞充满泪水、哭泣或揉眼睛、脚步沉重、动作小而缓慢、声音小而发颤
8. 焦虑	皱眉、脸色苍白、紧闭嘴唇、声音琐碎、动作急促、注意力难以集中
9. 好奇	挑眉、睁大眼睛、接触到好奇的事物时身体可能紧张；经常动手去触摸物体和将其捡起来；有时目瞪口呆

当我们观察儿童的行为时，我们就会理解儿童如何表达情绪。恐惧、愤怒、悲伤、厌恶和快乐的表达方式是世界通用的，早在理解语言之前，儿童就能辨别和理解他人的面部表情。有能力的教师能够设计出有助于提高儿童情绪能力的课程。表 10－12 是一个聚焦感受、促进儿童情绪能力发展的课程活动。

感官材料为儿童提供了自由练习感觉动作、操作材料的机会。因为儿童在开放性活动中非常放松，他们使用感官材料时经常分享彼此的感受。

表 10—12　聚焦感受、促进儿童情绪能力发展的课程活动

情绪能力发展	课程活动（感官材料的运用）
自　尊	
1. 认同感："看看我能做什么——我可以弄出这个声音，可以提起这么重的东西并且移动它。"	●使用天平测量大小不同的石头，当儿童在其四周移动物体时能触摸到并听到石头发出的声音。
2. 关联性："我做的蛇和你的一样；我们都能做蛋糕。"	●具延展性的材料如面粉团，可以先单独使用，之后加入工具。
3. 独特性："我在倒我自己的东西；你在滴你自己的东西；她从手指缝里把东西挤出来。"	●制作一种固体和液体的混合物，分装在小器皿中给每个儿童。儿童可以用自己的方法玩它。
4. 能力："我可以让水流到我想到的任何地方；注意我做的波浪。"	●玩水给儿童提供了选择：倒入任何容器中，填满容器或倒出来，用漏斗或管子喷水，制作波浪，把手溅湿。
管理感受	
1. 辨别（注意到并分辨出）："它感觉起来是不是非常光滑？它柔软又舒服吗？"	●画指印画时，教师可以描述儿童的感受。儿童操作材料时，可以借由教师的描述而辨别自己的感受。
2. 掌控（接受）："她拿走了你的面粉团，这让你很生气。你可以告诉她，你不喜欢她抢走你正在用的东西。"	●无论是黏土、肥皂水还是细沙，这些感官材料在使用时，所有权话题就会出现。因此，教师应该回应儿童的感受，帮助他们为自身感受负责。
3. 表达（适宜表现）： 儿童："迪米拿走了所有的大图片。" 教师："那你怎么让她知道你想要一张图片？" 儿童："而且她还打到我两次。" 教师："如果你觉得太挤了，你应该告诉她。"	●当儿童开始使用感官材料时，他们需要与他人沟通。交流的话题通常是关于需要更多的材料和个人空间。
4. 感受（应对他人的感受）："耶！哦！嗯！哈！"	●当儿童在感官活动中彼此分享感受时（如分享在铺满小石头、细沙的池子中走路的感觉），如果与他人分享的是自己的快乐感受时，会是一种美好的体验。

5. 社会发展

幼儿教师的主要角色之一，就是看到儿童与他人有愉悦的社会性互动，并帮助想交往的儿童去接近他人。下面是提高儿童社会能力的有效策略：

- 设计并组织社会环境。一个集体性环境提供了与他人互动的方式，通常是一对一而非群体性的，强调过程而不是结果。放置两部电话、三辆推车以及八个消防帽，这都利于促进儿童之间的互动。
- 帮助儿童发展信任感。信任的建立有助于人际关系的形成。
- 促进儿童之间的互动、解释儿童的行为。为了帮助儿童相互理解，并为儿童之间的持续合作铺好道路，教师应该报道发生的事情并作出回应。表 10—13 列举了在课堂里的活跃的自由游戏时间，教师可以对儿童行为进行回应的范例。

表 10—13　教师对儿童行为的回应

对儿童行为的回应	语　言
当一个儿童的行为影响到另一个儿童时，给予提醒。	“瑞迪，你叫那么大声，别的孩子会被吓着，而且不敢和你玩。”
对儿童积极的社会行为进行肯定。	“丹尼达，你能小心地走过别人的积木作品，我很喜欢。”
支持儿童维护自己的权利。	“韦伯，克里斯特抓着娃娃不放是因为她还没有玩完。”
支持儿童独立自主的愿望。	“奇亚达，我知道你想要去帮忙，但是珊妮正尝试自己穿上外套。”
告知并帮助儿童与他人互动。	“欧马也想要玩。所以他才会给你一桶水。有他可以帮忙的地方吗?”
回应儿童的深层感受及其表现形式。	“我知道乔治让你非常生气，因为他拿了你的海绵，但我不同意你向他泼水。你要怎么告诉他，他才会知道你不喜欢他这么做呢?”

在创建有助于社会互动的课程中，教师的角色职责就是提供场地，然后观察儿童的反应。这是一个敏感的角色。表 10—14 列出了教师确保儿童互动成功的可行与不可行的一些做法。

表 10—14　儿童社会能力的提高：教师的角色

可　行	不可行
●尊重儿童个体的时间表和感受。 ●建立权威和可信度。 ●简单而直接地表明自己的期望。 ●用积极词汇重新说明儿童的特征。 ●鼓励儿童控制自己的冲动。 ●期望儿童获得良好感受。 ●推行基本规则。 ●混合：让儿童一个接一个地安排好事物。 ●移动：人、玩具、你自己。	●进行比较。 ●实施无作用的威胁。 ●犹豫。 ●使教师和儿童之间的互动都围绕着错误行为。 ●用直接否定的方式去激发儿童做事。 ●失去幽默感。 ●采用死板的课程限制社会互动的机会。
对于你所做的每一件事都要提出疑问：这一做法能适用于更多的儿童吗？	

合作是儿童在幼儿时期需要学习的重要社会能力。这种社会技能可以通过课程得到提高。表 10—15 显示了经由课程促进儿童合作的方法。

6. 创造力

下列是课程中鼓励儿童创造的一些方法：

（1）不断提供可利用的、丰富多样的材料。美术角是美术家的工作室。它位置便利，容易进入，发展适宜性材料放置有序、摆放良好。美术角有六种以上的基本美术材料，包括标记符号的工具，不同形状、大小、材质的纸张，可以造型的材料如黏土、面粉团，切割用具、固定物及配件如剪刀和线，绘画用具，拼贴物等。对于有特殊需要的儿童，不能过分强调美术活动的价值。表 10—16 提供了美术活动适应有特殊需要儿童的建议。

（2）给儿童提供创造机会和创造的必要技巧。创造力不能照着时钟走。日常作息、过渡活动和集体活动必须控制好，不能经常阻挠儿童的创造活动。我们必须要考虑儿童自己对时间的感觉和个体的节奏。当儿童想学习创造技巧时，教师可以教给儿童必要的技巧，如描摹与切割。

（3）鼓励发散性思维。“儿童只需要让自己满意……当你呈现材料时，请忘记你打算让儿童如何使用它们。”创造无所谓“对”或“错”，儿童可以自由创造。

（4）避免提供榜样，或给儿童提供模仿的范本。这对儿童来讲是一种羞辱，因为面对教师做得如此好的事物时，儿童会觉得自己能力不够。

表 10—15　通过课程促进儿童合作的方法

合作

语　言

设计并演出一个自己最喜欢的故事。
一起在视听区选一个故事。
学习用手语表达“我爱你”。
模仿某人的动作、舞蹈和搭建的积木。
制作一张“我能分享什么”的图表。
讨论如何共同使用新的玩具、设备，
保证每个儿童都有机会轮流玩到。

社会研究

全班做一件礼物送给医院、敬老院。
为当地图书馆创造一幅美术作品。
幼教机构集会活动时卖自己做的烧饼。
替教师和大家跑腿。
形成戏剧表演主题：鞋店、医院、医生、生态。
收集可回收物品并进行分类。
户外散步去城镇的资源回收站。
写一封有关劣质产品的“抗议信”。

科　学

照顾教室里的宠物。
进行集体烹饪活动。
设计和培育花园。

户外活动

别人荡秋千时在旁边推。
推坐在推车里的朋友。
给鸟喂食。
布置保龄球道，包括安放木瓶。
设计一个闯关障碍课程。
玩跷跷板。
集体跳绳。
玩“跟着领袖走”游戏。

音　乐

每天一起歌唱。
组一个打击乐团。
两三个人一起跳舞。
用降落伞跳舞。

环　境

每天清理作息表。
两个儿童共用一个文件柜。
从家里带点心来分享。
两个以上的儿童共用一张桌子。
用大盆子装一些材料，儿童需要共用

美　术

把其他人的身形绘在纸上。
共用糨糊和粘贴材料。
共用颜料。
制作一幅壁画。
制作垃圾袋。
创作一幅壁画，每个儿童画一部分。

游　戏

玩“西蒙说”游戏。
玩硬纸板游戏。
玩纸牌游戏。
玩“宾果”游戏。

表 10—16 让美术活动适应有特殊需要的儿童

——对视觉障碍儿童：

- 口语描述材料以及它们该如何使用。
- 采用槽条方式标明视觉界线。
- 提供与纸张颜色对比强烈的画。
- 缓慢推进，并鼓励儿童操作教师提到的物品。

——对听觉障碍儿童：

- 示范过程，面对着儿童并用手势进行强调。
- 需要时使用手语。

——对身体缺陷儿童：

- 确保去美术区的路径清楚。
- 提供适宜的美术工具如粗蜡笔、大色笔。
- 提供左右手都可以用的剪刀。
- 魔鬼贴可以粘在画笔或其他工具上。
- 用纸张制作拼画。

——对多动症儿童：

- 提供他们需要的材料和场所，尽量减少等待和拥挤。
- 提供表达感受、发泄精力的材料，如面粉团。
- 限制儿童，允许其做小范围的选择，而不是主宰其在美术区的所有活动。

(5) 帮助促进沟通。

教师："你们认为我们该如何共用秋千？"

大卫："让我玩的小朋友可以来参加我的生日聚会。"

莎娜："这不好。我们应该制作一份顺序表。"

谢娜："只有女孩可以玩秋千。男孩可以玩所有汽车。"

福迪："买一套新秋千。"

(6) 与儿童谈论他们创造的作品。席尔马赫尔（Schirrmacher）告诉我们，相较于对儿童作品进行赞美、评价或提出问题，谈论儿童作品这一方法更为有效：

● 让儿童发挥自己的艺术鉴赏力，不会受到教师的比较和纠正，避免将教师的想法灌输到儿童作品中。（教师不需要问"这是什么"或者说"我很喜欢它"。）

● 不在儿童作品中寻找表征方式，转而关注作品中的抽象物和作品设计的质量。（"我看见弯曲的线都顺着一边向下。"）

● 采用回应性语句。（“是的，这里一大片蓝色!”）

● 微笑、停顿，先不要说什么。

(7) 让儿童从始到终都自行掌控。请注意如何纠正儿童的激烈话语，而不会使教师偏离重点。

儿童：“怪兽要把你们都抓起来吃掉。”

教师：“你用木头做的怪兽啊。”

儿童：“是啊，这是送给我爸爸的。”

教师：“我们把它放在角落，这样你爸爸来接你的时候它就已经干了。”

(8) 在课堂里将创造性和学习整合起来。幼儿教育理论家如杜威、皮亚杰和蒙台梭利（参见第一章）都提倡通过实验和发现来进行多感官参与的学习。

(9) 教师的时间安排和态度会激发创造力。不要拖延；儿童希望马上看到结果，将其想法即刻付诸行动。“认真倾听每个孩子的想法，努力给孩子提供他们想要的东西。我尽量不说：‘我们今天不做这个’。”伯斯（Bos）这么说道。提供充足的时间让儿童准备某个戏剧，购买所需道具，或者帮助找到演员和观众。幼儿期是“最初态度形成的时期……如果每个人的贡献都受到欢迎、追求改变并制造变化，那么幼儿园就会成为一个有趣的地方。”

（三）课 程 设 计

课程是将教育理论运用于实践的过程，这就要立足于儿童的兴趣与需要。课程的形成过程始于学习目标的设定。教师所设定的学习目标要基于儿童发展知识，教师对班里每个儿童的了解，以及幼儿教育的相关理论。幼儿教育的目标必须反映在幼教机构的教育理念之中。课程、材料和活动必须为幼儿教育目标服务，实现这些目标。

图 10-6 设定学习目标，就要先了解儿童的兴趣和需要。

1. 指导原则

课程的形成过程首先要了解学习目标有哪些，然后选择最迫切的学习目标。使用可利用的资源，教师为儿童设计有效的课程。下面是完善的课程设计所经历的五个步骤：

（1）设定目标。决定你想要让儿童学会什么。你想要儿童对自身获得什么认知？对他人获得什么认知？对世界获得什么认知？清晰地设定目标，最好采用行为动词进行描述，以便于对目标实现程度进行测量。

（2）列出优先顺序。列出 3～5 个你认为非常重要的目标。说明你这样选择的原因。这样你的价值观和教育理念会更为清晰。

（3）了解资源。内容丰富、成功而富有创意的课程要依赖大量的资源。例如，要在戏剧表演区建立一个医疗诊所，你就需要下列资源：

- 材料：如听诊器、X 光机、压舌板、绷带、医生制服和口罩等道具。
- 人力：邀请在医疗诊所工作的家长或社区居民来访问班级。*
- 社区：户外散步去邻近的诊所、医院或牙科诊所。

（4）提前设计。定期留出时间来设计课程。可以是每周、每月或每季度进行。除了讨论日常作息以外，还要讨论课程活动，以便将两者整合起来。表 10－17 呈现了周计划格式。

表 10－17　周计划格式

目标：了解儿童的感受，能用适当方式表达感受。					
周次：					
改变环境 ●用柔软抱枕布置出一个阅读角，并将口袋书挂起来，这样儿童可以坐着看书。 ●增添一些积木，让儿童可以一起搭积木。 ●在游戏区域添加一些医疗道具，因为爱迪接下来要看很多病人。 ●更换并清洗玩具。					
本周计划的特别活动					
	周一	周二	周三	周四	周五
室内探究和发现的机会	提供苹果酱——让儿童将果酱抹在饼干上	制作面粉团	玩面粉团	指印画 唱与感受有关的歌曲	指印画

* 让在职父母或某领域专业人士参与教育，这是一种富有支持性而有意义的方式，能够帮助成人更多参与儿童的学习。

户外探究和发现的机会	用水作画	吹泡泡	吹泡泡		走去图书馆听故事
日常作息的变化	邀请儿童帮着准备餐点、安置餐桌。看看这是否能够让儿童的午餐进行得更加顺畅。				
家庭参与	●与关心维力在园打人的家长联络。 ●请教邱尼雅的家长，当邱尼雅的姐姐打她的时候，他们是如何处理的。 ●与所有家庭分享积极指导儿童的新文章。				
需要做的	●向玩具图书馆借一套积木。 ●为所有家庭复印有关指导行为的文章。				

（5）评价。关注课程设计实施的结果，认真思考：哪些设计实现了，为什么取得了成功？哪些设计没有实现，为什么失败？看看你期望实现却没有实现的设计部分，想想如何对其进行改进，你能作哪些调整。评价应该是及时的、清晰的、支持性的。教师需要获得有关课程设计和执行能力的反馈信息。如果课程经过修正更为成熟时，儿童的需要就能得到最好的满足。表 10—18 是课程活动的评价格式。评价日常活动，可以让教师将评价作为课程设计的工具。虽然不是每一个活动都需要这种每日检查的方式，但认真的设计和评价有助于达成有效的课堂。

表 10—18　课堂活动评价

活动名称：________________

参与的儿童人数：________ 是否有儿童排斥此活动？________

儿童的参与度如何？非常投入________ 短暂投入________ 仅仅旁观________

儿童的反应怎么样？描述儿童的言语和行为：________________

____

____

____

____

你如何吸引儿童参与活动？如何维持他们的兴趣？________________

____

____

____

____

你对此活动成功度的评价？较差______ 一般______ 良好______ 优秀______

为什么？______

需要哪些能力和技巧？儿童展现出这些能力了吗？______

______

______

本活动哪一环节最成功？为什么？______

______

______

描述出现的困难。写下原因，并说明如果困难再次出现你会如何处理。______

______

______

______

如果再次进行本活动，你会作什么调整？______

______

根据你自己的评价，下面你会设计什么样的活动？______

______

______

将本活动与你的目标和期望进行比较。______

______

2. 书面计划

在课程形成过程中，书面计划非常有助益，尤其对于新手教师而言。书面计划是一个有组织的工作作息表，一个实施草案，一个课程框架。书面计划包括活动列表、儿童学习目标、教育方法或过程、教师的职责、时间安排，以及其他特别注意事项。课程可以是针对一天、一周、一月而设计的，也可以是围绕某个单元或主题而设计。为儿童设计课程时，需要关注时间和儿童想法，表 10—19 提供的就是一个相应的活动设计框架。书面计划中可以包括兴趣中心的所有其他活动，也可以不包括。积木、手工材料和语言材料，连同戏剧表演区、科学区和数学区，儿童都可以取用。但有的教师在书面计划中，只呈现已设计好的学习活动和教师主导的活动。

制订课程计划时，需要考虑两个重要因素：(1) 儿童的认知和理解程度。(2) 儿童对什么感兴趣。源于儿童兴趣和经验的课程最富有成效。儿童玩耍时，除了展示其错误概念和困感，还展示了他们的经验水平和相关信息。这些都为教师设计有意义的课程提供了线索。*

表 10—19 活动设计工作表

活动日期：________________
儿童年龄：________________
儿童数量（集体活动、小组活动、个体活动）：________________
使用的学习区角：________________
活动名称和简要描述：________________________________

活动目标

所设计的活动要教授的或促使儿童形成的概念、技能、认知或态度。将活动目标描述为可测量的目标。

所需的空间和材料：________________________________

步骤

按实施顺序描述活动。活动开始的建议：说明你为了激发儿童对活动的兴趣，要说的话和要做的事，让儿童知道他们将要做些什么。依照活动施用于儿童的顺序来叙述活动。活动在哪里进行？设计活动的结束部分。你如何帮助儿童顺利过渡到下一个活动？

指导

建立必要的行为限制和活动范围。预先设想活动中可能出现的问题，并想好处理办法。

评价和延伸

儿童对活动的反应如何？活动中哪些收到成效？哪些没有成效？本活动可以作哪些调整，以使其更富有成效或更加适宜？列出可能的延伸性活动，或者能巩固本活动目标的活动。

3. 教师主导的学习

看得见的教学行为比思考教育目标和儿童如何学习更为重要。教师主导的活动需要包含在课程计划之中。

本书认为儿童的主动学习有助于促进教学，儿童在课程设计中发挥着积极作用。但这并不是排除而是需要教师计划好的学习活动，以便更好地实现幼儿教育的目标。

教师主导的学习何时是适宜的？阿尔塞（Arce）认为如果材料相对复杂，或要学习的

---

* 富有文化敏感性的成人能够运用这些信息来设计活动，消除种族歧视、性别歧视和对残障儿童的偏见。

概念是儿童不知道的，教师主导就是一种适宜的教学策略。教授给儿童某种技能，如在蘸其他颜料之前先将画笔清洗干净，就需要教师的指导。表 10－20 是一个教师指导行为的连续体，包括教师指示和提建议的行为。表中所有指导策略都适用于某个时间，或适宜于某个儿童、某种活动或情境。

表 10－20 教学行为的连续体

非主导性教学行为	关注	关注儿童，并积极鼓励其继续投入活动。
	示范	通过暗示、提醒或其他指导方式，向儿童展示某种技能或者教师期望的行为方式。
	促进	提供短暂的协助，帮助儿童达成下一阶段的任务（如儿童骑自行车时，教师扶着自行车的后面）。
居中的教学行为	支持	提供物质上的协助，如一个自行车辅助轮，帮助儿童完成下一个任务。
	搭支架	设置挑战，或者支持儿童去做“接近能力边缘”的事情。
	一起完成	与儿童一起学习，或共同解决问题、完成任务，如搭建一个模型，或者用积木搭建某建筑物。
主导性教学行为	演示	主动演示某种行为，或投入到某项活动，让儿童观看教师的行动结果。
	指示	对儿童行为提出具体而详细的指示，不允许儿童行为有大的偏差和失误。

4. 反映文化的教学

如果儿童作为个体得到尊重，作为家庭和文化中的一员获得欣赏，儿童就会对自己和他人形成积极的态度。课程有很多反映文化的方法。有特殊需要的儿童经常能够使用普通幼教课堂里的绝大部分材料。采用被主流文化接纳的玩具、书籍、游戏材料，他们特别需要将他们的生活反映在幼儿园生活中。本书特别强调文化敏感性，尤其是第二章和第五章。班克斯（Banks）认为，多元文化中有能力的教师需要具备五种重要特质，这对于课程创建也是一种启发：

（1）有能力的教师会根据不同种族、民族、文化和社会阶层学生的特点，寻找相应的教育知识，如有关歧视、消减歧视的相关理论和研究，以及相应的教育方法和策略。

（2）有能力的教师会反思和澄清自身对文化遗产的认识，并了解这些认识与其他种族文化群体的想法有何关联。

（3）有能力的教师会反省自己对不同种族、民族、文化和社会阶层的态度。

（4）有能力的教师拥有做有效教育决策的能力，也有消减歧视、减少种族冲突的能力。

（5）有能力的教师会设计大量的教育策略和活动，帮助不同种族、民族、文化和社会阶层的学生，让他们取得学业上的成功。

表 10—21 展示了教师在为儿童创建适宜课程时，所要扮演的复杂角色。

表 10—21　创建课程时教师的角色

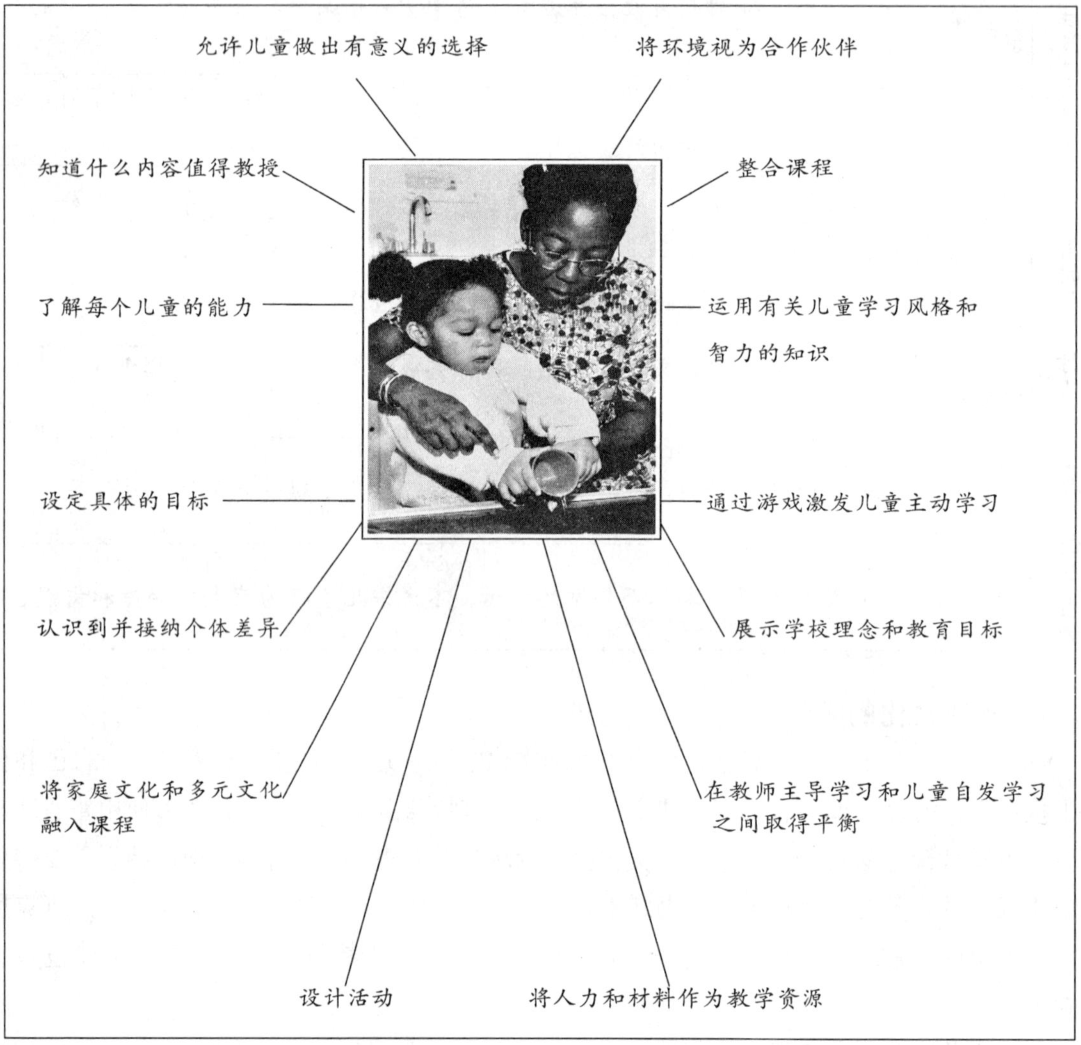

5. 主题课程和方案课程

(1) 主题课程

课程形成的传统做法是围绕一个广泛性、普遍性的主题或话题进行。虽然主题这一概念经常与单元的概念相互通用，但主题是单元中一个更小的部分，关注更加具体的话题。例如，一个关于身体的单元中，可以包含“我能用手做什么”这样一个主题。儿童对这种生活导向的主题特别感兴趣，如家庭与家人、宠物和动物等。

课堂的主题应该与儿童的兴趣和能力相呼应。对于一名城市儿童，课堂主题可与地铁、出租车、高楼有关。居住在休士顿或佛罗里达州的儿童可能对太空探索更有兴趣。教师要选择那些与儿童日常生活相关的主题，促进儿童与生活相关联的学习。

有的课程主题来源于儿童自身。所有儿童对于未知世界都会感到恐惧和好奇。例如，在万圣节以前，一个关于面具的主题就能够帮助并安慰儿童。选择一些功能性头罩，如医院口罩、滑雪罩、安全护面罩、潜水罩、脚踏车安全帽、摔跤护头罩、橄榄球护具等，让儿童试着戴戴它们，习惯自己外表的变化。他们可能觉得朋友的样子很好笑，对着面具改变的样貌发笑，但他们知道面具不会改变一个人。

表 10—22 是使用发展适宜性主题的课程设计范例，说明的是一个感官探索主题如何帮助学步儿在游戏中学习。

表 10—22　通过游戏进行学习的 1 岁半儿童课程

感官刺激			
目标：帮助学步儿开始探索，理解五官。			
	活动	小组重点	可选择的活动
星期一	肥皂画	猜猜看游戏：质地 区分软硬相似的物体	两三个儿童一起玩捉迷藏
星期二	玩水游戏	猜猜看游戏：气味 分辨瓶子里相似的气味	吹泡泡
星期三	指印画	猜猜看游戏：重量 区别重量相似的物体，如书或娃娃	散步去收集不同质地的材料
星期四	用昨天收集的材料制作拼贴画	猜猜看游戏：形状 采用形状拼图和形状配对盒	用不同乐器发出声音

星期五	玩面粉团	手抓食物：感受不同的质地、大小、形状	在大海报上印手足画

玩水是一种有趣而又积极的学习。

采用主题的方式可以发挥融合课程、整合课程、发展适宜性课程的诸多特征：

- 儿童可协助选择主题和设计主题，从而建构他们自己的学习。
- 选择的活动必须体现课程目标——儿童和教师的需求。
- 为了强调主动学习，最适宜的主题是那些与儿童生活相联系的主题。
- 主题方式促进了对某个话题的深入研究，很多学科知识都可以融入到各种活动中。
- 通过不同的教学媒介和教学手段，适应不同的学习风格。
- 主题方式非常灵活，能满足儿童的需求，容纳儿童有不同的反应。

采用主题方式创建课程时，节日是可供选择的主题之一。但这些主题经常被狭隘界定，成为孤立的话题。很多节日主题并不适宜于儿童的家庭。有的幼教机构选择不庆祝节日，但又被质疑是否是适宜儿童发展的做法——儿童该如何充分理解和解释美国的众多节日呢？有的幼教机构会邀请社区居民进园，将他们的特别习俗教给儿童们。值得注意的是，如果要庆祝节日，主流文化之外的节日都应被考虑在内。

（2）方案课程

方案课程是整合课程的缩影，它包含了整合性学习的所有重要特质，并且融入了多种学科领域。卡兹（Katz）将“方案课程”界定为：

对一个值得学习的话题进行深入调查，通常在班级中分小组进行，也可以全班进行，甚至一个儿童也可以进行。方案课程的关键特征是，通过研究和努力，寻找儿童提出的或教师提出的问题的答案。

方案课程主要是在几天或几周内探索某个主题或话题（如恐龙、影子、娃娃、制作桌子等）。调查某个主题的第一步是儿童和教师提前制订计划。对所有与主题相关的事物，他们进行观察、提问、评价、实验和研究。教师和儿童一起表演戏剧，展示所有需要的材料。方案课程的整个实施过程中，儿童分小组进行，根据其参与水平有许多选择机会。教师经常用照片将活动记录下来。方案课程具有不同的复杂程度，因此能满足不同年龄、不同能力水平的儿童的需求。在瑞吉欧学校，方案课程是学习的主要手段。

方案的产生，主要源于儿童自己的兴趣，教师对儿童需要的观察，以及家长的建议。方案课程探索的主题要反映当地的文化。* 这种教学方法很容易发展成为融合性课堂和文化，能回应儿童讨论计划时提出的多种观点。

方案课程的成功，取决于设计过程，其潜在理念是：儿童是其学习的共同建构者。方案课程与杜威、夏山学校（Summerhill School）的理念有很多相似之处。教师帮助儿童了解他们对主题已经知道了什么，他们还需要知道什么，以及他们如何通过不同的媒介（如戏剧表演、美术、音乐）来表征所获得的知识。教师可以向儿童提出问题，以此来引导儿童进行假设。例如："如果你那样做结果会怎么样？""你为什么认为你能让那个东西发挥作用？"这是对维果茨基理论的强化，即互动和直接教学对于儿童的智力发展非常重要。

五、课程模式

（一）高瞻课程：认知导向模式

高瞻课程（High/Scope curriculum）强调儿童通过大量材料和发展适宜性活动，在多种学习区角进行主动学习。儿童在教师的帮助下制订计划，实施计划，回顾已经完成的事情时，我们鼓励儿童积极主动地解决问题。这就是我们所知的适宜的"计划－实施－回顾"过程。教师将儿童分成小组，对他们进行鼓励、提问、支持，在强调儿童沟通技能的同时，拓宽儿童的学习活动。教师要在儿童自发活动和教师设计好的教育活动之间取得一种平衡。教师运用观察技术来关注儿童，理解儿童的游戏。

能够巩固和拓宽儿童自选学习活动的经验是关键经验，教师有责任围绕关键经验来设计课程。这些关键经验是课程形成的基础，包括创造性表现、语言和文学、进取心和社会关

* 方案课程有助于避免"观光客"的做法（关注"他国"风俗的表面信息），有助于儿童和教师深入理解某种特定文化及其传统。

系、运动、音乐、分类、序列、数学、空间、时间等。

有特殊需要的儿童易被融合到高瞻课程之中。特别针对幼儿园到小学三年级、早期青少年所设计的课程，高瞻课程将主动学习理念延伸到了学龄阶段。

高瞻课程主要根源于皮亚杰理论与维果茨基有关社会互动和认知的理论：儿童在人际互动和环境材料互动中进行学习。瑞吉欧学校与高瞻课程的核心理念一致。两者都强调儿童从感兴趣的活动中自主建构知识的重要性。小组教学是一个重要概念，这种方式便于儿童获得成人的支持和帮助。两种课程都采用计划、实施、记录、再评价的方式，促进儿童批判性思维的发展。

采用档案系统（参见第六章）来展示儿童的成长时，高瞻课程采用的是如下分类方法：

- 进取心：表现自己的选择，投入到复杂游戏中
- 创造性表现：制作、建造、扮演
- 社会关系：同伴关系、师生关系、交朋友
- 音乐和运动：展现肢体协调性、跟随音乐节奏律动
- 语言和文学：展现阅读兴趣、开始阅读、开始书写
- 逻辑和数学：分类、计算、描述时间和序列

教师在观察儿童运用关键经验时，评价儿童的上述能力，并设计相应的课程。

（二）银行街：发展—互动模式

银行街（Bank Street）是由露西·米契儿（Lucy Sprague Mitchell）（参见第一章）所建，主要反映了弗洛伊德、杜威、埃里克森、维果茨基、皮亚杰和其他学者的观点。在银行街模式中，教育与理论有着非常清晰的联系。该模式因其课程设计基于儿童发展规律而具有发展性，因其注重儿童、成人与环境之间的联系而具有互动性。认知和社会情绪发展之间的联系也是本模式要考虑的关键要素，它强调了思维和情感之间的联系。

儿童被看做是主动的学习者，他们通过与世界的互动、交流而学习。游戏是鼓励同伴互动、师生互动、儿童与环境互动的主要手段。教师的主要职责是观察儿童，并对儿童的自发性活动作出回应。教室被布置成为学习区角，在此儿童可以独立学习，也可以集体学习。

银行街模式是整合课程的范例。该模式根源于社会研究，儿童通过具体的直接经验来了解世界。米契儿和戴维（David）强调学校是一个活跃社区，联结着社会生活，并身为其中一分子，“学校和儿童家庭、邻里共同承担责任”。银行街课程经常采用单元和主题方式。儿童的行动和选择都是自由的，而且便于取得材料。

银行街模式中，教师对儿童发展规律的认识和理解非常关键。教育目标建立在儿童的发展历程之上，包括儿童的发展能力、独立性和自主感、社会关系、创造性，以及各种生活经验的整合。

（三）瑞吉欧学校

瑞吉欧学校尊重儿童的探索能力，以及儿童思考、计划、批判、合作、从行动中学习的能力。瑞吉欧学校是整合课程和生成课程的完美典范。瑞吉欧学校坐落于意大利，设立有0～3岁、3～6岁儿童的独立课程，因其教育理念和实践而吸引了全世界的目光。加德纳认为："世界上找不到另一个与这个学校相似的地方，学校理念和实践之间能达到如此和谐共生的关系。"瑞吉欧课程将方案课程提升到最高境界。

受杜威进步主义教育运动的影响，瑞吉欧学校的教育理念和实践融入了皮亚杰的建构主义理论、维果茨基有关社会交谈是一种学习模式的观点以及加德纳的多元智能理论。因此，儿童积极投入到长期的方案课程之中，这些课程是在教师的帮助下，儿童自己发起、设计并实施的。美术是学习的主要手段。

瑞吉欧教学模式的关键要素是：

- 美观的、富有吸引力的、材料丰富的环境
- 以社区为基础、参与整个城市生活的态度
- 家庭支持系统
- 注重过程

这些因素在惊人美丽的校园环境中展露无遗，校园里到处是儿童的作品和精心展示的儿童方案；通过大部分城市预算的实现，通过班集体与同一位教师三年的相处，通过有意将儿童文化融入校园生活，这些因素发挥着作用。

图 10—7　瑞吉欧学校：材料丰富的环境。

教师的角色是独特的：两个同等地位的教师在一个有25名儿童的班级里一起工作。学校里没有设置带头的教师或者教师导师。教师受教学顾问（pedagogista）的导引，他们是接受过幼儿教育知识培训的人，每周与

教师会面。每所学校的职员称为艺术教师（atelierista）或者是工作室教师，他们受过艺术方面的培训，教给儿童学习的技能和技巧。

瑞吉欧高度尊重教师和儿童一起计划和实施的过程。教师和儿童作为合作者，相互倾听，并且鼓励说出不同的观点。当确定做什么方案以及如何实施时，辩论和讨论是此过程中的关键要素。儿童是天生的研究者，也是有能力的学习者和沟通者——就是这种态度造就了瑞吉欧学校的组织和结构。瑞吉欧学校值得去了解和研究，因为他们强烈地秉持这样的观点：儿童和教师相互学习。

（四）蒙台梭利学校

本书第一章在阐述幼儿教育发展历史时，我们提到了蒙台梭利。接下来，我们将要阐述作为幼儿课程的蒙台梭利教学方法。

蒙台梭利教学法自产生以来，就对教育有着持续的影响。它具有三个突出特征：(1) 学校工作适应儿童个体，而不是让儿童适应课程。(2) 儿童在选择材料和活动时，坚持给予其自由。(3) 感官训练和日常生活话题。

对蒙台梭利学校的一个常见误解是：所有以蒙台梭利命名的学校都是一样的。实则不然。在全美国，有许多不同类型的蒙台梭利学校，对蒙台梭利教学法有着不同的解释。就蒙台梭利运动本身，就有两种派系宣称自己才是正宗的蒙台梭利教学法。

虽然蒙台梭利最普遍的课程是针对3～5岁年龄组的儿童，但针对6～9岁、甚至9～12岁儿童的学校逐渐增多。教师教育机构已经准备培训婴儿和学步儿的蒙台梭利教师，还有教授高中学生的蒙台梭利教师。

蒙台梭利课堂最引人注目的就是教具。蒙台梭利教具大多是木制的，专门强调感官学习。教具的颜色、材质和高品质工艺技术，不仅能吸引儿童的目光，也能吸引儿童用手操作。蒙台梭利教具希望被儿童触摸、操作。当儿童将手指滑过蒙台梭利设计的拼图形状时，会对“平顺”和“光滑”形成全新的感受。

除了触摸方面的吸引力，蒙台梭利教具还有其他的独特品质。蒙台梭利教具具有自我修正的功能。也就是说，教具只有一种搭配方式，因此儿童能立刻知道自己的操作是否成功。蒙台梭利课程按照一定的顺序呈现材料，从简单到复杂依次呈现。很多学习任务都有一系列步骤，需要按规定的顺序进行学习。无论是收拾桌子还是使用数棒，儿童都须按特定的顺序步骤来使用教具。蒙台梭利创建了一种与真实生活密切相关的课程和教具。“实践生活”活动包括清洁任务（清洗手、桌子），缝纫任务（缝花边、扣子、为衣服打结）等。

在蒙台梭利课堂中，儿童按照自己的步调工作。他们可以自由选择教具来进行“工作”(work)——“工作”一词是用来描述儿童的活动。儿童必须先完成某项任务，才能进行另一项任务，包括将教具放回柜子以方便他人使用。在蒙台梭利学校，准备好的环境有适合儿童尺寸的家具和设备——这是蒙台梭利采用了福禄贝尔的观点。蒙台梭利教具按照一定的顺序放置在矮柜上，鼓励儿童独立操作。

蒙台梭利学校里，教师的职责是对儿童进行观察。教师要熟悉儿童的能力和发展水平，然后给儿童分派与之相适宜的教具或任务。除了对于如何使用教具进行清晰的指导，教师很少介入儿童的操作。小组教学也不普遍。在蒙台梭利学校，学习是一种个体性的经验。

多年来，蒙台梭利教学法不断革新，发生了很多变化。当今最好的蒙台梭利教学法，是那些真正符合传统的蒙台梭利理念，同时也能进行革新，使之适应和满足儿童需要的教学法。很多蒙台梭利学校增加了新的课程内容，如美术、戏剧表演、粗大动作发展、计算机等。很多教师的观点也有了变化，注重促进儿童的社会互动。

多年来，蒙台梭利与美国的主流教育相分离。但现在这种情形发生了变化，目前有一百所以上的公立小学提供蒙台梭利课程，蒙台梭利教学法的拥护者和其他幼教专家的互动也在增多。

蒙台梭利教学法已找到融入当前幼儿教育的有效方法。当今很多教育材料和设备，甚至很多教学手段，无论是否贴上蒙台梭利这个标签，都是源于大约一百年前那个有活力的女士。蒙台梭利在幼儿教育的历史和未来都牢固地树立了自己的地位。

(五) 华德福学校

鲁道夫·斯坦纳(Rudolf Steiner)创建的华德福课程(Waldorf curriculum)，强调通过“头、心灵、手”而促进儿童的全面发展。华德福课程基于这样的理念：儿童主要通过观察、模仿、经验而学习。因此，华德福课程为儿童探索提供了内容丰富的环境，并将活动提供者当作儿童的角色典范。华德福课程的突出特点之一就是在游戏中学习，将大量时间用于创造性游戏。华德福课程的其他特征是：

● 基于生活周期和自然周期的强烈旋律感。有规律的游戏、工作、拉圈圈时间、户外游戏，然后以童话故事结束，这就形成了每日一致的生活节奏。每周的生活节奏由各种活动组成，一天进行烘焙，一天做手工艺，一天画图，以此类推。季节性活动如种植植物、收割农作物等，突出了自然对我们生活的影响。季节性庆典同样标示着自然周期的变化，而且能将儿童家庭融入课堂。

- 培养感官的环境。班级墙壁通常漆上柔和的水性油漆，窗帘由植物染布制成，桌椅都由实木制成。这些材料都是生活中的自然材料。这使得儿童周围的环境简单而舒适。

- 自然材料的延伸使用。课堂中大量使用了木头、棉花和毛线。绝大多数玩具都是采用自然材料，所以要鼓励儿童运用其想象而做成手工品。一块从椅子上弄下来的木头片可以变成火车票。这个木头片也可以变成一部电话、一块食物、一只动物。华德福的理念认为，较“精致”的玩具会限制儿童天生的想象、幻想以及创造的能力。

- 模仿生活的游戏。华德福课程注重提高儿童模仿成人工作的能力。儿童参与聚焦于家庭生活的活动，如烹饪和烘焙、清洁、洗涤、缝纫、园艺和建筑等。参与这些有意义的活动，有助于儿童应对未来的学业挑战。华德福教师为儿童提供了优秀的角色典范，他们与儿童一起参与有意义的工作，期望儿童能模仿良好的工作习惯，培养对他人的责任感。

- 提升崇敬和好奇。主要通过活动、故事、季节性的节庆，儿童对自然的敬畏和好奇可以得到提升和加深。秋天时，教室里可以用玉米穗和谷物束进行精心布置。季节桌上铺着秋天颜色的美丽桌布，上面放着葫芦、南瓜、橡子、树叶等。当家长参与班级的收获庆典时，在盛宴开始前唱一些感恩与赞美的歌曲。每个季节都有顺序地进行重复，这能提升儿童对自然的崇敬。

华德福课程为儿童提供了多种内容，尤其是那些有助于提升儿童想象力和对自然世界欣赏之情的内容。华德福课程中有很多元素与蒙台梭利教学法、瑞吉欧模式相同，与其他课程模式也有相似之处。

关键术语

区角活动
艺术教师
文化适宜性课程
发展适宜性课程
发展适宜性教育
生成课程
精细动作技能
粗大动作技能
融合课程
整合课程
融合
学习风格

多元智能

教学顾问

感知动作发展

方案课程

特殊需要

主题课程

最近发展区

教学应用

1. 观察几种作为发展适宜性课程范例的幼儿教育形态，如家庭式儿童保育、儿童保育中心、学龄阶段的课外教育等。

2. 哪一种课程模式最符合你的观点？为什么？

3. 当儿童游戏时观察教师。观察游戏中教师在这些方面的差异：(1) 游戏中教师与儿童的互动。(2) 教师是否介入儿童游戏？教师介入之后，游戏发生了什么变化？游戏持续了多长时间？你的结论是什么？

4. 运用多元智能观点，判断你自己的学习风格。这种学习风格怎样影响你的学习能力？你的老师曾经如何回应你的学习风格？

5. 在幼儿教育课堂，你发现哪些材料利于促进文化多元化？你增添了什么材料？拿走了哪些材料？为什么？

第十一章

教学:实现儿童的发展

问题思考:

幼儿期应该学习什么?
在身体动作、认知、语言、社会、情绪、创造力等领域，儿童需要获得哪些技能?
教师如何促进儿童的发展?

一、引　言

在本书的最后一章，我们要把儿童的相关知识和儿童发展理论付诸实践。教师是将有关儿童发展的知识转化为教育方案，从而促进儿童发展的人。本章讨论的是六个主要发展领域，以及相应的幼儿期儿童应该获得的技能。

二、身体发育和动作发展

身体发育和动作发展是儿童成长过程中最显著的两种特征。教师经常通过儿童的动作来判断儿童的特点。怀孕的母亲也可以通过胎儿的动作，察觉胎儿些许的人格特征。1～2岁时，婴儿身高的增加，动作随意性的增强，以及快速的成长速度，都让人吃惊。学会步行是儿童生命中的一个重要里程碑。握笔、使用剪刀、穿鞋子，这些则进一步呈现了动作发展如何促进了儿童的成长。

（一）身体发育

家长和教师对儿童身体发育的了解非常重要，这基于多种原因。例如：

● 新的行为会因身体的变化而出现。例如在肛门括约肌发育成熟之后，学步儿才能进行如厕训练。

● 身体发育会决定儿童所获得的经验。例如观察新的景色，可以拓宽刚学会迈步的儿童的视野。

● 人们对儿童的反应会根据儿童的发育水平而改变。例如对于爬行儿和学步儿，家长会实施更多的行动限制。

● 儿童的自我概念与身体发育密切相关。例如过胖的儿童，在幼儿园休息时间会尽量避免跑步、玩追逐游戏。

幼儿时期是儿童发展最快速的时期。婴儿期和学步期的儿童发展极为快速，但到了学前阶段和学龄中期，发展的速率就逐渐变缓。虽然儿童的成熟速率存在个体差异，但儿童的成长都遵照一定的顺序。

发展似乎遵照一定的规律和方向。大肌肉发育先于小肌肉发育，这也是学龄前儿童能自如跑步，却不擅长使用剪刀的原因之一。身体发育的方向是由身体中心向外发育。日常生活中我们可以观察到，学步儿行走时要使用整条腿，而5岁的儿童行走时更多使用的是膝盖和脚踝。儿童的发育方向按照从头到脚的模式，婴儿先学会移动眼睛、头和手，过了很长时间才学会爬行。记住儿童的这些发展模式非常重要，如发展的连续性、方向性等。但儿童的发展并不平顺，有时也会受到伤害。了解儿童发展的基本模式后，家长和教师还必须考虑每个儿童在发展时间上的个体差异性。儿童在各个领域的发展通常具有一致性，这也是一个普遍规律。也就是说，当某个儿童身体发育迟缓、适度或提前时，通常其他发展领域也会发生同样的现象。

1. 性别差异和文化差异

身体发育存在着性别差异。男孩的肌肉组织比女孩多，女孩一开始就有更多的脂肪组织。这种性别差异到了青春期后更为明显。在身体发育上，女孩的成熟速度比男孩快，而且女孩的发育更具规律性，易于预测。在动作技能发展上，学前阶段的女孩较男孩发展更快，包括写字、画图等精细动作，单脚跳、向前跳跃等粗大动作。5岁后，男孩则比女孩跑得快、跳得更远，扔球也比女孩扔得远。这些身体发育表现出的性别差异在青春期前一直存在，而女孩迈入青春期通常比男孩早两年。

有研究指出，身体发育存在种族差异。在美国，与欧洲裔的婴儿和学步儿相比，同年龄段的非洲裔的婴儿和学步儿更早学会步行，身高也更高。亚洲裔儿童的身体发育速度似乎也比欧洲裔儿童快，但通常都比欧洲裔儿童矮小。一些研究指出，非洲裔儿童四肢较长，因此他们具有更大的力量，在跑步和跳跃项目上表现更为出色。虽然不同群体身体发育的速度可能存在差异，但身体发育的顺序是相同的。即使是身心障碍儿童，其身体发育也遵照同样的顺序。

2. 有特殊需要的儿童的融合

每个普通教室中几乎都能看见有特殊需要（special needs）的儿童。在身体、认知、情绪和学习方面存在发展障碍的儿童会面临很多挑战，他们中的多数人可能会接触到根据其能力设计的活动，或者专门调整过的环境。针对如何帮助有特殊需要的儿童参与普通班级的活动，我们提出如下建议：

（1）针对有学习障碍的儿童：

- 帮助他们了解自己的身体以及身体使用的空间和移动方式。
- 根据儿童现有能力，组织个别化的活动。
- 从简单活动开始，缓慢而少量地增加活动的复杂程度。
- 经常使用节奏性活动，强调动作的节奏。

（2）针对视力受损的儿童：

- 运用大量声音提示，让他们获得空间知觉和距离知觉。
- 提供费力的大肌肉活动。
- 修改那些需要迅速改变方向的活动。

（3）针对有认知障碍的儿童：

- 强调粗大动作的活动。
- 聚焦动作的稳定性和操作移动的技能。
- 让儿童多次获得成功，享受任务完成时的成就感。
- 避免组织淘汰参与者的游戏活动。

将有特殊需要的儿童融合于普通班级时，必须根据他们具备的动作经验以及身体发育情况，并考虑组织的活动是否在其能力范围之内。许多教育建议适用于所有儿童，这提醒我们所有儿童的需要和兴趣都是一致的。

表 11—1　有特殊需要儿童的融合方案

4 岁的南森身材矮小，身高大约只有同龄人的三分之二。因为腿长占身高的比例较小，他很容易摔倒。安娜的身体发育正常，但她安静而害羞，不喜欢参与集体活动，宁愿在旁边观看。根据儿童的长处和能力设计出来的循序渐进的融合过程，有助于教师为每个儿童设计出有意义的活动。

1. 确认儿童的长处

南森：富有想象力、机敏、健康、直率、有积极的自我概念。

安娜：坚忍、有耐心、顺从、有条理，对于小小的成功都会有很明显的表现。

2. 确认儿童的需要

南森：想证明自己尽管身材矮小，但与同龄人具有同等的能力；改善因腿短造成的平衡问题。

安娜：提高粗大动作技能；增强参与团体活动的自信心。

3. 确定目标

南森：平衡感增强，有机会感受到自身的高大和强壮。

安娜：变得更有胆量、善于社交，身体的空间运动更加舒适。

4. 头脑风暴：什么样的集体活动适宜于他们？

南森：要求伸展和平衡的活动。

安娜：要求不同动作的非竞争性经验，参与同伴活动时允许其按自己的步调进行。

5. 选择活动（如越过障碍物的户外活动）

6. 设计活动

7. 实施活动

8. 评估活动

南森：能在攀爬架上成功地伸展身体吗？能跳入障碍物之间的空间吗？活动中是否运用了平衡技巧？

安娜：愿意并能成功地完成整个活动吗？从头到尾都需要教师的协助吗？她和同伴有互动吗？

两人：他们是否全程参与？或是跳过了部分障碍？他们返回到最喜爱的游戏场地了吗？他们自愿从头到尾再玩一次吗？

9. 改善活动，再试一次！

（二）动作发展

动作发展是动作行为的改变过程，主要基于如下因素的互动：(1) 成熟（基因控制的成长速度）；(2) 既有经验；(3) 新的肢体活动。与身体发育一样，动作发展也有固定的发展阶段和顺序，但也存在个体差异。每一个阶段都由上一个阶段发展而来，但又不同于上一个阶段。表 11－2 呈现了幼儿期儿童的动作技能发展顺序。

表 11－2　动作技能的发展顺序

- 溜冰/骑脚踏车（5～8 岁）
- 跑得更快（5 岁以上）
- 向前跳跃（5～6 岁）
- 单脚跳（3～5 岁）
- 上下楼梯时动作连续（4 岁）
- 双脚跳（3～5 岁）
- 跑步（2～3 岁）
- 独自上下楼梯（3 岁）
- 行走（18～24 个月）
- 独自站立/独自行走（12～15 个月）
- 爬楼梯（13 个月）
- 在引导下行走（11～12 个月）
- 爬行（8～10 个月）
- 扶着物体（或扶着人）站立（8～10 个月）
- 能支撑自己坐好（6～8 个月）
- 婴儿俯卧，下巴抬起（2 个月）

一提到动作发展，通常都会想到加德纳多元智能理论中的身体运动智能（参见第四章）。当儿童运用身体动作来帮助自己处理信息，或与他人交流对幼儿园的感受时，身体运动智能也就顺势产生。例如，善于通过身体运动智能来学习的儿童，就需要实际操作大量材料。戏剧、创造性活动、舞蹈、手工、游戏、运动，无论是室内还是户外活动，对于身体运动智能学习者来说都是非常有利的。

婴幼儿阶段，个体就开始发展基本的动作技能，并为将来的精熟运动和动作奠定基础。如果儿童在早期没有发展这些技能，通常后期也很难学会。部分身体发育与动作发展是由儿童的基因决定的。环境因素的影响力也同样重要，例如营养、健康、安全、刺激、机会、练习、鼓励和教育等。遗传与环境交互作用，引领儿童走过生命全程。肖尔（Shore）等人新近有关脑部发展的研究，强调了幼儿期动作技能发展的重要性。家长和照顾者时时都要强化儿童身体发育的重要价值。动作巩固了大脑突触的连接，并使它永远存在于大脑当中。青春期以后，大脑开始自动清除额外的突触，常被激活和常使用的突触通常会保留下来。

1. 粗大动作的发展

粗大动作活动包括了全身性活动或身体大部分肌肉的活动。运用许多大肌肉群，儿童就能爬行、翻滚、跳跃、投掷或单脚跳。锻炼平衡性、敏捷性、协调性、弹性（flexibility）、力量、速度、耐力等的活动，都有助于促进粗大动作的发展。

2. 精细动作的发展

精细动作活动运用的是身体的小肌肉及其末梢（手和脚）。此类动作需要敏捷而精准的控制技能。所有活动中的抓、握、拿、敲、旋转等动作，都能促使精细动作更加精熟。编织、穿引、使用运动器材、游戏中的玩具操作，都能帮助身体的小肌肉进一步发展。

你的观点是什么？

你是身体活动能力强的人吗？你经常参加运动或活动吗？学校的每日生活中，你如何替儿童创造主动活动身体的机会？请你列举一些室内活动的例子。

3. 知觉运动的发展

知觉运动的发展是一个过程，在这个过程中，儿童形成了从环境中接受、理解信息，并用动作作出回应的能力。儿童主要通过感觉器官来获取信息。例如，你可能经常看到小婴儿模仿父母或照顾者的唇部动作，这就是小婴儿用视觉接收了各种信息，然后用自己的身体和出回应。

从某种程度上来讲，每一种活动都是知觉运动，因为身体和大脑必须协同运作，以完成所有的动作任务。知觉的任务就是获取信息；虽然知觉能力与动作能力不一定同时发展，也不一定等速发展，但个体的动作反应必定源于身体知觉所接收的信息。反思空间知觉、时间知觉和感知觉，我们就能感受到知觉运动发展的复杂性。

空间知觉（spatial awareness）是一种反映身体和空间的联系的知觉，如同了解身体各个部位能做些什么。学步儿的空间概念通过动作和活动而发展起来，如从高脚椅上扔物品，或强行将充气娃娃塞入小箱子里。他们对空间的理解，与他们在空间里进行的特殊动作、行为有关。到学前阶段，空间知觉有了进一步发展，儿童能理解不在眼前的事物及其位置关系，如知道由家到学校的路线，从而制作一张很简单的地图。6～8岁，儿童才能形成抽象的空间知觉，如区分自己的左右，以及以他人身体为中心的左右。具体而言，方向知觉与左右、上下、前后有关。例如，两岁半的汤玛拉没有碰撞到其他东西，爬到了桌子那里，接着转向左边，取了一团黏土后，再转身取了背后的擀面杖。从这些动作可以看出，汤玛拉已经具有空间知觉了。

图 11－1　空间知觉的发展，包括感觉自己的身体，了解身体各部位的功能。

时间知觉（temporal awareness）是儿童身体内部的时钟，是让儿童协调身体各部分的时间结构。例如合着节奏跳舞，这就需要一种加速和减速的技能。时间知觉能帮助儿童预测时间，如7岁的路易斯和亚瑞夫结束足球游戏后，向老师询问清洁时间是否到了。因为他们所在的课外保育中心，吃点心前通常有一个小时的活动时间。儿童能把日常作息表和心中的时间感觉联系起来。

感知觉（sensory awareness）与运用感觉器官获取信息有关。对儿童来讲，眼睛是重要的感觉器官。视觉是指个体能够模仿示范者的动作，并能辨识人脸、表情、尺寸、形状与颜色。三个月大的婴儿就已经具备辨识自己母亲的能力。听觉包括理解言语，并进行声音定位，以及区分不同声音的能力。听觉技能能帮助儿童处理言语信息。从婴儿时期开始，儿童就能够将视觉和听觉联合起来。更多的感知觉信息通过触摸而获得。婴儿倾向于将所有事物放入口中，从而了解这些事物。一个优质的托儿所，会在低于60厘米高度的区域里，给婴儿提供各种材料，以刺激婴儿所有的感觉器官。这些材料包括壁板上装着的不易破碎的不锈钢镜子，装有鱼和水草的水族箱，可以在上面爬行的软垫和塑胶地板，从厨房传出的诱人的食物香味，还有拨浪鼓、手摇铃、咕咕钟等。

（三）幼儿期的身体动作技能

1. 动作的类型

身体动作技能包括三种类型：移位动作能力、非移位动作能力和操作能力。

● 移位动作能力，就是身体从一个位置移到另一个位置的动作。例如走、跑、跳、跃、爬、单脚跳、蹦跳、马跃步、滑动、骑三轮车等。

● 非移位动作能力通常与平衡或稳定有关，是指任何需要平衡感的动作。例如旋转、扭转、推、弯曲、伸展、拉、摆荡、滚动、闪躲、平衡等。

● 操作能力是控制与操作小肌肉（尤其是手部和脚部的小肌肉），进行有限而精细的动作。操作技能包括丢、接、拿、拍、击打、踢（粗大动作），还包括握、抓、剪、穿缝（精细动作）等。

当儿童进行体能游戏活动时，这三种动作技能必须结合运用——

玩洋娃娃推车：

握住推车：操作能力

推动推车：非移位动作能力

推着推车走：移位动作能力

玩球：

蹲下来捡球：非移位动作能力

丢球：操作能力

跑垒：移位动作能力

跳绳：

抓住并转动绳子：操作能力

跃过绳子：移位动作能力

跳跃后保持平衡：非移位动作能力

打破储物罐：

握住木棍：操作能力

挥动木棒：非移位动作能力

跑去捡罐里掉出来的东西：移位动作能力

2. 学习动作技能

儿童充分运用其身体来学习动作技能，他们通过新行为与旧经验相互比照而获得这些技能。儿童学习动作时，记忆发挥着重要作用。因为儿童需要回忆其先前经验，以矫正动作，使动作更加精熟。例如，如果儿童这次投球因为太近而没有碰到篮框，那下次投球时就会抛得更远一点。为了完成拼图，儿童会记住操作图片的所有方法。处于长时记忆的动作是那些长时间内不需要练习的动作。例如，游泳的记忆多在夏天被唤起。

当儿童接收到动作的相关信息时，就能修正并提高自身的动作技能。这些信息有可能是内部（intrinsic）的动作信息，如水彩笔画过白纸时留下的痕迹；也有可能是外部（extrinsic）的动作信息，如"我注意到你翻筋斗时，两脚分得很开，你把双脚并拢再试试看。"对儿童动作进行回馈，有助于提高儿童的动作技能。

探索性动作有助于提高儿童的如下能力：

- 解决问题
- 练习发散性思维
- 根据其年龄和发展水平作出相应的回应
- 学习与他人合作
- 更能察觉他人的观点和想法
- 分享、轮流
- 能自我表现
- 富有创造力
- 获得自信
- 发展强壮的肌肉
- 提升动作技能

由于认为儿童需要大量的体能活动，所以传统托儿所的户外活动时间与室内活动时间几乎一样。但是，很多户外活动空间都面临这样那样的挑战，比如只有一块可以玩球的柏油地面，或者只有一个小型的攀登架。此外，有些成人不太重视身体和动作健康，处于这样的价值环境中，儿童通常被鼓励去进行静态久坐的活动，比如看电视或者用电脑。

动作技能会影响儿童其他领域的发展。例如，提姆不喜欢去户外进行攀爬活动，无论是别人还是他自己爬到树上或攀登架上，他都会非常紧张，因为他不敢用身体去冒险。对于邀请他去玩这类活动的小朋友，他都不再跟他们玩耍。由此可知，粗大动作发展的缺乏，影响到了提姆的社会技能（social skills）。表11－3的核查表列出了儿童在身体动作发展方面可能出现的问题。

表 11—3　身体动作发展核查表

检查儿童是否——

1. 无法保持或维持平衡。
2. 平衡方面出现问题，移动笨拙。
3. 移动时自己无法保持平衡。
4. 在需要协调性的活动中，经常出现不灵活的情形。
5. 改变动作存在困难。
6. 组合简单动作时存在困难。
7. 无法精确测量身体所占的空间，常撞到人或物品。
8. 经常跌倒。
9. 手眼不协调。
10. 体能活动中，抓握动作存在困难（如抓沙袋、球或其他需要视觉和动作相协调的物品）。

同时，良好的动作发展能促进儿童其他领域的发展。例如两岁的珊曼莎喜欢画画和剪东西，在区角活动时她每天都选择美工区。对于该年龄段的儿童而言，她的精细动作技能属于发展良好的水平，因而她对自己的作品引以为豪。她的良好的动作技能增强了其自信心。相应地，当她围绕自己的作品与成人或其他小朋友进行交流时，她也从别人那里获得了赞赏和关注。设计一个有助于提高儿童动作技能的课程，有助于儿童成为“完整儿童”。

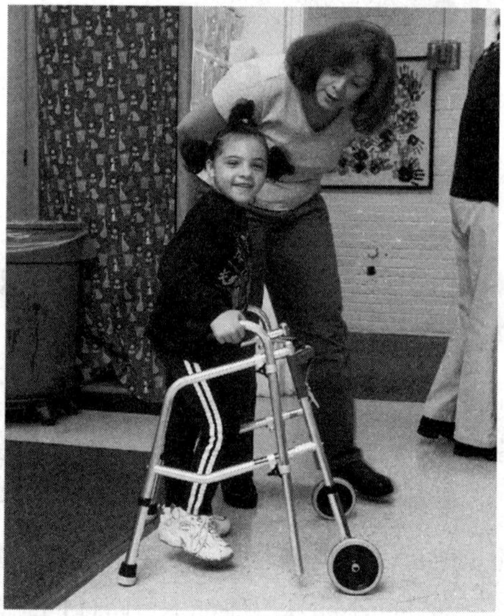

图 11—2　学习动作技能，儿童必须将记忆和经验联合起来，重复尝试各种新事物，并将习得的知识付诸实践。

实践性活动能增强儿童的胜任感。在体能活动中获得经验时，儿童就学会了放松，从而减轻了预期的失败带来的压力（stress）。教师通过不同方法去促进儿童身体动作的发展，也有助于儿童形成积极的自我概念。在体能活动中，教师是让儿童去发现自己体能的极限，而不是限制或禁止儿童去尝试活动。

● 一个孩子在庭院中大喊：“我被卡住了！”这时，教师与其跑过去把他抱下来，不如走过去说：“你的脚可以放到哪儿？”“你想想有什么方法可以从树丛里出来？”

● 一个正准备攀爬的孩子说："我害怕!"教师站到这个孩子身边说："我会站在攀爬绳的旁边，你可以放心。"

● 一个孩子向教师展示："你看我会做这个!"教师表扬了这个尝试新事物的孩子："瑞格，看到你会自己切南瓜，我真的很高兴。"

● 一个孩子说："我试过了。"教师肯定了孩子努力的结果："雪伦，这一次你的手已经碰到最上面了，我敢说你一定为自己感到骄傲。"

● 轮到某个孩子进行攀爬时，他站着看着大家说："我做不到。"这时，他需要教师的鼓励才能跨出第一步："你可以先把脚踩在这里，我会牵着你的手直到你自己放开。"

胜任感能增强儿童的自信，并使他们愿意尝试进一步的挑战。身体技能的进一步练习很重要，因为要应对下一项新挑战之前，必须先熟练此阶段的体能。当儿童尝试新的活动时，他们就会更加了解自身。通过身体活动，他们会感到运动是很开心的事情。例如儿童在校园里跑来跑去或一直荡秋千，都只是为了好玩。

三、认 知 发 展

童年时期的学习量是非常惊人的。儿童如何管理并吸收在生命的前几年里积累的大量信息和经验？每一个儿童是通过思维来完成这项伟大业绩的。认知是儿童用来获取知识的心理活动或机能。思维则是获取知识和运用知识。运用有意识的思维和记忆，儿童思考着自我、世界和其他事物。理论上讲，我们可以通过倾听儿童的话语或者通过询问儿童来了解儿童的想法，但认知的发生有可能言语也无法描述。例如，婴儿在躲猫猫游戏中放声大笑，表明此婴儿获得了"藏起来的脸会再次出现"这个概念。相反，某种认知没有发生时，语言仍然可以出现。例如，一个儿童不知道数字的意义，对数字尚没有形成任何认知，却能用语言从 1 数到 20。

（一）认 知 发 展

随着儿童的发展，认知与语言的关系通常会变得越加紧密，两者相互的依赖性增强。儿童通过语言叙述自己的知识，他们倾听、提出问题，并表达自己的所知所想。语言表达技能好，有助于拓宽儿童的知识范围。

认知不只是与儿童的大脑发展有关，而且是与儿童的所有发展领域都有联系。不断思考的儿童无论在做什么事情，其认知活动都在进行。例如，动作发展也是认知的过程——要学会溜冰就需要灵活的膝盖，并学会保持平衡（动作任务），也伴随着分析、预测、推论、评估等技能（认知技能）。当幼教工作者尝试去促进儿童的认知发展时，就需要参考儿童发展理论和学习理论，以及自身和儿童相处的经验。

将理论观点和实践经验结合起来，教师就能对儿童的认知发展形成综合而折中的观点。教师和儿童一起时，要鼓励儿童养成思考能力，并能进行理性的、富有逻辑的推理。

最重要的是，幼教工作者要帮助儿童获得如下技能，以促进其发展：

概念：标记自己的想法或进行命名，从具体到抽象。	**范例**："什么是葡萄？"
关系：两个（或两个以上）事物之间有什么样的关联性？它们有什么异同？分别具备什么功能和特征？	**范例**："葡萄有几种颜色？" "都有葡萄子吗？" "大小一样吗？" "味道一样吗？"
归纳：经由关系、概念和观点，得出结论。这是指找出事物的共同点，将它们分类。	**范例**："葡萄是粮食还是水果？" "葡萄如何生长？"

关于儿童的思维，皮亚杰理论是一个我们熟知的重要的理论。近代关于大脑和信息处理的研究、维果茨基和加德纳的理论，也拓宽了我们对思维和智能（intelligence）的理解。

1. 皮亚杰学派的认知观点

皮亚杰学派有关认知的观点主要有两个方面。第一，学习是发现的过程，是个体解决某特定问题时，发现需要具备哪些知识的过程。第二，知识来自积极的思考，来自自身对现实的理解和建构。图 11—3 描述了教师如何帮助儿童建构和理解现实。

皮亚杰将知识分为三种类型：物理知识、逻辑—数学知识、社会知识。物理知识（physical knowledge）是儿童通过外部的感官经验而获得。例如，看叶子被风吹下来，接住一个球，闻一片刚出炉的面包，这些都是儿童了解不同事物，并且练习感知、品尝、闻、移动等动作的例子。物理知识的发展，其基本的认知过程是辨别。例如，儿童用磁铁去碰触回形针、拼图和纸娃娃，从而了解了磁性。他们学会辨别哪些物品会和磁铁"粘"在一起，而哪些物品不能。

逻辑—数学知识（logical-mathematical knowledge）是将物理活动协调成某种顺序或逻辑。这与常规的数学并不冲突，因为这是儿童将自己见到的信息与数学思维联系起来的一种方式。如一个婴儿为了找到玩具而掀起毯子，从这一活动中可以看出该婴儿的逻辑。我们再回头看看磁铁的例子，如果儿童能特意将磁铁靠近铁抽屉或铁栏杆，那我们就可以知道他们已经会使用逻辑—数学知识。这个儿童已经能推论（inference）出磁铁能够"粘"在铁质物品上。

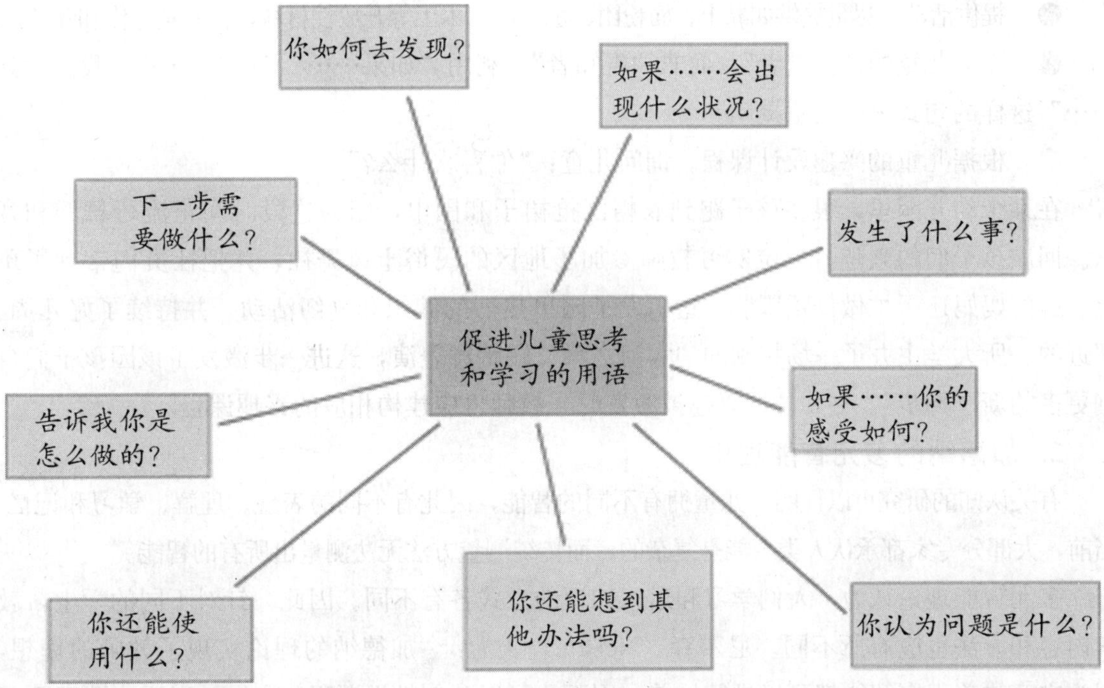

图 11—3 当儿童提出问题时，教师要鼓励儿童自己思考。将上图贴在教室里，或让儿童带回去给家长。此图提醒我们，“教学”是去“问”儿童，而不是“告诉”儿童。

社会知识（social knowledge）主要来自文化，如游戏规则、适用的语言和道德规范等。社会知识也包括词汇的学习、由文化教导的内容、社会生活的各方面。社会知识很难通过逻辑进行建构，必须通过社会生活而学习。前面的磁铁例子中，当儿童决定谁可以接着玩磁铁，或者何时轮到谁玩磁铁的时候，就必须用到社会知识。

设计认知课程时，教师应该策划能增加儿童社会知识的活动。机械性知识（rote knowledge）是采用无特殊意义的方式传递给学习者的知识，即使此信息能采用有意义的方式进行学习，但知识传递者却没有这样做。如果教师直接把磁铁能吸住或排斥的物品告诉儿童，就是教给儿童机械性知识。意义性知识（meaningful knowledge）是儿童通过先前经验所获得的知识，或是他们自己想要知道的知识。如在磁铁例子中，让想操作的儿童自己拿磁铁操作，或者教师回答他们提出的问题，就是儿童获得意义性知识的过程。无论是直接告知（机械性），还是询问或允许尝试（意义性），都是获取知识的有效方法。对于幼教工作者来讲，在两者之间取得平衡是每天都会面临的问题。

教师运用建构理论，在教学实践中促进儿童认知发展的方法如下：

● 提供选择。教室内外有各种区角活动。

● 给儿童提供充足的游戏时间。作息表中至少需要每个半天都安排室内外自由游戏，且时间都不少于 45 分钟。

● 提供活动。尽量提供如黏土、面粉团、水、沙、木工等开放性材料，让儿童操作和互动。

● 作为儿童的“促进者”，而非“告知者”。利用“如果……”“我想……”“我注意到……”这样的句式来向儿童提问。

● 根据儿童的兴趣设计课程。询问儿童：“你喜欢什么？”

在某个幼儿园里，很多孩子跑到衣帽区抢裙子和围巾，因为这段时间正流行舞蹈和音乐。回应孩子们的兴趣，一位实习教师参加了地区的民俗土风舞社，并把社员们带到了班上。她的妈妈还帮忙做舞蹈服装，这引发了园里热烈的编织和缝纫活动，并持续了好几周。邻近的一所大学主办了一场特别的“大河之舞”踢踏舞表演，这进一步激发了该园孩子们自创更多的新“舞步”。当儿童的兴趣被激发时，教师也应建构相应的兴趣课程。

2. 加德纳的多元智能理论

有关认知的研究可以证明，儿童拥有不同的智能，因此有不同的表现、理解、学习和记忆。当前，大部分专家都承认人类智能是复杂的，而传统测量方法无法测量出所有的智能。*

多元智能理论认为，人们学习和运用知识的方式各有不同。因此，针对不同的学生，教学内容和方法也应有所不同。尼尔森（Nelson）认为：“加德纳的理论实现了教师的理想，因为它意味着很多智能都可以进行培养。因而我可以独创教学课程和方法，以适应儿童更宽泛的需求。”

表 11－4 是美国新城市学校（New City School）以学习字母“F”为主题发展建构的多元智能课程。

当然，运用多元智能理论建构课程并不表示教师在策划每项活动时，都必须包含有八大智能，而是指教师在了解每一个儿童后，以建立儿童的优势为目的量身打造相应课程。例如，需要学习计算、一一配对或事物配对的儿童，可以在有助于空间智能开发的学习区角中，自行整理出规则，数学概念也会随之产生；或者让儿童听音乐，随节拍拍手并唱歌。通过询问“每一个儿童的优势是什么”可以对课程进行相应的拓展。

* 将智能与标准智力测量区分开，这使我们能思考儿童智能可能表现出的多种形式。

表 11—4 多元智能的实践

1. 语言智能
   - 故事/文字：找出以字母“F”为首字母的物品，制作一张以“F”为首字母的词汇表
   - 听力：听歌曲《Frog Went A Courtin》
   - 电脑：玩游戏“Fun on the Farm”

2. 数学逻辑智能
   - 操作：用英尺（foot）作为单位进行测量
   - 语言：了解情绪（feelings），讨论挫败（frustrated）的感觉

3. 视觉空间智能
   - 美工：画想象出来的脚（fancy feet）或人脸（face）
   - 橡皮泥：用橡皮泥做出字母“F”

4. 音乐旋律智能
   - 角色扮演：游戏屋中进行游戏时，播放《Fantasia》
   - 音乐：听法国（French）歌曲，用脚（feet）打拍子

5. 身体运动智能
   - 室外：围绕画在地上的超大字母“F”拍球走
   - 集体活动时间：在其他小朋友的背上画上你想象出来的字母“F”
   - 感官：使用漏斗（funnels）

6. 自我认知智能
   - 操作：用字母卡（F）玩“唯一”游戏
   - “我的小天地”：只有一个人可以坐的大懒人沙发

7. 人际关系智能
   - “社交桌”或“自理桌”：附上纸笔的 F 模板；镶边的 F 字母卡
   - 小组活动时间：和同伴一起从纸上找出所有以字母“F”开头的单词

8. 自然观察智能
   - 小组活动时间：哪些恐龙的名字是以字母“F”开头的？
   - 自然探索：建立一个植物群（flora）壁画小组和动物群（fauna）壁画小组

3. 维果茨基有关思维和文化的观点

社会文化理论认为，儿童的大部分认知发展都具有文化性。因为儿童从社会知识更丰富的社区成员身上学习，从而渐渐理解事物的社会价值。如果知识与文化价值密切相连，那针对“哪些知识对于儿童是重要的”这一问题，教师和家长就必须达成共识。

同时，最佳的教学方法应是“支持性学习”，它以支架理论（scaffolding）为基础，是一种自然的学习方法，即学徒制。只要学习者和教育者都有动机（一个想学习，一个愿意提供支持），那么，通过教育者和学习者在动作和言语上的互动，学习就能发生。无论是年纪稍长的儿童，还是成人，都可以作为儿童学习的指导者。

图 11－4　支架是一种支持性学习，经常在混龄班中使用。

支持性学习对于混龄班很有效用，因为年幼的儿童可以从年长儿童身上学习。在小学中，这些策略也适用于解决阅读障碍（阅读障碍对儿童有惊人的影响）。预防早期阅读障碍最有效的方法，就是将一个年龄段中有阅读障碍的儿童集合起来，进行一对一的指导。让儿童学会运用符号，或者采用更高层次的思维方式，比如游戏就是一种有效的方法。有他人在旁边观看、指导，儿童可以去实践被社会期望和重视的行为。这时，教师既是观察者，也是参与者。例如，3 岁的强斯搭积木时突然大声哭了起来，路易斯老师走过去问：“听起来你很难过，发生什么事了？”原来强斯想给车子建一道斜坡，但板子却一直掉下来。路易斯老师把 5 岁的马葛尔叫来，他是班上玩积木的专家。马葛尔给强斯展示了如何建造斜坡，路易斯老师帮忙画出草图。看到斜坡顺利建成，路易斯老师高兴地和两个孩子击掌，表扬他们俩互相合作和善用工具。

4. 脑研究成果

诚如席勒（Schiller）所说：“人脑是世界上组织最奇妙的三磅物质。”脑是人类出生时唯一尚未完成的器官，在生命历程中会继续成长。在幼儿时期，大脑最主要的任务就是脑细胞之间的联结，此时儿童脑细胞的活跃程度是成人的两倍半。正如本书第四章所提到的，儿童出生时有十亿个脑细胞（神经元）还没有形成有意义的联结。接下来的几年，大脑形成数兆个网状物（突触），比个体一辈子用得到的还要多出许多。当它们增殖并相互联结时，神经传导的复杂网络路径就形成了。

有意义的生活经验、个体和环境之间的联系，这些都有助于脑神经之间形成联结。儿童的大脑需要得到刺激，以巩固其神经网络的联结，防止退化。脑神经的联结可以由重复性的经验和回忆而得到强化，没有得到强化的脑神经联结就会退化。因此，早期经验能促进儿童大脑发育和成熟，并影响儿童的思考、感觉和行动。注意、处理事务、回忆等，都是大脑的功能。表 11－5 呈现了如何将脑研究成果运用于幼教课程。

脑研究成果揭示了现实生活中儿童的发展状况。为了促进儿童的大脑发育，成人需要留意如下方面：

● 0～4 岁。对这个年龄段的儿童提供健康的感官刺激，因为儿童需要运用所有的感觉器官来探索世界。在生命早期，儿童应该生活在刺激丰富的环境中，有视觉、听觉、语言等刺激，这能为日后的发展奠定基础。此外，大脑回路主要负责情绪和社会功能，而非只有感知功能，它们在生命早期就开始发挥功用。

● 4～8 岁。在此时期，大脑渴望追求刺激物，必须给儿童提供充分的刺激，采用各种活动满足大脑对知识无止境的追求。给儿童提供更多的机会，让他们讲故事、提出富有创造性的想法，让儿童自我掌控去完成任务，而不是采用练习册等重复性活动来扼杀儿童的学习热情。例如，吉尔登老师所在的幼儿园里，鼓励儿童自己编写故事。儿童每周都会玩“头脑风暴”，想出他们感兴趣的话题，并将计划贴在“作家区”。芭芭拉和珍妮完成数学实验后，来到作家区，分别拿了一张稿纸就开始创作。芭芭拉先用“草稿”写下来，再口述给义工妈妈，让其“发表”在幼儿园的周报上。而珍妮在纸上画了两个小孩，并在下面写上“wr frndz（ we are friends)”。

● 所有年龄。针对不同年龄的儿童，都要设计能提供选择的课程。运动和积极的社会联系（如拥抱、分享音乐以及朋友之间的鼓励性话语）都能提高大脑内啡肽的活跃水平，使我们对自己和社会环境都感觉良好。同时，在儿童之间、儿童和教师之间创设“共同研究”和合作的机会。此外，请谨记，大脑能掌控的事物也存在局限。如果大脑某个领域发展迅速，另一个领域就可能处于稳定状况。

表 11—5　将脑研究成果运用于幼教课程

<table>
<tr><td rowspan="2"></td><td>脑研究发现：大脑运行遵照的是模式。了解人类智力的关键，就在于找出这些模式以及它们之间的关系。
运用于课程：设计教育活动时，要设计有意义的主题。儿童不感兴趣的活动，如训练婴儿学习英文字母或抽象的事物，都不能促使学习的发生。注意设计一些“浸入式经验”，鼓励儿童深入参与游戏和工作中。</td></tr>
<tr><td>脑研究发现：压力和威胁会影响大脑的许多功能。积极的情绪能带动大脑的运作，消极的情绪会降低记忆力、理解力和高级思维能力。积极的情绪会让儿童喜欢学习，并达到最佳的学习效果。
运用于课程：与每个儿童建立积极的人际关系。避免采用以下方式给儿童施加压力：不关注、紧凑的安排等，这些对儿童都是无益的或者有害的。长时间处于高压状态，会让个体感到疲乏，出现“信息传递减速”现象。而让儿童感到安全的环境，会抵消可能出现的“信息传递减速”情况。积极的情绪有助于儿童的学习。</td></tr>
<tr><td colspan="2">脑研究发现：食物营养的吸收稳定时，大脑的运作也处于良好状态。这时，胰岛素的分泌较为稳定，皮质醇的含量较低，血糖的调节处于良好水平。同时，饮食可以活跃记忆。
运用于课程：点心对于儿童大脑的运行很有价值。规律的点心时间有助于儿童认知能力的提高，纪律问题的减少能增强舒适感。儿童需要蛋白质丰富的食物，如肉类、坚果、乳酪等，也需要富含脂肪酸、硒、硼的食物，如蔬菜。休息是实现一日平衡的关键。</td></tr>
<tr><td colspan="2">脑研究发现：所有的学习都是身心共同参与的过程。个体的身体状况、体能、呼吸，都会影响学习效果。人类大脑的活跃具有周期性，而睡眠可以让大脑自我整顿。练习能使记忆长久巩固下来。
运用于课程：规划儿童的作息表时，需要兼顾差异性和平衡性。让儿童依据规律而充实的作息时间进行活动。留意儿童的身体状况，注意儿童需要多长时间坐下来休息或者睡眠。</td></tr>
</table>

（二）幼儿期的认知技能

让儿童在思考中获得相应的认知技能，这非常重要。所谓基本的认知技能，必须具备两方面的特性：

1. 具有情境转换（transcurricular）的作用。也就是说，在幼儿园中，儿童能运用某种认知技能于各种情境和活动之中。例如，如果儿童能够清楚表达自己的感受和观点，能够让成人清楚了解他所面临的困难，他就具备了这种适用于任何情境的基本技能。

2. 会产生动态结果（dynamic consequences）。换言之，它可能导致其他有价值的结果。例如，表达能力强的儿童通常能引起成人更多的语言回应。因此，他们能接触到更多语言刺激，从而进一步提高其语言能力。所以，拥有准确表达这项认知技能，导致了令人欣喜的动态结果。但如果缺乏这种认知技能，则可能使动态结果朝另一个令人不喜欢的方向发展。

下面列出了大部分的认知技能。教师应该围绕所有认知技能而设计活动，以促进儿童思维的发展。有关课程的观点，参见第十章。

1. 探究技能

儿童具有强烈的好奇心，他们认真观察周围世界，通过探究和实验，他们的注意力集中的时间也越来越长。好奇的儿童开始将所见所闻组织起来，对其进行分析，并提出自己的困惑和疑问。儿童提问、倾听、了解他人的想法并提出自己的观点，这个过程其实就是儿童解释他人信息的过程。接着，儿童学会使用资源，从他人那里获得帮助和支持。通过运用既有经验而建构新知识，儿童的探究能力也在不断提高。探究这项基本的认知技能是思维的基础。就其本质而言，探究能力比单纯的阅读能力和计算能力更为重要。

2. 物理知识

通过花时间探究，进行实际的操作，做出选择，以及使用玩具和自然资源等这些方法，儿童逐渐了解周围的物质世界。婴儿搜寻可以吸吮的物品，他们抓握住物体，然后放开。学步儿会捡、扔物品，或从高脚椅上把物品扔下去，看看会发生什么事情。儿童观察自己行为的结果，发现自己行为和自然界的关联，并学会预测自己行为的结果。6 岁大的儿童拿着气球和水，会探索如何把水灌进气球里，如何滚动和抛掷装有水的气球，如何将气球弄破等。当儿童了解物体的特性，他们对于因果关系就获得了更深入的理解。物理世界的经验能帮助儿童获得比较、对照等基本能力，还有数学分类和科学思考的重要能力。给儿童提供一个充满有趣画面、声音和人物的环境，能提高儿童的思维能力和行动能力。

3. 社会知识

人际关系对于儿童的发展极为重要，而且早期经验对于儿童主管社会和情绪的大脑区域都有极大影响。西格尔（Siegel）认为："依恋（attachment）对于儿童的情绪和社会发展都非常重要……在婴儿时期，依恋并不是一个额外附属物，也不是过度的感官刺激，而是成人和婴儿关系的协调。"

婴儿开始区别朋友和陌生人。学步儿学会使用"我的"这一语句后，也学会了叫他人的名字。再长大一点，儿童开始扩大社会知识范围，了解自己在家庭、幼儿园、社区中应该扮演的角色。4～5岁的儿童有机会与他人合作、互助，并调整自己的需要和愿望。此时，我们鼓励儿童去发现人们之间的异同，并引导他们尊重这种差异。当学龄儿童归属于某个小团体，或者与好朋友共度时光时，他们也逐渐掌握社会规则，发展自身社会意识。

4. 分　类

分类，就是根据某种特性，将物体分组的能力。请想想两岁的莎拉是怎么学会分类的：

一只绒毛玩具熊和一只真实的宠物狗，莎拉可以拿它们来做什么？她可以和谁共处？不能和谁共处？哪一个是她的玩具？哪一个是罗伯的？哪一个有毛？它们之间有什么不同？

图 11-5　当儿童学会物体的分类，表明他们的分类技能更为精熟。

莎拉通过探究对物体进行分类，学习"玩具"和"宠物"这两个概念。她收集了不少物品，然后根据相似性进行分类，区分开自己的玩具和罗伯的玩具。她通过分类，了解到两种"动物"都有毛，但只有一种"动物"她可以用力拉它的耳朵。

语言发展能力提高后，儿童就能对分类出的事物进行命名。成人鼓励儿童对事物进行描述和摆弄，这有助于儿童渐渐了解到物体不一定只属于一类，事物的分类也不止一种分类方法。

5. 序　列

序列（seriation）是根据物体的特性，用合乎逻辑顺序的方式摆放一个物体或一组物体的能力。要了解儿童序列的发展，可以参考蒙台梭利设计的部分教具。这些教具就是告诉儿童什么是序列，并帮助儿童学习序列。许多教具依据尺寸、颜色、重量和数字来区分等级和层次。使用这些教具，儿童可以建造锥形塔，排列纺锤棒，操作数棒等。通过尝试错误，儿童可以发现教具之间的差异，系统地学习序列的概念。例如，叠锥形塔需要积木块按照从大到小的顺序重叠才能成功。箱子可以根据容积大小套在一起。数棒可以根据从1～10的顺序排成一队梯形。在幼儿期，儿童已经能将几个物体按一定顺序排列，并将排列模式运用于其他物体。

6. 数　字

理解数字概念，意味着儿童掌握了数量。也就是说，儿童能理解什么是总和、等级和位次。数学知识被看做是个体突然获得的概念。一旦婴儿形成物体永存的概念（即不管能否被看见，物体是永恒存在于世界），当他们对物体进行比较时（如将环圈套在一根木棍上），就表明他们已经做好学习数量的准备了。学步儿可以根据大小、软硬对物体进行分类，并开始知道物体数量的多和少。5岁以下的儿童可以学习一些包含数字的歌曲，如《数土豆歌》《五只青蛙歌》等。一旦儿童理解了数字的意义，他们就能使用数学的名词术语。例如，在《五只青蛙歌》中，唱到青蛙跳进池塘时，杰克小朋友就开始了解4比5少1。

除非儿童拥有将数字运用于物体或者材料的直接经验，否则数字的学习既不完整，也没有任何意义。学习数量，意味着要对数目进行比较，要将两组物体一一对应（如教师说："泰勒，每个人吃点心时只能拿一张餐巾。"）；儿童也能对物体进行计数，并开始学习计算（如教师问："凯文，你有三个铲子，再给你一个，现在你有几个？"）。

7. 符　号

一个符号代表着某种事物。符号化就是用一个事物来代表另一个事物。对教师和儿童来讲，回忆和重现儿童的符号表征能力都具有重要的价值。假装（如扮演游戏）有助于促进儿童符号表征能力的发展，如用声音代表某物品（"Choo-choo"代表车子）。儿童符号表征能力的另一个表现是使用和理解两维和三维空间，如儿童将自己所见的内容展现在黑板上或黏土桌上。讲述性游戏可以帮助儿童使用语言符号。例如，"有一样东西，形状圆圆的，颜色红红的，吃起来又脆又甜，那是什么？"（苹果）掌握了这些符号表征技能，儿童就可以开始学习文字符号了，届时他们就能在此基础上学习写字、听写、记笔记等。

8. 空间关系

儿童在早期就开始理解空间关系。婴儿会抓握住眼睛所看到的物品，体会到两物体之间的位置关系后，婴儿就逐渐获得有关空间关系的心理意象。学步儿能控制自己围绕桌子行动，并学会正确地坐在马桶上。儿童学会将物品拼装在一起，或者将它们拆开。他们能重新布置物品，塑造事物的形象，采用不同的空间视野来看物体。这些能力都只能从经验中获得。例如，从斜坡的下方看事物，必定与从上方看的结果有所不同。教师可以运用图片和照片，鼓励儿童在画纸上表现出这种空间关系。

9. 时　间

理解时间是一件复杂的事情，因为时间至少包括了三个特性：时间的当前性、时间的连续性（continuum）和时间的顺序性。儿童学会根据信号而开始或结束某种活动，如当教师在钢琴上弹奏一曲和弦时，就代表清洁时间到了。儿童学会在室内外调整自己移动身体的速度。年龄稍大的儿童开始注意到，时钟和月历可以用来标志时间的经过。儿童开始了解到时间的顺序性：什么先出现？接下来怎么样？最后又怎样？通过彻底执行日常作息表，将每日事件安排得富有条理，都可以帮助儿童获得时间概念。儿童也会从预测将来事件和做好适当准备中获益。策划一项行动，并完成此项行动，这也有助于儿童获得时间概念。

四、语 言 发 展

爱丽丝：丽娜，你可以帮我把水壶装满水吗？

丽娜：不行，因为我的头发让我很烦。

凡尼：嘿，大家快来看！我掉了一些面包屑，小鸟马上就把它吃光了。

艾伯：我知道那是牙齿小精灵在我牙齿上弄出来的。

马蒂：我要把我所有的乳牙都放在罐子里，下次有小宝宝来的时候我就给他。

语言是人类有意义地使用声音的行为。语言是用来组织句式、表达和交流思想以及观点的符号。语言似乎是人类与生俱来的能力。

世界各地语言的声音、文字、语法都存在明显的差异。每个地方的人们都用语言进行沟通。对于发展中的儿童来讲，语言是一种表现自我的能力。语言包括两个方面：一是发音、字词、语法的接收（receptive），如倾听、理解；二是回应，如表达。换言之，语言是有意义的、令人喜悦的沟通方式。

（一）语 言 发 展

语言和思想密不可分。当人们将自己的经验表达出来时，思想因而出现，语言就是表达或描述思想的一种方式。语言影响着思想的产生和存贮，语言是思想的工具。例如，一个经常跟妈妈去购物街购物的孩子，比跟妈妈去超市的孩子更能懂得讨价还价的语言。住在加拿大的爱斯基摩人，他们用来描述各种水的语言，必定和位居热带地区的波多黎各人的语言有所不同。语言和思想是人类用来理解世界、并与世界沟通的工具。

婴儿出生时也许不具备语言能力，但他能与外界沟通。哭、大笑、微笑、扭动等，都是婴儿用来表达和传递信息的肢体语言。有些语言是非符号性的，如手势或动作；有些语言是符号性的，如文字。儿童很自然地从非符号性的沟通（如指向窗户代表“到外面去”），转换到符号性的沟通（如说“出去”“我出去”）。口头语言是最常用的符号性语言。发展中的儿童学会使用有意义的语言来交流思想，因而语言和思想总是联结在一起。

语言发展也与其他发展领域相联系。当儿童开始社会游戏时，也就学会了提出自己的想法。当儿童交流感受、表达自己的期望时，儿童学会标示、描述、提出问题和要求，这时，儿童的语言促进了情绪的发展。听到儿童描述自己如何从树上掉下来，所有人就会认识到语言对于动作技能的运用有极大帮助。表 11—6 是有关语言发展和语言表现的研究，揭示了儿童语言很多有趣的特征，呈现了语言发展研究给予我们的启示。

表 11—6　语言研究对实践的启示

语言研究显示	实践意义
儿童的语言与成人不同。	●儿童的语言与其所见所闻密切相关。 ●儿童的语言是以自我为中心，只考虑到自己的想法。 ●在学前阶段，儿童察觉到语言的结构（例如英文词汇中的名词复数是加 s）。5 岁以下儿童可能无法理解某些语言。
语言的学习并不仅限于模仿成人的语言。	●儿童的语言并不是成人语言的改版。 ●每个年龄阶段，儿童的语言都是独特的，处于不同的语言层次。 ●儿童并不只是模仿他人或制造错误，而且尝试理解语言模式。 ●口头语言的使用不只是模仿他人，儿童也能创造语言。
经验有助于语言的发展。	●词汇是建立在实践经验之上。 ●儿童词汇量的多少，与儿童对话者的人数、亲密度、频繁度有显著的关联。 ●20 个月大时就与母亲互动频繁的儿童，相较与少于母亲对话的儿童，要多出约 131 个或更多的英语词汇。

学前阶段和幼儿园时期的语言经验，反映出个体将来的文学成就。	●优质的幼教方案能降低儿童在沟通技能上发展迟缓的危险度。 ●刺激丰富的环境和人际互动，能提高儿童的沟通技能。 ●儿童的语言经验有三个特性会影响将来的文学成就： 1. 接触不同词语。 2. 有使用长句子的对话机会。 3. 能提供认知刺激和语言刺激的家庭和教育环境。 ●幼儿园阶段语言表现较好的儿童，可以推测其小学阶段有较强的阅读理解能力和生词学习能力。
语言发展是经验和成熟协同作用的过程。	●语言发展的阶段遵照特定的顺序。语言发展各阶段存在先后顺序。

1. 语言发展的阶段

儿童的语言发展会经历六个阶段。除了聋哑儿和语言器官受创伤的儿童外，不管学习何种语言，语言发展的顺序似乎都不会改变。

(1) 婴儿回应语言。婴儿从开始注意语言行为，转变到注意语音、语速和语调。这些都是语言发生的准备（precursors）。婴儿对一些声音差异特别敏感。婴儿需要听人说话，而且需要大量倾听，以奠定其语言发展的基础。

(2) 发声。婴儿在 3 个月～4 个月大时，会开始牙牙学语，发出咿咿呀呀的声音。牙牙学语随年龄的增长而增多，大约在 9 个月～12 个月时，达到顶峰。牙牙学语是人类身体成熟的表现，而不仅仅是经验的结果。在此时期，即使是失聪儿和听力受损的儿童，也与正常儿童一样都会出现这种现象。此外，不同语言之间都存在相似的发音模式。

(3) 词汇发展。婴儿大约在 10 个月～15 个月大时，会开始玩声音游戏。婴儿首先要将听到的声音区分为言语和非言语两种。言语表达出的声音还须进一步区分为词汇和发音。最后，就是计划和控制言语。从某种程度上讲，口头语言能力的发展取决于个体对动作的控制，以及声音与物体相对应的能力。大多数儿童在使用词汇前，都能理解一些词汇，并作出回应。婴儿学会的第一个字可能是物体的名称，或他们周围的事物的名称（如人、食物、玩具、动物等）。接着，婴儿开始泛化使用某些字词，例如用“狗”来代表所有的动物。最后，儿童可能用一个词来代表整个句子，例如“拜拜（再见）”可以代表一个人要离开了，或者儿童已经吃完饭了，或者正要离开的儿童，或者关起来的门。

(4) 句子发展。儿童的句子通常从两三个词语开始，用来描述一个动作（如“我走”），或者一个所有物（如“我的球”），或一个方位（如“宝宝外面”）。这些句子因为不同词类的增加而不断扩展：或增添形容词，如“我的大球”；或改变了动词形态，如“跳下来”；或使用否定词，如“不要去外面”。语法是儿童自然学会的，并不需要他人的教授，但他们善于将听到的他人话语整理出一套规则。儿童语言虽然与成人的不完全相同，但儿童的确是利用所听到的话语去奠定自己的语言基础。儿童理解他人的话语，并进行模仿，以提升自己的语言结构。

（5）语言的扩充（elaboration）。词汇开始以不可思议的速度大量增加。句子变长，语言沟通开始运用于社会互动中。

（6）语言的符号表征。学前阶段或幼儿园时期，儿童开始阅读和写作，这时，儿童将语言看成一个整体，将文字当做口头语言的记录。幼儿期末期，儿童的文学意识开始发展起来。

事实上，如果儿童能认识英文字母，并且具备音素意识（phonemic awareness），就可以预测其早期阅读是否顺利。具备了较强字母认知能力和语音理解力的儿童，在小学一年级的阅读能力也较强、学习速度也较快。“文化思考”是语言发展达到最高阶段的标志，针对4～6岁儿童的教育活动中可以设计相应内容，培养儿童的早期读写能力。

图 11－6　手语是符号表征的一种方式，是语言发展的最后阶段。

幼儿园老师丽莎教的是学步儿，她采用下列方法来教导语言：

学步儿：	丽莎老师：
“喔喔”，并举起杯子。	“你还要果汁吗？”
“嗯哈”	“我不懂你的意思，你指给我看。”
“啊！”	“是啊，把外套穿起来很难。”
“爹地……”	“你爸爸开车送你来学校。”
咿咿呀呀地发出声音，抓着自己的脚。	“那是新鞋子吗？”

表 11－7 是儿童语言发展各阶段的范例。

表 11－7　儿童随年龄和经验发展的语言技能

语言发展阶段	大约年龄	特　征
1. 婴儿回应语言期	0～6 个月	微笑，注视声音出现之处。
2. 发声期	6～10 个月	牙牙学语，发出不同声音，需要外界帮助时，用声音取代哭。
3. 词汇发展期	10～18 个月	出现“妈妈”“爸爸”“狗狗”“拜拜”“不、不”等词语。
4. 句子发展期	18 个月～3 岁	说“我巧库力（Me want chok-quit）”表示“我要吃巧克力”；“她走黑黑了（She goed in the dark）”表示“她走到了暗处”。
5. 语言的扩充期	3～5 岁	会说“妈妈最棒了”；“你可以在早餐时（把 breakfast 说成 bet-bis）帮我照顾乌龟”；咳嗽时会说“我的喉咙打喷嚏”。
6. 语言的符号表征期	5～8 岁	

2. 双　语

在幼儿期，双语（bilingualism）是指一个人除了母语之外，还能流利地使用另一种语言的能力。使用双语的儿童必须能理解并运用两种语言，发展出两套语言沟通系统。要在教室里轻松使用母语之外的另一种语言，这是一个熟悉新文化、新语言的长远而复杂的过程。

第二语言的学习一般通过两种方式。一是同步习得（simultaneous acquisition），这往往出现在儿童一出生就处于两种语言环境的情形。通过这种方式习得双语的儿童，幼儿期的词汇发展较为缓慢，经常会混淆两种语言的发音或词汇。然后，到了 4 岁或 5 岁时，大多数儿童都能成功区分这两种语言。

双语学习的第二种方式是先后习得（successive acquisition），这往往出现在已获得一种语言的儿童进入另一个语言环境的情形。例如一个儿童在家使用一种语言，而在幼儿园需要使用另一种语言，两种语言的学习就是先后习得。在美国，来自新移民家庭的儿童学习双语经常采用这种方式，这对于儿童发音和语法都有助益。但目前尚无明确证据显示，这类儿童的词汇量和语法能力较其他儿童更佳。

教师和家庭需要更好地理解双语能力，经由实践消除对第二语言学习的错误认识。

表 11—8　第二语言学习的指导策略

1. 理解儿童如何学习第二语言。第二语言的学习有一定的顺序。
2. 制订使用两种语言的计划。最好有双语的教职员，或至少有一位教师懂得这两种语言。
3. 接纳个别差异。激发儿童的学习动机，在整个双语学习过程中保持儿童的学习积极性。儿童的年龄和气质都影响语言的习得。不要坚持让儿童开口说话，而是要激励他们融入本班活动当中。玛莉亚不愿意在集体活动时间和大家待在一起，那就可以允许她隔着一定的距离旁观。要相信玛莉亚也在学习，而不必担心或焦虑于她尚未融入集体。
4. 当儿童想跟他人沟通时，教师需要提供支持。鼓励儿童想与他人沟通的意愿，而不是纠正儿童的语言错误。帮助儿童发展出与第二语言相对应的沟通模式，如凯连虽然无法说出“车子”，但是可以指出来。
5. 保护语言所蕴涵的哲学。要认识到在第二语言的学习过程中，儿童是在获得更多更新的语言技能，而不仅仅是取代母语。询问吉亚和他的家人，了解他们民族的文字、食物和风俗，这有助于教师采用与吉亚所属民族有关的教育内容和教育方式，让吉亚感到既熟悉又亲切，从而在两种语言之间顺利过渡。
6. 提供富有语言刺激的、积极的多元环境。请注意，教室布置对第二语言的学习很有帮助。
7. 进行非正式的观察，以此指导活动设计。采用主动观察，可以让教师找出有助于儿童被集体接纳、融入集体的特别活动。例如看见一群女孩正在建造动物园，老师给米多丽一篮子野生动物模型，并和她一起走到积木区。老师建议将动物园保存起来，于是帮助这群女孩给每个动物贴上英文和日文标签。
8. 了解儿童的家庭。在家庭和学校之间建立联系。进行家庭访问时，哈威玛的老师和她的家人一起讨论如何将印第安族的文化带入班级。营造接纳性的班级氛围，教师必须了解每个儿童的文化背景，了解他们的语言、方言和文化。

随着双语或双文化背景的儿童的增多，熟悉第二语言的发展顺序对于儿童教育有很大帮助。以下是第二语言的发展进程：

（1）儿童会对每个人使用母语，不管对方能否听懂。

（2）儿童开始认识到别人听不懂他的母语，并放弃使用该语言，而用不太成熟的非语言行为来代替。

(3) 儿童混杂使用电报句和简缩句，开始突破非语言阶段。一个词组，如“不，对，我的，嘿”都是电报句形式。一些简缩性的英文单词或句子，如“okay”(all right)、“lookit”(look at it)、“I dunno”(I don't know) 等，也是常用的沟通语言。

(4) 流利使用新的语言。

儿童对第二语言的学习存在一定的个体差异。儿童的认知、社会、语言等技能会影响其第二语言的习得。此外，儿童的文化、气质、学习方式等在一定程度上也影响第二语言的习得。例如，塔亚克是瑞士和德国的混血儿，所以当她说“Can I haff (have) one of those”时，她弄不清楚英文“v”和“f”之间的区别。从日本来的幸子常抱怨说“我喝水的时候脖子痛”而不是“喉咙痛”，因为她只知道“脖子”这个词。

你的观点是什么?

你在家庭中使用的是哪种语言？你还记得第一次上学时的经历吗？使用的是哪种语言？当时开口容易吗？你是如何使用语言与老师和同学互动的？你还记得你是怎么学习阅读的吗？是简单还是困难？你还能回想起给大家念文章的情形吗？这些经验对你当前的教学有什么启示？

成人通常有一个错误的想法，即认为儿童能快速而轻松地学会某种新的语言，而且年龄越小学习第二语言的速度越快。但事实并非如此。语言和文化背景不同的儿童，被困在第二语言学习的两难境地中：学习新的语言，儿童就必须被使用该语言的群体认可；但是要被该群体认可，儿童又必须能使用新的语言。不能使用所在群体的通用语言，儿童可能面临多种不利情形：或被他人忽视，或者得到婴儿般的照顾，或被其他儿童领导主宰，或被认为是智力或能力低下。

同时，以英语为主的教室环境会使儿童与家庭产生隔阂。儿童可能拒绝再使用家庭语言，因为他们很难同时使用两种语言，而且在儿童的观念里，英语更具有优势。如果家长希望孩子学习第二语言，就很有可能面临这种问题。但是，如果家长自己不说英语，他们日后就可能无法和自己的孩子沟通。家庭里如果没有通用性的语言，就会影响到家庭的团结和和睦。

班级活动组织要注意三个方面，这有助于儿童学习第二语言：

(1) 制订一系列的活动，让儿童能够跟上这些活动，且保证活动进展顺利。

(2) 教室里提供安全的空间。

(3) 充分利用故事时间。教师可以增加讲故事和念故事的时间，并需要记住，学习第二语言的儿童在借助手偶、面具、戏服等扮演另一个角色时，更乐于说话。

此外，尊重儿童家庭的文化和语言，并欢迎其融入幼教环境，这是非常重要的。维尼西亚老师鼓励学龄前儿童家庭保持其文化和语言，建议儿童家庭和大家一起分享他们的家庭故事，并采用特别的方式引导儿童学习新语言。她用西班牙文写了一封信给家长，内容是一些问题：儿童想知道他们的父母是如何认识的，父母在家乡的生活如何，父母小时候玩些什么，由谁照顾等。她要求班上儿童在集体活动时间讨论这些内容。她把社区成人学校开办的“英语为第二语言”的课程目录复印了很多份，请儿童带回家给父母；每隔一周的周四放学后，她都让儿童在教室外面玩耍，把家长请到教室，额外进行了半小时的家长工作。另外，她还安排了定期的“儿童书包”项目，让儿童把简单的英文画册带回家和父母一起阅读。

3. 方言的差异

教师很有可能遇到班上儿童在字词发音或语法上存在差异的情况，甚至同样是讲英语的儿童身上也会出现类似现象。这些差异可能是由方言（dialect）或不同的语言模式造成的。除了地区方言外，还有一些被某文化团体或同一社会阶层的人共同使用的社会方言。每一种语言和方言都有自身的规则，都是能进行沟通的语言系统。在美国，最引人注意、引发冲突最多的方言是黑人英语（Ebonics）。黑人英语是以西非语言为基础，然后叠加英文在上面；它建立在西非语言的语法基础上。经常引发争论的话题是：非标准英语的使用者在将来的高科技社会中的处境。发展适宜性教育指出，要尊重并悦纳每个儿童的方言，但同时也认为任何语言的差异都会限制儿童的发展。美国幼儿早期开端计划协会也反对黑人英语，强调每个儿童必须知道语言的使用是为了增强自身能力，而不是进行群体划分。因而，每个儿童都必须具备“语言的力量”（language power），不管儿童是说“标准”的英语，还是说自己的“语言”，都应该感到自在快乐，且自己有能力驾驭语言。

（二）幼儿期的语言技能

幼儿期的语言技能包括：发音、语言接收、语言表达、书面语言等。

1. 发　音

儿童的发音能力是将声音和话语连接起来的关键。发音错误在儿童身上很常见，也是正常现象，尤其是5岁以下的儿童。幼儿教师通常都能预计自己会听到一些错误发音，如儿童将“Sally”说成“Thally”，将“rope”说成“wope”。在学前机构中，儿童重复说某个音、音节或词语并不是口吃；4～6岁的儿童中，有85%的儿童说话吞吞吐吐，并且会重复说话。当儿童说话时，教师要注意儿童的听力水平，并在日常对话中矫正其错误发音。儿童能听清楚并发出正确的声音吗？他们能发出差异很小的声音（如“man”和“mat”）吗？

要帮助语言有障碍的儿童，使其语言正常发展，切斯勒（Chesler）认为有如下策略：

- 注意倾听儿童的话，不要催促他们。
- 当儿童感到有压力或者沮丧时，不要要求他们说话。
- 当儿童不愿意时，不要要求他们在公众场合说话或者表演。
- 当儿童说话时不要打断他；不要替儿童完成句子。
- 运用“说慢一点”“说话前先想一想”等话语，可以暗示或让儿童注意到自己说的话可能有错误。
- 成人要为儿童树立说话缓慢、流畅、清晰的榜样。

2. 语言接收

语言接收是指儿童的倾听和理解能力。具备这项能力后，儿童就能辨别方向、回答问题，并遵循事件发展的步骤。当儿童倾听时，会在心里转换成一些心理意向。

儿童很早就能接收语言，并成为能准确回应文字、声音、重点、转折的专家。同一句语言，采用不同的说话方式，儿童能理解多少种含意？

“你终于吃完午餐了。”（替你喝彩）

“你终——于——吃完午餐了？”（你的动作真慢）

儿童是为了快乐而学会倾听各种声音，如风吹着树叶的声音，讲故事的节奏韵律，父母开车回家时车子的声音等。表 11－9 列出了提高儿童语言接收能力的策略。

表 11－9　提高儿童语言接收能力的六种策略

1. 提出清楚的指令。例如：“请走到椅子旁边的小地毯上，并坐在上面。”而不是“去那里坐好。”
2. 允许儿童提问。给儿童提供可被接受的答案。例如重复儿童的最后一段句词，让儿童再说一遍“你想要什么”或者“你想吃什么”。也可以改变成符合句法结构的问句，再反问儿童。例如将儿童说的“You put it where”改成“Where did you put it”。
3. 有步骤地进行引导。例如：“先去洗手，然后把午餐放在桌子上，接着你就可以开始吃饭了。”询问儿童接下来要做些什么，这也有助于儿童有步骤地行动。例如：“吃饭前要做哪些准备？先做什么？后做什么？”
4. 努力了解儿童话语要表达的真正含意，而不是字面意思。寻找儿童话语背后的含意，所表达的意愿。对于学步儿、不会说英语的儿童和新入园的儿童，这一点尤为重要。

5. 要求儿童大声说出自己的想法。例如："告诉我你认为孵蛋机里的蛋会出现什么情况？为什么你认为有的蛋会孵化？有的不会？"

6. 使用文学语言和你自己的语言，让儿童知道如何运用语言描述画面和想象。询问儿童自己心里的画面或梦想。对于年龄稍大的儿童，可以将无图片的书本文字念给他们听。

3. 语言表达

幼儿期的语言表达包括词汇、语法和语言阐述。

（1）词汇

儿童说出的第一个词，通常是对于他们而言最重要的人或事物，如妈妈、爸爸。成人告诉儿童有关物体、动作（走、跑）、感觉（高兴、伤心）等词汇，帮助他们扩充词汇量，扩大相应的知识。教师对事物的细节进行更多、更细致的描述，可以带给儿童更多的新词汇，以提高其语言技能。接着，儿童了解到有些词汇不止一种含义，如"orange"这个英文单词可以代表橘红色或橘子。还有很多不同的词其含意却相同，如"船" （ship）和"舟"（boat）是相似的物体，"洋娃娃"就是"玩偶"。

（2）语法

儿童推论自己所听话语的含意，就能掌握基本的句法结构。儿童倾听成人的话语，并运用成人的语言模式来组织自己的语言。在幼儿期，听取简单的句子，而且词语顺序正确，这对于儿童获得语法很有帮助。接着，儿童学会现在式和过去式、单数和复数。最后，儿童懂得各种复杂的句法结构，如介词、关系词、比较、动词词性的各种变化等。

（3）语言阐述

语言阐述有很多种形式。它是对语言的解释。通过形容、描述、解释和沟通，成人阐述自己的想法，并鼓励儿童也这样做：

● 大声说出行动的过程，示范语言是如何帮助解决问题的。例如："我试着从花盆里把植物拿出来，但是当我把花盆倒着放时，植物自己没有掉出来。我现在要用铲子挖松花盆边沿的泥土，看看有没有用。"

● 进行指示，让儿童遵照指示行事。例如："现在是清洁时间。你可以自己找事情做，我会看着你。"

● 向儿童提问，回答儿童的问题。例如："当她说不和你玩的时候，你的感受如何？""你说你做不到，那我要说什么才有用？"

● 不偏离谈话主题，使沟通进行下去。例如："我知道你想玩球，但是我们先要解决你和康诺之间的推车问题。"

● 自言自语，自娱自乐。例如："你盖的房子真棒。""你要怎么进去?""你需要盘子吗?"

4. 书面语言

把话语写下来就是书面语言。此时，儿童知道一个人的想法可以被记录、被复制下来，并传达给别人。将语言变为符号的形式，这就是阅读和书写过程的主旨。当儿童定期阅读时，当他们看到成人从事读写工作时，当他们处于文字环绕的环境中时，儿童就在学习文字。对儿童来讲，文字就是简单的"点、线和涂鸦"。而教师和家长必须解释这些文字的意义是什么。将话语转化为文字，这是一项认知任务，因而当儿童学习文字时，其智力也得到了提高和发展。帮助儿童学习书面语言的步骤为：

(1) 儿童在进入小学之前，就开始发展读写能力。

(2) 阅读和书写两种能力同时发展，并相互影响。

(3) 读写能力在日常活动中得到提高。

(4) 儿童通过与世界的互动来学习读写。

完整的沟通过程包括听、说、读、写，读写是其中的一部分。儿童读写能力的发展遵循一定的阶段，这些阶段有可能相互交叉重叠：

● 第一阶段：儿童理解文字也是一种语言。他们发现书本充满魅力，承载着丰富的信息，给人神秘的感觉。(阅读前的准备)

● 第二阶段：儿童多次倾听故事、诗、儿歌等。当我们将这些念给儿童听时，儿童跟着念、跟着说、跟着唱。(阅读前的准备)

● 第三阶段：儿童学会认字。他们会阅读并理解其内容。(开始阅读)

● 第四阶段：儿童成为读者。现在的任务是帮助儿童成为更好的读者。(阅读)

阿什顿一华纳 (Ashton-Warner) 曾提出一种有助于儿童识字的方法。作为一名幼儿园教师，他相信儿童天生好奇，并富有创造性。他发展出一套"自然阅读"系统，让儿童自己确定想要读写的关键词汇表。这个方法对他班上的新西兰原住民很有效果；而对以英语为主的儿童来讲，这个方法的意义则不大。阿什顿一华纳提出的这种个性化的、与文化相联系的教学方法非常有效，因为它与儿童日常生活联系紧密，而且以儿童的兴趣为依据。

5. 愉　悦

要激励儿童的语言得到发展，就要使其感到语言使用的愉悦。教师与儿童、儿童家长及其他成人交谈时，要塑造"语言是多么有趣和好用"的榜样。了解到语言的价值和乐趣，就可以推动儿童去进行更深入的读写活动。如果教师能做到下面几点，就能将儿童的阅读活动变成乐事：

图 11－7　有多种方式可以让儿童感受到语言的价值和乐趣。

- 在儿童周围放满书本和其他阅读材料。
- 布置富有吸引力的图书区。
- 定期参观当地的图书馆。
- 鼓励儿童分享自己最喜爱的书籍。
- 花时间和儿童进行交谈。

儿童通过集体讨论和提出问题，感受到语言的乐趣。任何语言教学方案的必备部分，就是每日听故事和诗歌，儿童自己说故事或把它写下来也同等重要。表 11－10 列出了提高儿童早期读写能力的建议。

表 11－10　关于儿童早期读写活动的建议

- 有一个舒服的图书角，给儿童提供大量时间让其探究、阅读各种书籍。
- 运用各种材料设置一个书写角，利用这个区域，组织集体活动（如故事活动），设定有意义的活动主题（如邮局），或者和儿童学习联系起来（如写信并寄出去）。

- 开展户外散步活动，当儿童发现文字时将其指出来，如街道路标、店铺标志、车上的贴纸等，然后将这些文字写下来。
- 在大字报上写下童谣、诗歌等，可以读给儿童听，也可以让儿童自己读，还可以作为集体口述的内容。
- 设计融入了文字书写的活动。如阅读有烹饪计划的食谱，制作午餐菜单和点心菜单，阅读新玩具的使用说明书，制作戏剧门票，以及将图书带到教室。
- 定期使用纸条。定期寄送载有儿童口述或书写内容的刊物给儿童家庭；给另一班级的教师写纸条，请儿童帮忙传递，鼓励儿童之间相互传递纸条。

五、情绪发展

（一）情绪发展

当一个人走进一间幼儿园教室时，他首先注意到的是儿童——无论儿童正在玩耍还是在观看什么，儿童是在哭泣还是在打架，儿童看起来是高兴还是悲伤。这个概览，可以让人对幼儿园教室环境氛围获得一种初步感受。学步儿艾碧尔一边在水桌上玩，一边咯咯地笑。忽然，她把肥皂水弄到了眼睛里，马上哭了起来。这时，艾碧尔需要外界的安慰。3 岁的杰瑞德很伤心，因为老师不让他在讲故事时间出去玩，他冲老师大喊："我讨厌你，你凭什么管我！"泰博特因为被小朋友拒绝而伤心，他进游戏屋时没有人跟他打招呼。他误会了那些正在忙碌的小朋友，以为大家是在排挤他。

1. 自我认同

当儿童通过自己感知和他人传递来获取信息时，他们就建构起对民族、种族、性别、能力等的相关认知。这些认知有助于儿童自我形象的塑造，进而帮助儿童建立和他人的关系。情感与自我概念（self-concept）、自尊（self-esteem）紧密相连，情感发展的背景就是个体的自我认同。自我认同与文化紧密联系在一起。在关键的幼儿期，通过家庭传承的观念、态度和行为，儿童开始形成自我。儿童主要通过有影响力的事件和经验，来了解自己是谁。只有如此，儿童才能从自己与他人的关系中判断自己是否成功。*

自我形象的建立非常复杂，涉及多个方面，而且经常变化。自我形象影响我们所做的每一件事，同时也受我们所做事情的影响。儿童如何与环境互动，如何回应环境，这都将决定儿童的自我形象。个体大部分的自我形象建立在社会对儿童的观感之上。在儿童自我形象的建立过程中，教师扮演着重要角色，他们提供了自我形象建立的重要依据：人际互动的质量。

图 11—8　自我形象的建立，有助于儿童形成积极的自我认同。

科里（Curry）和约翰逊（Johnson）发现，早期的几种关键经验有助于形成和巩固儿童的自我认知。对于年龄稍小的儿童来讲（0～2 岁），自我的发展萌芽于婴儿和他人的关系。当婴儿学会控制自己，并与他人互动时，婴儿的依恋和情感都得到了发展。当学步儿逐渐产生自我意识，他们对他人的好奇心也发展起来。

对于学龄前儿童而言，接下来是开始自我测查和自我评估。他们会具有一定的威信，但仍然依附于成人，非常尊重成人。儿童在角色扮演游戏中测试自己的能力极限，并在交朋友的过程中拓展自身能力。对学龄前儿童来讲，塑造一个有能力、能自我控制、善良的自我，开始变得重要起来。

要成为一个做事有效率而成功的人，需要从幼儿园的时候就开始培养。当儿童能够理解他人的感受，并开始影响他人的感受时，友爱和敌视这两种情绪也同时发展起来。同时，学龄儿童开始运用社会的道德价值观来审视自己，并在“善良”和“坏”之间犹豫挣扎。

2. 自　尊

如果儿童感到自己有价值，富有能力，那儿童就很有可能取得成功。如果儿童不认同自己，就会产生挫败感，缺乏做事的积极性。自尊的四种组成因素为：

---

* 当儿童形成自我认同和自我价值感时，就会思考关于自己是谁、自身价值是什么等这些问题，而来自家庭、媒体、学校、同伴的答案，常常和儿童自己的答案相互矛盾、冲突。幼儿园教师在设计课程时，首先要关注儿童的家庭文化和语言，从而促进儿童的发展。

（1）自我认同感。

（2）归属感（与他人紧密相连的感受）。

（3）自身的独特性。

（4）自我（能力）感。

在生命早期，儿童的自尊与其家庭、朋友、其他重要成人（如教师）紧密相关。能促成儿童获得成功的计划，有助于儿童获得自尊。儿童自尊的建立包括四个方面，由于其英文单词首字母都是"I"，因此又称为"4I"。

- 我（I）。当儿童进入班级时，他们接收到的信息应该是"我非常重要，这是我的地盘"。班级的物理环境、作息表和班级氛围，都应该有助于儿童表现自我。
- 主动（Initiative）。幼儿园鼓励儿童主动学习，与他人接触，采取行动，作出选择。
- 独立（Independence）。穿衣、吃饭、洗漱等自我管理活动，在幼儿园课程中占据重要地位。儿童要坚持管理自己的物品，并提高自身对事件和活动的独立评价能力。
- 互动（Interaction）。社会互动在幼儿园课程方案中占据优先地位。教室和庭院都是繁忙的地方，教师和儿童一起散步，一起交谈。儿童的冲突是正常的，这是儿童进入社会生活的自然结果。作为一个集体，这能鼓励儿童之间的互动，并培养儿童相互依赖的意识。

马蒂老师和凯西老师在其幼教方案中一直运用此"4I"策略。例如："蒂尔卓，你看来已经做好开始玩耍的准备了。"凯西老师说，"我们准备了面粉团，我记得你和多明妮喜欢玩这个，她来了吗？"这时，克里斯和克莱姆冲进来，他们用积木排出一条线。凯西老师知道克里斯的妈妈是个职业妇女，没有时间在教室停留。于是，凯西老师走到那两个小男孩旁边，对克里斯说："你妈妈上班去了，我觉得可以把你们搭好的积木用相机拍下来，回家拿给妈妈看。"

积极的自我认识对于儿童非常关键。阿特金森（Atkinson）和霍恩比（Hornby）的研究显示，消极的自我形象与不良的心理健康状态、学业成绩差、违法行为密切相关。而积极的自我概念则与良好的心理健康状态、高学业成就、适宜行为密切相关。建立了积极自我形象的儿童，做好了面对生活挑战的准备。他们有信心去管理自己的情绪，应对社会生活中的各种变化，并获得创造的快乐和精神上的愉悦。

情绪是一个人的感受——欢乐与悲伤、爱与恨、自信与恐惧、孤独与归属感、愤怒与喜悦、挫败感与满足感。情绪是对人、事、现实情境作出的回应。感受是个体对正在发生的事情产生的情绪。情绪健康的人，能采用适宜的方式调节自己的情绪，他们不会让情绪控制自己的行为。学习情绪控制技能的最佳时间就是幼儿期。

3. 情感智能

高尔曼（Goleman）认为，情感智能（emotional intelligence）包括了脑研究和多元智能理论。他的观点是：

> 负责情绪的大脑区域会随时扫描发生在我们身上的所有事情，并以过去类似事情作为依据，分析当前事情是否让我们悲伤或愤怒。如果是这样，大脑就会发出警示——告知紧急状态，身体马上作出反应。个体作出情绪反应的时间极短，甚至比负责思考的大脑区域的理解速度还要快。这就是为什么人们会发怒，并做出令自己后悔的事情。我们将此称为“情绪劫持”（emotional hijacking）。

儿童会经常经历这种情绪劫持状态，需要我们予以协助，帮助其情绪得到发展。例如，当尿布湿了、饥饿、疼痛、烦恼时，婴儿就会有激动的情绪。在情绪表达上，婴儿会逐渐分化出更精细而丰富的情绪。学步儿因为苦恼而哭和因为饥饿而哭的表现是不一样的。随着年龄的增长，儿童对情绪的控制能力增强，渐渐学会了新的情绪表达方式，其情绪表现方式也发生了变化。

强烈的外在力量也会影响儿童的情绪发展。父母、家庭成员、教师和朋友，都是儿童情绪发展的社会影响因素，他们能帮助儿童掌握被社会所接纳的行为。儿童通过模仿榜样而学会很多事情。因此，较之单纯的言语讲授，儿童从成人的行为示范中会学到更多的东西。

回答表 11—11 中的问题，有助于教师洞察自己的情绪。

表 11—11　情绪洞察

- 哪些因素造成班上儿童激动、害怕、平静、吵闹？如何处理、掌控这些意外事件？
- 我怎样预测儿童可能表现出的情绪行为？接下来我该如何做？
- 面对儿童的情绪崩溃或情绪危机，我该怎么办？
- 当儿童表现出某种情绪时，我该怎么做？当某个儿童表现情绪时，我的感受如何？
- 儿童最常出现哪些情绪？
- 如果一个儿童表现出令我不舒服的情绪时，我该如何处理？
- 我求助外界的频率过高了吗？我过度反应了吗？我是否让儿童产生了“习得性无助感”？我忽视儿童所遭受的困扰了吗？

（二）幼儿期的情绪技能

研究显示，新生儿已经表现出了一些情绪，如兴趣、厌恶、苦恼等。而且，所有的基本情绪都在生命的前几周出现了，包括高兴、兴趣、惊讶、惧怕、生气、伤心、厌恶等。较为复杂的情绪，如害羞、罪恶感、嫉妒、骄傲等，则在日后出现。一旦儿童在他人身上观察过这些情绪，或自己经历过，那么这些情绪都容易被唤起。任何文化和种族都会出现这些情绪。

幼儿期要掌握的主要技能，就是情绪管理能力，应对变化、判断、欣赏自我和接纳自我的能力。

1. 管理情绪的能力

情绪管理包括四个阶段。每一阶段都建立在其他阶段之上，形成发展序列。一个阶段的学习会影响下一阶段的学习。

（1）察觉情绪并标识情绪

照顾年幼儿童的成人，能区分开代表饥饿、疼痛、惧怕等不同的哭声，并命名这些情绪。儿童能自己注意到这些情绪，并进行辨识。教师知道如何“阅读”儿童的面部表情和肢体语言，并告诉儿童这些情绪的名字，教导儿童如何发泄这些情绪。学龄儿童非常渴求、好奇于用文字来表达情绪。他们学会“孤独”“恐惧”“愚蠢”“伤心”等词语。辨识个体内心的感受，这是儿童要学习的一项重要技能。如果一个 8 岁的儿童这样说：“我剪这条线剪了三次了，这把剪刀一点都不好用。我很难过，我需要帮助。”那说明这个儿童的情绪发展很健康。

（2）接受情绪

儿童会出现激烈的情绪，感到自己被这些激烈情绪所控制。如果儿童能接受这些情绪，就能学会如何处理这些情绪，不被情绪所驾驭。接下来，他的情绪也会随之发生变化。他会发现自己曾经历过的激烈情绪会消失不见，这是让人感到愉悦的事情。请观察下面例子中的教师是如何帮助儿童处理激烈情绪的：

> 当妈妈准备离开时，克洛斯显得非常伤心。老师带着克洛斯和他的伙伴们走到门边，当妈妈挥手和他们说再见时，老师蹲下来抱着克洛斯。老师知道克洛斯很伤心，就陪在他身边，提醒他，妈妈还会回来，而且在幼儿园里老师也会照顾他。儿童有感受悲伤的权利，在父母离开环节中儿童感到难受是自然现象，这种紧绷的情绪几分钟后就消失了。老师微笑着，鼓励克洛斯去找有趣的事情做。当克洛斯恢复

平静后，教师就说他“现在表现得很好”。而克洛斯对自己能克服难受情绪感到很骄傲，后来甚至能在妈妈离开时主动说再见。

(3) 用适宜方式表达情绪

适宜的情绪表达包括两个方面：一是儿童必须能自由地表达自己的情绪；二是儿童必须用适合自身年龄的方式，切合当时的情境来表达自己的情绪。对于儿童激烈的情绪表达方式(且常具有攻击性)，很多新教师会感到不舒服。即使儿童采用消极的方式表达情绪，或不能自由表达情绪，成人都应该一视同仁，鼓励他们表达自己的情绪。

如果教师营造了安全的情绪氛围，就能有效地帮助儿童理解和表达自身情绪，让其知道如何管理自己的沮丧情绪或冲动，这是情感智能的根源。“看得出来，乔治拿走你的玩具让你很生气。”你可能会对某个儿童说，“但我不能让你打他，我也不会让他打你。”如果能控制自己的情绪，那儿童的情绪也得到了发展。表 11—12 显示了教师如何帮助儿童管理自己的愤怒情绪。

表 11—12　教师在儿童管理愤怒情绪过程中的角色

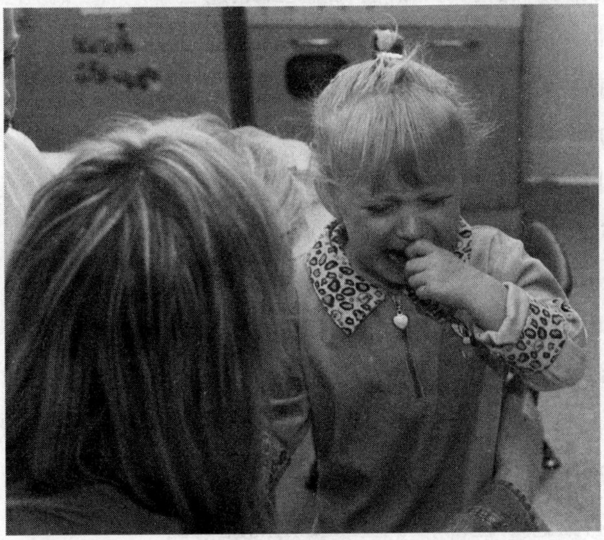

1. 营造安全的情绪氛围。方法：设立清晰、明确而灵活的行为限制。
2. 给儿童示范如何管理自己的愤怒情绪。方法：承认自己在生气。
3. 帮助儿童形成自我管理技能。方法：作出适宜儿童年龄和能力水平的回应，在成人的支持下鼓励儿童解决问题。
4. 鼓励儿童辨识自己的愤怒情绪。方法：从“生气”开始，接着解释“心烦、烦恼、烦躁、狂怒、激怒”等情绪。

5. 鼓励儿童谈论让自己愤怒的事情。方法：当儿童不再愤怒时，与他们讨论愤怒产生的情境。采用“当……时，我会很生气”这样的句式，引发一场生动的谈话。
6. 利用与愤怒有关的适宜书籍和故事，帮助儿童理解愤怒，并管理自身愤怒情绪。与家长沟通。方法：向家长介绍适宜的书籍或者玩偶，让家长带回家。告诉家长儿童在幼儿园做了什么，并询问他们的意见和建议。

儿童总有适宜于自身年龄的情绪表达模式。婴儿和学步儿不会说话，只能用哭来表达情绪。两岁的儿童用推和撞来表达自己的不高兴。4 岁的儿童用语言进行争论。到了六七岁，儿童学会告诉他人自己的感受。情绪表达的能力没有变化，但随着年龄的增长，儿童表达情绪的方式却在发生变化。情绪表达也存在文化差异，有些文化的情绪表达比较开放，而有的相对保守。

（4）应对他人的情绪

应对他人的情绪，是情绪技能发展的最高阶段。能区别不同情绪的儿童，能更好地辨识他人的情绪。因此，移情发生于幼儿期。当玩伴受伤或难受时，学步儿会跟着他们哭，或者依偎在老师身边。当别人大笑时，学龄前儿童会跟着笑。幼儿园的儿童在听故事时，能想象自己处于一个逼真的情境中。移情受早期经验的影响，需要成人进行培养。成人要帮助儿童接受并欣赏他人表达情绪的方式，引导儿童相互理解和合作。

2. 应对变化的能力

这是一个引人注目的问题，即作为适应力最强的物种之一，人类为何要面临如此多的变化？即使我们的大脑能够发现事物发展的模式，找出事物的相同之处，但仍然无可避免地要应对变化。

个体的出生，本身就是一种变化。压力是促使个体发展的条件之一，这能从很多事例中得到证实。学步儿要经历无数次的跌倒，才能学会走路；父母离异等原因，使儿童来到托儿所；7 岁儿童在直排轮上的专注和挫折，促使其更快地学会轮滑。适量而积极的压力会激励儿童努力达成目标，进行探索、寻找解决问题的答案。

应对压力、处理新信息，这都属于应对变化的能力。

（1）压力

引发压力的因素有很多种，既有内部因素（如严重的腹绞痛），也有外部因素（如进入新家）。在儿童生活中，有些压力尖锐而紧急（如住院治疗）；有些压力则是长期性的（如在酗酒家庭中成长）。许多事件都与儿童生活中面临的各种压力有关。例如，年龄、智力和性别都会影响儿童在压力情境下的反应。研究显示，男孩比女孩更容易受到伤害。破烂的房舍、贫穷、战争等属于生态性的压力源。而家庭的变化（如弟弟妹妹的出生），亲密家庭成员的逝世或消失，婚姻矛盾或离婚，则属于人际层次的压力源。*

家庭成员的不适宜行为（如疏忽或虐待儿童）尤其令人头疼，家长不仅伤害了儿童，而且给他们示范了应对压力的错误榜样。

(2) 应对变化的技能

个体有效应对困难的能力，受其人格和行为、家庭因素和社会因素的综合影响。适应性强的儿童心中充满希望，拥有自尊。而这两者都要受到教师和课程的影响。帮助儿童找到避风港，激发儿童的兴趣，这都有助于儿童克服学校和家庭中的困难，帮助儿童形成自我保护机制。教师也许是儿童生活中最重要的介入者之一，他们为儿童树立了自信、积极的榜样。表 11－13 列出了儿童压力的各个阶段，以及教师帮助儿童应对压力的策略。教师要全程观察儿童，定期与儿童个别谈话，鼓励儿童运用艺术、书籍等应对压力，与同伴相互支持。

表 11—13　儿童压力的各个阶段及应对策略

压力阶段	行为表现	教师的帮助
警觉压力状态	惊醒和恐惧 困惑 心情迅速变化	●注意处于压力状态的儿童（观察其行为的变化）。 ●倾听。 ●提供词汇，以供儿童表达情绪。 ●进行适宜于儿童年龄的解释。 ●随时准备面对预料之外的行为。 ●向儿童保证教师会一直提供支持。 ●提醒父母或其他人注意儿童的状况。 ●采取预防措施，减少其他可能发生的压力事件。
评估问题	努力了解问题	●倾听。 ●进行适宜于儿童年龄的解释。 ●帮助儿童更为积极地面对压力情境。 ●简单列出所面临的问题。 ●向儿童保证问题肯定会得到解决。 ●提醒其他成人关注儿童的行为。

* 生活在美国社会对于很多儿童来说是一种压力。例如，美国原住民儿童生活在冲突性的文化之中，他们必须适应这种文化，才得以在主流文化社会中生存。教师必须接纳所有的儿童，帮助他们在两种文化中取得成功。

寻找解决方案	寻找应对压力的策略 从可选方案中选取最佳方案	●倾听。 ●询问儿童的想法。 ●帮助儿童列出问题的解决方案。 ●告诉父母和其他人有关儿童的状况。 ●向儿童示范自我控制和应对压力技能。 ●鼓励并提升儿童的自尊。
实施解决方案	尝试一种应对策略 应用解决方案	●倾听。 ●观察儿童如何实施解决方案。 ●对于解决方案的成功或失败，予以支持性的回馈。 ●必要时帮助儿童修正或完善策略。 ●肯定儿童的努力。

教师可以帮助儿童采用多种方式来应对变化。预测可能发生的变化，替儿童找出应对方式非常重要。例如："杰克，你妈妈要离开这里了。等她离开了，我们就一起去找你最喜欢的拼图。"如果日常生活作息有所改变，应该告知儿童："今天我们不在室内吃点心，而是去院子里坐在桌子旁边吃。"如果儿童知道变化是可预测、能被接受、且不会带来混乱，那么他们应对这些预料之外的事情时，就会更为放松。

3. 判断的能力

判断是一种重要技能，它能帮助儿童做出决定，并确定在新情境中应该做出何种行为。幼儿园里，儿童会面临多种抉择：我该在哪里玩？和谁一起玩？如果我的朋友做错了事，我该怎么办？当我需要帮助时，我应该找谁？判断就是选择做什么，什么时候做，和谁一起完成，以及什么时候停止。

选择是作出决策的必要部分。在美国，儿童不断面临选择——有些人认为这些选择显得太多了。有些儿童必须决定的事务，通常是成人时才需要面对的事情。但对于儿童来讲，他们难以辨别大选择和小选择。对于大多数儿童来说，每一次选择都是一件大事。要作出良好选择，就需要自己的思考、他人的引导和多次的练习。

教导儿童做决定，并没有简单的方法，因为处理每种情况都需要依据个人的特点。一个儿童今天决定要跟哪个小朋友玩，但明天就可能考虑到其他因素，而选择另一个小朋友。因此，教师应该帮助儿童作出最佳判断，在此基础上作出适宜选择，这样儿童才能应对各种情况。鼓励儿童作出决策的方法之一，就是给儿童提供选择的机会。

教师可以扮演维果茨基所提的中介者（mediator）的角色，通过支持儿童的自我实现，鼓励儿童进行选择、作出决策，使儿童参与学习和思考。

4. 欣赏自我和肯定自我的能力

教师希望儿童感觉自己有能力——儿童能够掌控自己的生活，并对自己的能力充满信心。效能感在生命早期尤为重要，因为很多事物儿童看得到却够不着（不管是字面意义还是象征意义）。

但是，责任和行为限制与个体能力同时存在。有力量去打人的儿童，同时也应知道不到必要情况，就不能使用这种力量。因欢乐而高声尖叫的儿童，同时也会发现在室内不允许大声喧哗。让儿童对自己的行为负责，这有助于儿童在肯定自我能力的同时，也能接受行为上的限制。

在儿童游戏中，很多教师都会看到一种幻想游戏——超级英雄（superhero）。这种游戏在两岁以上儿童中十分常见。超级英雄游戏刺激、粗暴，活动量大，音量高。扮演英雄的角色，赋予了儿童在日常生活所不具备的能力。超级英雄游戏是个体掌控权力、力量，甚至智慧的具体表现。儿童天生反对他人的掌控，自然会被粗暴、打闹的游戏所吸引，而教师反对打架和攻击，也不希望儿童的游戏失控。表 11－14 提供了如何管理超级英雄游戏的建议。

此外，教师和家长完全有权关注儿童的攻击行为以及媒体或家中出现的暴力场面。打闹游戏（roughhousing）和攻击行为的行为模式完全不同，应该被加以区分。我们必须引导儿童适宜地表现自己，让他们发挥自身不断增长的能力，但同时也使其承担相应的责任。

教师要帮助儿童学会自我欣赏。每次提到某个儿童时，教师要表达自己对其的独特看法。例如：“凯莉，你真有幽默感！”“菲蒂，我好喜欢你清亮的歌声。”把对儿童的赞扬大声说出来，这有助于强化儿童的自我欣赏，也利于增强儿童对他人的欣赏。

表 11－14　管理超级英雄游戏的建议

- 帮助儿童辨别超级英雄的角色特征。
- 讨论真正的男女英雄是什么样的。
- 讨论所扮演的假想世界。
- 限制超级英雄游戏的时间和地点。
- 共同探讨相关概念。
- 帮助儿童减少粗暴、打闹性的游戏。
- 让儿童明白不能攻击他人。
- 让儿童掌控自己的生活。
- 赞赏儿童的“掌控”愿望。

六、社会性发展

学前儿童丹尼想玩他最喜欢的红色推车，而瑞斯塔也想玩，所以实习教师派特就帮他与瑞斯塔协商，两个人轮流玩。5岁的凯瑞娜不能接受她的好朋友卢瑟和别人玩，因为她无法理解卢瑟可以同时是自己和戴娜的朋友。即使有小朋友已经哭了起来，教师也正赶过来劝阻他，有一个学步儿还是在水桌上不停地沥水。每时每刻，儿童的社会性发展都在进行！

（一）社会性发展

社会性发展，是儿童学习被社会期望、能被社会接受的行为的过程。反映家庭和社会价值观念的行为标准，在儿童刚出生时就已套在儿童身上。儿童一出生就受到成人的影响，成人指引着儿童遵照社会所期望的方向去发展。家长也力图将符合自身文化、宗教、种族背景

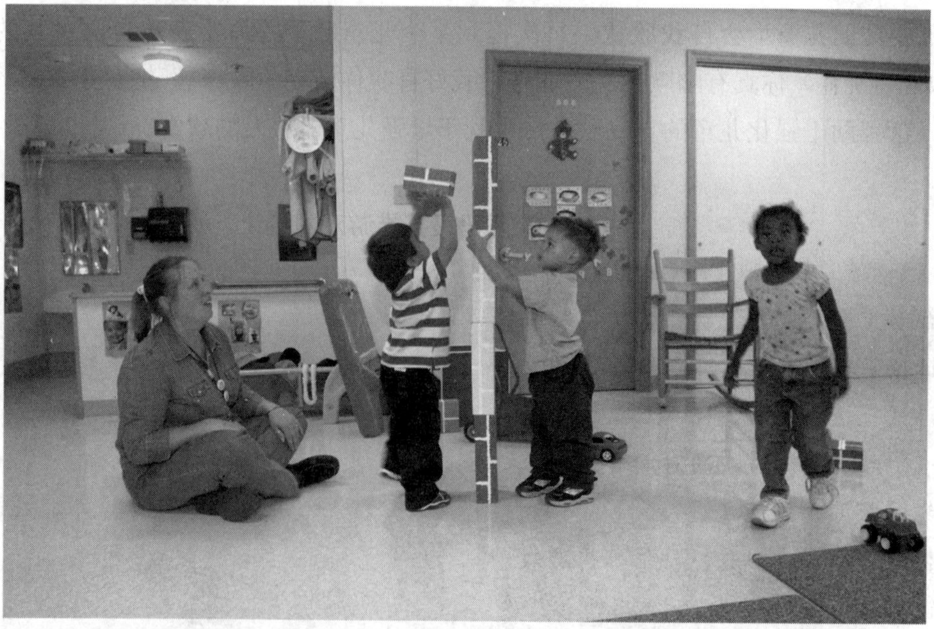

图11－8　儿童是积极的社会学习者，当他们进行尝试时，会获得第一手资料。

等的行为标准传递给儿童*。儿童模仿自己所看到的行为。他们将社会的期望融入自身的人格当中。家人、照顾者、教师、同伴以及社区，都是儿童社会世界的组成部分，给儿童提供价值观和社会态度。

合作、慷慨、忠诚、诚实，这些品质都不是天生具有的。它们是由年长者传授给儿童的，这些传授者可以是父母、其他成人，甚至是年龄稍大的其他儿童。人与人的关系，感情表达的方式，谁可以接触以及如何接触，如何回应他人等，这些都体现出文化差异。教师设计幼教课程方案时，很重要的一点就是要调查儿童家庭的文化、语言和价值观。

1. 社会化

社会性发展的过程就是社会化，它意味着个体学会在不同环境表现适宜的行为。儿童很早就知道，不同的环境有不同的行为期待。在幼儿园，成人鼓励儿童自由探索，玩各种器材；但在教堂，这些行为是不被准许的。儿童对于他人的理解，对于促进其社会性发展极为重要。婴儿特别关注成人的面部表情，这显示他们能意识到别人的感受；学步儿能分辨一个人是在开心、伤心还是生气，并能安慰伤心的人；3岁儿童已经能够理解，如果一个人得到自己想要的就会很开心，如果得不到就会难受；在生命的这段时期，儿童与其他成人建立了不同于其父母的关系。他们也能建立与成人关系不同的同伴关系。最重要的是，他们学会了如何与其他儿童相处。同时，儿童在幼小年龄就习得了社会态度。通过社会化，社会向儿童传递了符合社会标准的男孩和女孩角色。儿童开始理解教师、父母、祖父母、男人、女人等社会角色**。他们学会乐于与人相处，并乐意参与社会活动。

2. 偏　见

儿童在社会化的同时，也可能发展出偏见，尤其是幼儿期，偏见行为经常出现。负面的评价、不公平的行动、种族排斥、性别歧视、蔑视低能力者，当这些现象出现时，教师一定要立即作出反应。幼教方案的情感氛围、教师的行为，这不仅能使儿童获得安全感和归属感，也能促进儿童集体感的发展。对他人的亲近态度，融入社会的强烈渴望，都是在幼儿期形成的。

3. 社会能力

社会能力，是指儿童与他人相处过程中发展起来的、应对社会挑战和机遇的技能和知识。社会能力强的儿童比社会能力低下的儿童更加快乐。同时，儿童的社会关系与学习成绩紧密相关。社会能力低下的儿童往往会被同伴排挤，缺乏自尊，学习成绩也不佳。哈特普

---

* 当你收集文化信息的时候，请注意不要有定势心理。对于某些特殊人群，文化信息只是提供了相关线索，而不是具体的数据。因此，即使你收集到了有关某文化或种族的信息，也不能将其应用于该群体中的所有人。

** 幼教专业人员需要认识到，儿童性别认同和性别角色的发展存在差异。教师需要和儿童家长讨论、交流这种差异，并认识到对于性别角色的发展，不同文化可能有不同的观点。

(Hartup) 认为："预言一位儿童在成人时的表现，最好的依据是儿童与他人是否相处融洽，而不是 IQ 或学业成绩。"社会能力的构成要素是：

- 情绪稳定性。具备管理情绪的能力。
- 社会知识与理解力。掌握与他人成功互动的语言和行为标准。了解他人的反应和他人的感受（移情）。
- 社会技能。处理社会事务的行为模式，对他人的关注，信息的交换，应对他人的攻击等。
- 社会倾向。从经验中形成的行为反应习惯和特征。

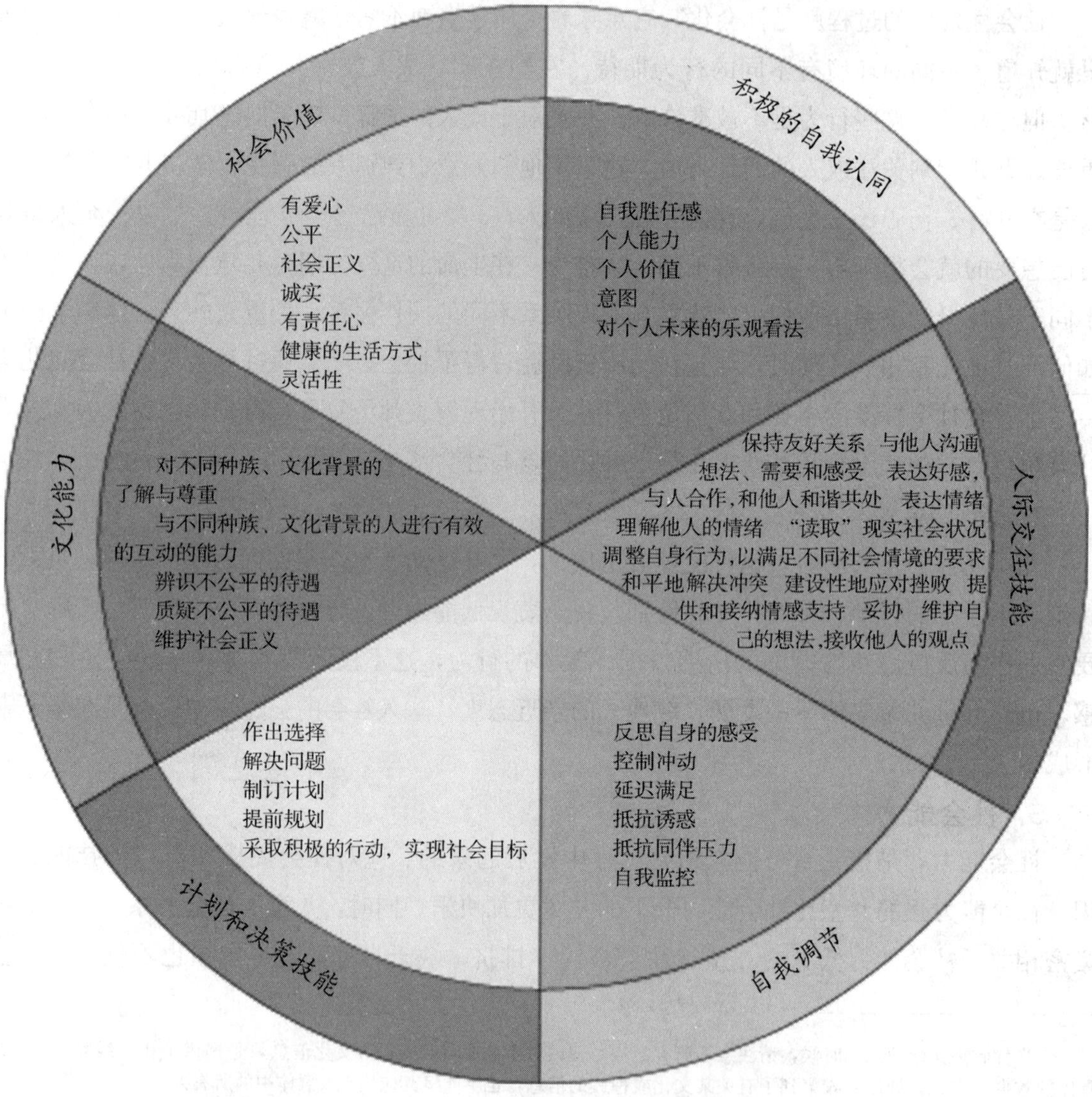

图 11—9 社会能力的构成要素，显示了儿童的社会性发展任务是多么复杂。

儿童学习社会技能时，会受其他发展领域的影响。

- 有信心加入某个团体，这需要情绪技能。
- 记住儿童的姓名，或知道如何开展某项游戏，这需要认知技能。
- “用自己的话语”表达观点或感受，这需要语言技能。
- 能玩追逐游戏、角色游戏或踩高跷，这需要精熟的动作技能。

4. 社会认知

社会认知（social cognition）是对个体行为和社会行为的思考；它对个体的社会经验赋予了意义。请注意，在下列情境中社会思考将出现：

- 娜迪亚想要和受大家欢迎的保罗玩。她记得保罗喜欢荡秋千，所以她让保罗在荡秋千时比自己荡得高。结果保罗跳下秋千，向她挑战。
- 每个人都知道“布鲁诺不会和人分享东西”。珊迪想要玩布鲁诺正在用的消防车。她决定用布鲁诺最喜欢的救护车来和他交换。布鲁诺接受了这个交换协议，珊迪也得到了自己想要的消防车。

社会认知要求儿童对社会事件进行解释，作出决策，考虑自身行为对他人的影响，思考行为的起因和造成的后果。

以加德纳的社会智能和高尔曼的情感智能为基础，教师能帮助儿童管理自身的情绪情感（即情绪的自我调节），让儿童通过他人的肢体语言或言语声调，来“阅读”他人的感受（即移情），引导儿童获得社会技能。在幼儿期，儿童在各个发展阶段，其社会技能不断成熟。从出生到3岁期间，最初的几个月（从出生至8个月），儿童对他人的凝视和社会性微笑，表明其社会兴趣的出现；之后在爬行阶段（8～18个月），儿童对他人进行探究，出现陌生人焦虑；接下来学步期至3岁（18个月～3岁），儿童乐于与成人和同伴相处，并能意识到他人的权利和感受。

学前时期，儿童学会控制自己的攻击冲动，替他人着想，拒绝做他们认为不应该做的事情。这种学习蕴涵了四种基本的社会期望：

- 展现对他人的兴趣。
- 学会辨别对错。
- 学会与他人相处。
- 学会考虑自身的独特性——自身的性别、民族、种族和能力。

5～8岁时，儿童对同伴的兴趣越来越浓厚，社会能力愈加提高，团体规则的影响力更为明显。社会意识和公平意识的发展，成为儿童在小学阶段社会技能发展的里程碑。表11－15显示了社会性发展的时间表。

表 11—15　婴儿期至小学阶段的社会性发展时间表

	婴儿至学步儿	学龄前儿童	学龄儿童
回应他人的负面情绪	体会到他人的感受，并表现出相应感受	开始调节自身，反映出他人与自身的不同	考虑他人的人格特质，对他人的处境表示关心
同伴互动	●对于第一次相遇者，相互察看 ●第一次社会互动 ●（18 个月）对同伴游戏的敏感 ●（2 岁）能立即对两个儿童实施社会行为（开始社会互动）	●调节自身行为，以符合自身年龄，以及配合他人的行为 ●（3 岁以上）短暂的友谊 ●（3～5 岁）开始有固定友谊	●所谓朋友，就是会做到你想要他做的人 ●朋友是一个令人钦佩的人，而且具有固定的特点
社会角色	●（10～20 天）模仿成人 ●（3 个月）以咯咯笑的方式回应他人 ●（6 个月）玩模仿性的社会游戏 ●（18 个月）能区分现实与假想游戏 ●（2 岁）把玩偶看成是活的一样，让它去做事	●（3 岁）让玩偶分别扮演多个角色，或参与多个活动 ●（4～5 岁）角色游戏中扮演某社会角色	●（6 岁）将相关角色整合到一起，如医生、护士和病人 ●（8 岁）逐渐理解角色会影响个体行为（如当医生的女儿是病人时，会影响医生的行为）

我们预测，儿童学习社会技能可能采用如下方式：

● 大脑记下相关行为模式。当婴儿微笑并得到他人同样的回应时，回应和依恋的模式就出现了。某学步儿习惯于在家里随手抓取玩具，并将玩具放置在家里，而这一模式在幼儿园被打破，因为玩具必须归还给原本使用它的人，模式被打破会让儿童感到惊讶（或不高兴）。因此，儿童会产生新的模式，如请求使用玩具或交换模式。

● 儿童通过直接经验获得社会规则。儿童是主动的学习者，根据皮亚杰和其他人的观点，儿童会观察外界并进行实验，经过操作，儿童会获得直接的学习经验。此时，随机教育有助于儿童获得社会技能。如莎尔丹想去积木区玩，但她踌躇不前，因为那里有四个男孩子一边大声学汽车的声音，一边开着小车跑来跑去。教师观察到这个情况后，就问莎尔丹："你想去积木区玩吗?"她点头后，教师就帮助她进入积木区，并和她一起搭积木。四个男孩子很快注意到了莎尔丹和教师一起搭建的车库，于是开着自己的车子过来，教师也就慢慢离开了。通过这次活动，莎尔丹获得了如何向他人发生社会交往的经验。

● 儿童有多种学习方式。教师通常无法知道每个儿童的学习方式，因此在教导儿童社会技能时，最好采用多种教学方法。例如，讲授法对某些儿童有益；对于那些视觉型学习者，很多学习是通过模仿教师而实现的。对于肢体一运动型学习者，详细说明如何操作很有助益。

● 儿童经由游戏能获得许多社会技能。戏剧、角色扮演等游戏，为儿童提供了扮演多种角色的机会，并帮助儿童处理一些社会性事务。在游戏中，儿童能体会各种观感，如当自身做出不被他人接受的行为时，自己的感受如何。卡娜是家里年龄最大的孩子，所以家里期待她有"大姐姐"的行为和表现。在幼儿园，卡娜很乐意当一个小孩，只要有机会就扮演一个需要他人帮助的小婴儿。在假想游戏中，儿童可以预演将来的生活，而不需要面对真实生活中的痛苦。

儿童会经历一些社会性困难（social difficulties）。学步儿会出现许多测试性行为，包括向成人规则和他人的约束说"不"。抓、咬、打是儿童身上常见的攻击行为和表现自我的方式。这些行为会发生在学龄前儿童身上，是儿童能自己做决定的表现。当儿童面对自己的激烈情绪或他人的激烈情绪时，往往不知道如何作出反应。进入小学后，同伴地位和友谊地位越来越重，同时，孤独、排挤、嘲笑、恃强凌弱的情形也会出现。

儿童在同伴关系上面临的社会挑战，主要是指如何从以自己（和家长）为中心点的自我中心（egocentric）稳定地转向社会中心（sociocentric）。在生命早期，儿童在家庭之外学会社会化。家庭之外的社会接触和互动，强化了儿童对社会活动的喜爱，使儿童为将来的集体生活做好准备。

通过同伴互动，儿童能辨别出与自己相像的模范，并相互学习彼此的行为。同伴能为儿童提供模仿、比较、自我肯定的范本，是儿童的支持源。

儿童与同伴的游戏，始于两岁时的平行游戏。平行游戏是两个或两个以上的儿童在同一个区域玩耍，但相互之间没有社会互动。到了三四岁，儿童在游戏中有更多的互动，包括交谈、冲突，也会彼此合作一起玩。儿童友谊的发展存在如下阶段：

- 未分化（undifferentiated）阶段。朋友是暂时的，就是当时在你身边的人。
- 单向（unilateral）阶段。朋友会做所有你希望他做的事情。
- 互惠（reciprocal）阶段。朋友是给予和接收的双向合作关系。

通过观察，我们可以清楚地看到儿童经历上述阶段。首先，儿童对玩伴更加敏感。其次，儿童在社会互动中更有效地使用语言。第三，平行游戏减少，合作游戏增多。在早期，儿童的社会理解也经历了三个阶段：(1) 儿童从专注于自我，转向察觉他人的想法和感受。(2) 儿童从关注玩伴可见的生理特征，到关注玩伴身上不那么外显的品质特征。(3) 儿童开始将友谊看做是永存的。请听听下面这些4岁儿童对友谊的解释：

> 克瑞斯：我来当老师，你当小朋友。
>
> 苏珊妮：不！我也要当老师。
>
> 克瑞斯：不行！不行！你不能当老师，这样就没有小朋友了。
>
> 苏珊妮：好吧。下次我一定要当老师。
>
> 克瑞斯：下次再说。好，现在大家都去洗手准备吃点心了。苏珊妮，你可以负责把点心分给大家。
>
> 苏珊妮：太好了，我是点心小老师。

很多证据说明了同伴群体的重要性。通过同伴群体，儿童的社会性得到了发展，因为儿童学会了遵守家庭之外的社会规则。为了要独立自主，儿童必须学会从家庭中独立出来，尤其是与父母相处时。儿童必须了解自己是社会的一部分。通过同伴群体对自己的回应和态度，儿童的自我概念也在不断发展。*

（二）幼儿期的社会技能

社会技能是促使儿童在各种环境中行为表现适宜的策略。社会技能有助于儿童在各种环境中实施和控制社会互动。教导儿童的社会技能，主要是教给儿童四项“如何做”（Four Hows）的技能：

(1) 如何接近他人。如身处他人旁边，被他人接纳。

---

* 对于儿童来讲，友谊不仅仅是教给他们人际互动技能。友谊对于有特殊需要的儿童尤为重要。在融合性班级中，要促进儿童友谊的发展，教师除了要进行细心的环境布置和制订作息时间外，还需要提高对儿童友谊的重视，增加儿童之间的人际互动。

（2）如何与他人互动。如分享和合作。

（3）如何处理自身与他人存在的差异。如接纳他人与自身的差异，帮助他人。

（4）如何应对与他人的冲突。如面对他人的攻击，解决问题。

1. 从成人处习得的社会技能

通过与成人的互动和交往，儿童可以学到如下社会技能：

- 能在没有父母陪伴的情况下待在幼儿园。
- 喜欢与父母以外的其他成人交往，对陌生成人作出回应。
- 当遇到困难或需要帮助时，成人会进行协助。
- 成人会帮助儿童学会社交礼仪。
- 成人可以保护儿童免于受伤害或伤害他人。
- 成人会帮助儿童了解种族之间的差异和相似性，了解性别认同和语言的多样性。

图 11—10　同伴是快乐的源泉。伴随着社会理解的发展，儿童从专注于自我的自我中心，转变为能意识到他人的想法和感受。

- 成人会抵制偏见和心理定势，并教导儿童也要如此。
- 成人不会永远旁观，也不会永远替儿童解决问题。
- 成人会和儿童一起解决问题。
- 成人认为每个儿童都有享受集体生活的权利。

2. 从同伴处习得的社会技能

通过与同伴的互动和交往，儿童可以学到如下社会技能：

- 针对不同的人采用不同的交往方式，一些方法对某些人适用，对某些人不适用。
- 互动和交往的技能，以及维持人际关系的技能。
- 除逃避和采用武力外，其他用来解决冲突的方法。
- 如何共享材料、设备、朋友、教师，如何与他人分享观点和想法。

- 如何高兴地共同游戏。
- 自我保护，以及采用可被社会接纳的方式宣告自己的权利。
- 如何轮流，如何交流自己的愿望。
- 与他人协商的技能。
- 如何帮助同伴完成任务。
- 预测可能出现的问题，并想办法避免。
- 期望其他儿童如何行动，如何对待自己。
- 获得解决社会困境的方法。
- 如何交朋友，如何与他人做朋友，怎样共享朋友和解除友谊。

3. 从集体中习得的社会技能

在集体中，儿童能够学会如下社会技能：

- 如何成为集体中的一员，而不是独自一人。
- 有一些活动能促进集体的形成和团结（讲故事活动、音乐活动）。
- 团体认同（如“杰克的家”“陈老师的班”“写作业俱乐部”等）。
- 遵守作息表。
- 适应幼儿园的作息时间。
- 幼儿园园规和幼儿园对儿童的期望。
- 互动和参与的技能；如何加入或退出游戏。
- 尊重他人的权利、感受和财产。
- 社交中更主动，尤其在面对不公平的行动和处境时。
- 与集体成员如何协同合作（如清洁时间、户外教学和讲故事时间）。
- 如何延迟满足，如何等待。

4. 个体习得的社会技能

作为独立的个体，儿童能学会如下社会技能：

- 自理和自我照顾的责任感。
- 开展自己的活动，作出选择。
- 虽然与其他儿童离得很近，但能独立做事。
- 能注意到不公平和不公正，并学会如何处理。
- 进行谈判。
- 能应对他人的拒绝，处理自己受伤的情绪，管理自己的失望沮丧情绪。
- 能用语言和非语言的方式与他人沟通；能倾听和讲述。
- 测试他人设置的行为限制。

● 同伴互动的个人风格，同伴互动的水平、深度、频率和质量。

● 在社会可接受范围内，表达自己的强烈感受。

从上述四个方面获得的社会技能，包括了关照、友好、分享等社会道德观。随着年龄的增大，儿童要掌握的社会技能更为明确，如说真话、轮流、遵守承诺、尊重他人的权利、包容、遵守规则。

七、创造力发展

你可以尝试你不知道的事情。
你可以犯错。
你可以慢慢来。
你可以根据你自己的步调做事。
你可以把事情搞砸——下次你就可能成功了。
你可以冒险做一些看起来愚蠢的事情。
你可以独特，与他人不同。
在你做好准备前，我们可以一直等待。
你可以（安全地）做实验。
你可以对“应该”提出质疑。
你是特别的，你是独一无二的。
制造混乱是必要的（当然你要乐意收拾）!

——克里斯蒂娜·洛佩斯—摩根（Christina Lopez-Morgan）：《许可》

传统的幼儿教育考虑到了儿童的创造性，并且意识到，在早期就必须奠定儿童理解自身和他人的基础：

● 幼儿园里，菲比欧、艾瑞克和潘吉平稳地搭建一座高高的、复杂的积木结构。当这个积木建构完成时，三个孩子站在旁边，觉得自己创造的作品很惊人。

● 两岁的安吉拉还不具备平衡物体的动作技能，她玩积木时，将积木一一堆在推车上，然后拉着推车到处走，每一步都在展现她的创造。

● 一群接受家庭式托育的孩子，每天户外活动一开始，就会走到鸡舍那里去。当发现有动物破坏了铁丝并咬死了小鸡时，他们都吓了一跳。艾莉说：“我要画一幅画送给小鸡潘妮，跟它放在一起。”大家画了五颜六色的画，上面表达了每个孩子的想法。“你死了我很难过，”艾莉说，“但是不要担心，你很快就会活过来了！”可见，孩子的超自然想法，可以通过创作的方式表达出来。

（一）创造力发展

创造力就是个体产生新的想法，有独创性和想象力，能对旧有观点进行新的调适。发明家、作家、设计家都是富有创造力的人。* 采用不同的思维模式，学习方式或事物观察方式的改变，这些都是富有创造性的行为。

创造力是一个过程。因此，很难对创造力进行界定。当一个人投入创造性活动时，创造的过程和结果已经融合在了一起。

将创造力看做是一个连续的过程可能更为适宜，因为它最好的准备就是创造力本身……个体在发现过程中会感受到真实的愉悦，这种愉悦不仅是个体得到的回报，也是个体进行持续探索和发现的推动力。

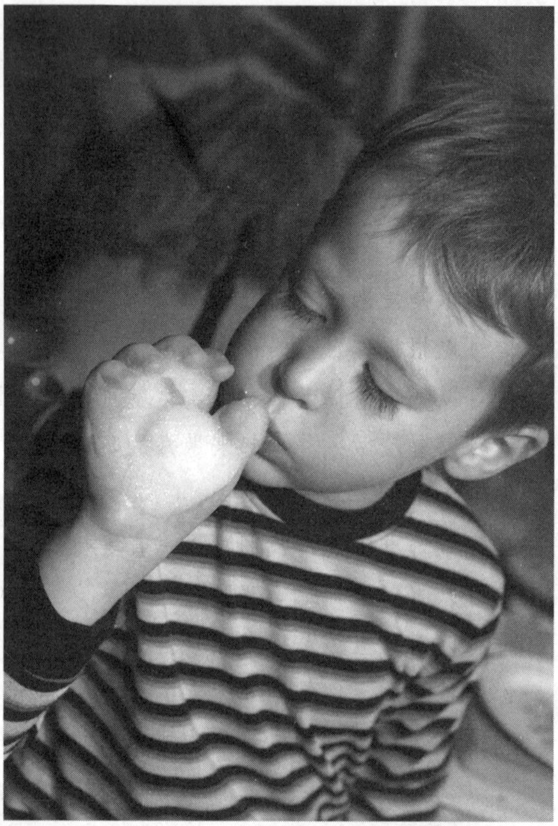

图 11—11 富有创造力的人对于周围环境非常敏感，能运用其感知觉进行更深入的探索。

创造力也是大脑功能中的一部分。左半脑控制身体的右侧，承担着运算、系统计划、语言、数学等功能，这些功能常被我们称为理性思维和认知思维。右半脑采用非语言和直觉的方式，产生更为自发性的观点和思考。右半脑是创造性信息的操作部分，帮助我们进行发散性思维（即“思维跳出既定框架”）。

婴幼儿努力去触摸事物和移动身体，这表现了一种创造力。学步儿开始涂鸦、搭建积

* 向儿童介绍多种类型的富有创造力的成人，如具有不同文化背景的男性和女性。如果我们过于关注儿童对社会的“适应和遵从”，那我们就可能错过发展儿童的多样性、提高其创造力的机会。

木，进行纯粹的身体感官活动。年幼的学前儿童的创造力，可从他们尝试自我控制的活动中体现出来，如有目的性的涂鸦，伴随音乐跳跃舞动等。年龄稍大的学前儿童对于自己的成熟感到喜悦。他们的绘画具有一定的基本形式，在跳舞时会故意重复动作。随着自控能力的提高和手眼协调能力的发展，学龄儿童绘画时更具表征性，他们的戏剧表演更具有内在凝聚力。表 11—16 描述了儿童创造想象的艺术发展阶段。

表 11—16　儿童艺术发展的阶段

罗达·凯洛格（Rhoda Kellogg）分析了世界各地数百万件的儿童艺术作品，将儿童艺术发展划分为如下几个阶段：

- 布置期（placement stage）。涂鸦：2～3 岁。
- 成形期（shape stage）。模糊形状：2～4 岁；实际形状：3～4 岁。
- 设计期（design stage）。结合形状：3～5 岁；坛状图像和太阳图像：3～5 岁。
- 形象期（pictorial stage）。人物：4～5 岁；逐渐可辨识的绘画：4～6 岁；可辨识的绘画：5～7 岁。

1. 涂鸦

2. 单一形状

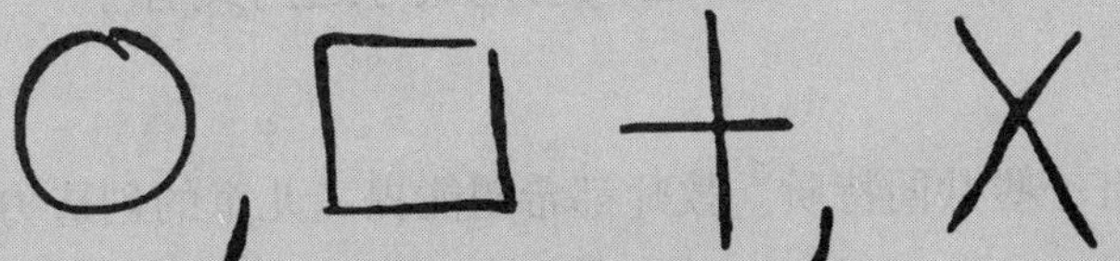

3. 单一形状结合起来

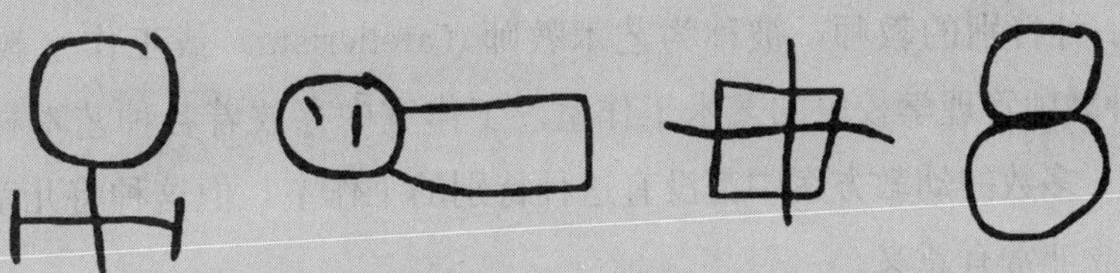

4. 坛状、放射状、太阳图像

5. 有肢体和躯干的人物图像

（二）幼儿期的创造技能

有创造力的人具有一些共同特质。教师都希望能提高儿童的创造力水平，在此我们将提供一些特殊的创造技能，以供儿童学习。

我们特别要提一下瑞吉欧教学模式，该模式重视儿童的创造力和认知体验（参见第十章）。瑞吉欧有一种特别的教师，被称为艺术教师（atelierista）或工作室教师（workshop specialist）。这种教师管理学校内的艺术工作室。工作室中存放着各种艺术材料，儿童和艺术教师一起工作。多数的幼教方案中都没有这种特别的工作室，但这种将儿童发展中的天赋融入各领域的理念非常有意义。

1. 变通性和流畅性

变通性（flexibility）和流畅性（fluency）是创造力的两种技能。变通性就是从一种想法转换到另一种想法的能力；流畅性就是产生许多种想法的能力。“从教室的这一边到另一边，有几种方法?”这是一个可以形成多种解决方案的问题，也是一个可以看出个体思维流畅性的问题。当轮流使用推车这一方法不能奏效时，儿童必须想出其他解决办法，此时儿童就是在学习变通。*

当加德纳开始研究人类智能（参见第四章）时，他逐渐对艺术能力产生了兴趣。零项目（Project Zero）就是一个关注艺术能力的项目。过去三十年来，该项目研究智能、艺术和教育，并澄清了艺术教育中的一些关键概念：

（1）在幼儿期，儿童需要直接操作材料。

（2）对于那些习惯于进行视觉思维或空间思维的人，应该将视觉艺术介绍给他们。幼儿教育团队的成员应该多样化，需要有能运用此智能的人员。

（3）应该将艺术学习尽可能组织为一种有意义的教育方案。方案教学（project approach）和生成课程（emergent curriculum）都体现了这一理念。

（4）借助于一系列的技能，艺术学习应该承担着反映个体情绪和发现的功能。我们鼓励各发展领域的整合和融合。

通过关注上述这些方面，教师可以设计具有发展适宜性的艺术活动。如果你的教育对象是婴儿或学步儿，你就必须帮助他们运用自身感官去操作所有材料，并预期他们在15～20个月后能进行涂鸦活动。年幼的学前儿童会操作工具和材料，发现自己会做哪些事情，他们需要多次重复同一动作。对于这一年龄段的儿童，对其最终成果不能抱有太多要求和期望。4～6岁时，儿童的艺术作品更具象征性和计划性。艺术作品的形式和图形体现出更多的细节，变得更为精细。儿童对自己正进行的事情及其结果更加感兴趣。

2. 敏感性

一个富有创造性的人，对于自身及自身心理意向具有高度的敏感性。有创造力的人，从小就能察觉周围环境，知道事物闻起来是什么气味，摸起来是什么感觉，品尝起来是什么味道。对于他人的情绪、物质的质地，以及自身对某人或某事物的感受，他们也都非常敏感。有创造力的人会注意到细节。对于松果如何长在树枝上这一细节，有创造力的人是不会忽略的。

对“美”的敏感性，是敏感性技巧的一个特殊方面，也被称为“美感”（aesthetics）。一些幼教方案就强调美感的培养，如瑞吉欧；有一些文化也强调美感，如日本的壁龛，即日式房子中展示艺术品的壁橱。儿童能意识到自然环境的价值，以及它们给人带来的美感。**

---

* 对于富有创造性的个体，我们无法进行群体类别的划分，因为采用新思路解决问题的特殊能力，无法用智力测验进行测查，也不存在文化、性别或能力等方面的差异。

** 教师可以让儿童家长介绍一些特别的场所、物品或风俗，以提高儿童对周围环境的审美兴趣。

有创造性的儿童非常乐于用绘画来表现生活。他们的创造力反映在绘画、跳彩带舞或问题解决方案中。图 11－12 是一个 5 岁半儿童的绘画，这幅画表现了他对事物细节的敏感性。

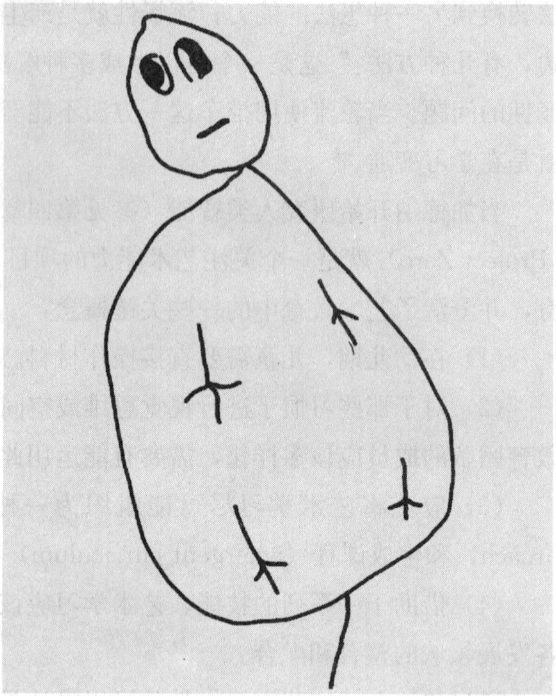

图 11－12　对自我心理表象的敏感性，如察觉方位和动作状态，是儿童创造力的部分表现。一个 5 岁半儿童，能采用简笔画画法，描绘一只被抓起来的宠物鼠从肚子下方看起来的样子，并观察宠物鼠在练习轮上奔跑的形象。

3. 运用想象和独创性

想象是创造过程中的一环。儿童可以采用如下几种方式运用想象，以提高其创造力：

● 角色扮演。扮演另一个角色时，儿童可以将内在想象和真实世界联系起来。儿童成为了另一个人物，而那个人物角色来源于生活。

● 制造形象。当儿童用花园喷水管或颜料创作出彩虹时，儿童对于视觉形象有了更多的了解。跳舞时，儿童运用想象，假装自己是一种物品，或假装自己正处于某种情绪中，这些形象都是来源于生活。

● 建构。在建构性活动中，儿童会重复建构有关高楼、车库或房子的形象。在建构过程中，儿童不会在意最后的成品要和现实中的一样。想象力会让他们不断修正物体的尺寸、形状和关联性。

4. 乐于冒险

有创造力的人，是那些乐于打破常规和樊篱的人，也是在运用普通物品、材料和观点时，能够推陈出新的人。他们乐于冒险。从不同的角度去观看事物或进行思考，是创造力的必要条件。图 11－13 呈现的是瑞吉欧教学方案中由儿童团体创作的作品。

儿童进行创造时，也是在表现自己。例如艺术就是一种文化交流手段，是帮助儿童融入多元化的民主社会的一种途径，是儿童必须学会的基本技能之一。为儿童增加创造性地表现自我的机会，意味着允许儿童做出非语言的回应和得到成功。这能鼓励儿童（及其家庭）乐于相互分享。即艺术是一种很好的交流方式，它营造了一种轻松、悦纳的氛围，借此人们交流文化、彼此学习。

自尊是冒险所必须面临的一个挑战，因为当一个人重视他人的评价时，就容易遵从他人的想法，而不是跟随自己的直觉和创造冲动。人们通常不愿意犯错，也不愿意遭到别人的嘲笑，因此人们往往会避免去冒险。

关注儿童创造力发展的教师会发现，如果儿童得到鼓励和允许，在轻松状态下，且不必担忧、焦虑于他人的评价时，创造更容易出现。如果有外界的支持和鼓励，儿童更勇于接受挑战。

图 11－13　创造力是独特而丰富的想象力，勇于突破常规和樊篱。

5. 将自我作为创造源泉

有创造力的人能自我察觉，对于描绘自己的感知、疑问和感受，他们充满了自信。他们知道自身是最丰富的灵感源泉。创造力优异的人非常尊重自我，并且能将自身作为创造的源泉。创造的过程会经历四个阶段：

（1）准备期。收集材料和想法，准备开始。

（2）潜伏期。“焖煮”（cook）和酝酿想法。

（3）明朗期。豁然开朗的时刻，灵光一闪的瞬间。

（4）验证期。欣喜过后，用时间来验证成果。

6. 实　验

儿童需要具备一定的经验，才能运用材料发挥创造力。在画一幅水彩画之前，儿童必须学会如何握住水彩笔；当他们知道如何运用水彩画工具后，就能在绘画时发挥创造力。幼儿教师有时忽略了这一点——儿童在运用工具发挥创造性之前，必须先学会正确使用该工具。对于如何正确使用水彩笔、砂纸和油墨滚筒，教师进行详细的示范，这有助于拓宽儿童的创造力，并能消除儿童不必要的挫败和沮丧。瑞吉欧教学方案中，教师示范了如何使用工具，因此儿童能够创作出色的作品。教师和年龄稍大一点的儿童，是年幼儿童学习的“支架”。高成就创造者（如钢琴家、数学家、奥运游泳选手）的轶事，表明了长期性、系统性教导的重要性和价值。掌握了工具使用的技能后，儿童就做好了创造的准备了。表 11－17 显示了儿童音乐发展的阶段，以及帮助儿童获得创造性经验的多种方法。音乐和

图 11－14　在艺术创作过程中，通常有一个“孵化”环节，有时看起来像“发呆”。

运动方面的创造性经验，有助于促进儿童成为完整儿童，并贯穿课程始末给儿童提供整合性的经验。

教师可以通过如下几种方法，去影响儿童的创造过程：

- 布置环境。
- 选择和提供的活动。
- 在创造性活动中与儿童的互动。

表 11—17　儿童音乐发展的阶段及增进儿童创造性经验的方法

音乐发展的阶段	适宜的音乐和律动
2 岁 ●用身体回应音乐 ●学会简单、简短的歌曲 ●喜欢用声音做各种尝试	●跟随着不同音乐节拍跳动 ●播放重复性歌曲 ●敲打牛奶盒、麦片盒 ●用洗发水瓶装碎石做成沙铃
3 岁 ●识别并唱出部分的歌曲 ●伴随音乐走、跑、跳 ●自己创作歌曲	●选择含有儿童名字的歌曲 ●使用美国著名儿童音乐家的录音 ●播放《麦当劳大叔的农场》，并让儿童自行发挥跳舞时摆动丝巾，或唱歌时摇动沙铃
4 岁 ●理解基本的音乐概念，如节拍、大小声、音准等 ●喜欢无聊好笑的歌曲 ●偏好动感强的歌曲	●儿童扮演一辆飞驰的车子，或者在风中摇摆的树 ●用不同的音量，“大声、更大声、最大声”地唱 ●改变歌曲中的歌词，并让儿童自由填词 ●使用乐器来搭配音乐，并做出动作
5~6 岁 ●喜欢与集体一起唱歌和律动 ●喜欢歌曲对唱 ●已做好音乐表演的准备	●在音乐中使用降调 ●尝试歌曲《Did You Feel My Cow》 ●一定要询问儿童的意见，并据此选取音乐活动
7~8 岁 ●可以读歌词 ●喜欢与朋友一起二重唱	●使用大字报 ●玩伙伴游戏 ●让儿童两个一组选择乐器

关键术语

有特殊需要
弹性
空间知觉
时间知觉
感知觉
支架理论
情境转换
动态结果
同步习得
先后习得
自我概念
自尊
社会认知
自我调节
移情
自我中心
社会中心
艺术教师
变通性
流畅性
美感

教学应用

1. 观察你当前正在使用的教室。在教室的每个活动区域至少列出一个活动，以发展儿童的身体动作技能。自己再增加一些活动，以促进儿童的动作发展。

2. 在你所知的幼儿园教学方案中，运动性活动是如何强化性别角色定势的？你认为应该怎样去改善？

3. 尝试以“海滩上”和“露营”为主题，设计出能让儿童运用身体动作技能的活动。至少列出六种有助于提高儿童身体动作技能的活动主题。

4. 列出教室区域分布图。在每个区域旁，标注一项有助于促进儿童认知发展的活动。

5. 参考认知技能列表，追踪观察儿童的这些认知技能是如何发展起来的。

6. “秋天里的气候变化”这个主题如何帮助学前儿童发展思考技能？

7. 观察你所在班级上的儿童，评估一个儿童语言发展所处的阶段。举出具体例子证实你的评估结果。

8. 教导儿童为阅读做准备，包括发展儿童的口语和听力技能。学步儿教师如何提高儿童的这两项技能？幼儿园教师又该如何做呢？

9. 在你的幼儿园中，如何促使儿童形成积极的自我概念？你们还采取什么措施？

10. 通过观察所教儿童，请对情绪作出行为上的界定。然后观察儿童，验证你的界定是否准确。

11. 观察一群正在游戏的 4 岁儿童。他们是如何分派每个人的角色的？他们清楚社会对自己性别的角色期待吗？他们知道适合男孩或女孩的性别角色是什么样的吗？他们有性别角色定势吗？

12. 对儿童来说，轮流、与他人共享材料比较困难。举出三个你看到的例子，说明儿童是如何运用社会技能，达成了轮流的协议。此时，教师需要介入吗？

13. 举出五位你认为创造力很强的人。将他们所拥有的特质，与我们列出的幼儿期创造特质进行比对，两者有哪些相似之处？不同之处在哪里？

14. 请举出三个例子，说明儿童是如何突破“心理定势”的。这些例子发生在教室的哪个区域？成人是如何回应的？

15. 在你的幼儿园里，教师是如何设计创造性活动的？

附　录

美国幼儿教育工作者伦理守则

（2005 年 4 月修订）

前　言

美国幼儿教育协会（NAEYC）指出，幼教工作者每天都会面临许多与道德、伦理有关的事务。NAEYC 发布的伦理守则，对于幼教工作者的责任和行为，提出了相应的指导方针。关于如何解决儿童保教活动所面临的伦理困境，该伦理守则也提出了普遍性准则。此义务声明并不属于法规，但它是儿童保教领域自愿拥有的价值标准和道德责任。此伦理守则主要针对 0～8 岁的婴幼儿及其家庭、保教机构。例如，婴儿和学步儿保教机构、托儿所、学前机构、儿童保育中心、家庭式保育、幼儿园、小学等。由于该主题与儿童有关，所以此声明也适用于不直接指导儿童的专业人士，如幼教机构行政人员、家园教育工作者以及负责监督与授权的官员等。

核 心 价 值 观

儿童保教中的伦理行为标准，主要基于一些核心的价值观，而这些价值观早已体现于幼儿教育发展历史中。我们承诺：

● 将幼儿期视为人类生命周期中一个独特而有价值的阶段。

● 工作的开展，是以儿童如何发展、学习等知识为基础。

● 尊重并支持儿童和家庭之间的联结。

● 知道只有在家庭、文化、社区、社会等背景脉络下，才能最好地理解儿童，为其发展提供支持。

● 尊重每一个个体（儿童、儿童家庭成员、同事），尊重其尊严、价值和独特性。

● 尊重儿童、儿童家庭和同事的多样性、差异性。

● 知道在相互信任和尊重的情况下，儿童和成人才得以发挥所有潜能。

内 容 架 构

此守则将幼教工作者的责任分为四个部分，每一部分都说明了一种专业关系。四个部分呈现的专业关系分别是：(1) 与儿童的专业关系。(2) 与儿童家庭的专业关系。(3) 与同事的专业关系。(4) 与社区和社会的专业关系。每一部分都说明了在相应专业关系情境下，幼教工作者的首要责任。这些内容主要是依据如下两点：(1) 一系列有关优秀教育实践的理想标准。(2) 一系列有关被要求、被禁止或被允许的实践的原则。

理想标准（ideals）反映了幼教工作者的理想和抱负。原则（principles）指引着幼教工作者的行为，并帮助他们解决伦理困境。当幼教工作者面临问题时，理想标准和原则都可以引导他们，使其根据自觉的责任感来做出有道义的决策。针对一些伦理困境，守则提出了明确的解决方向。当面临其他困境时，幼教工作者需要将自身专业判断与守则的指导方针相结合，做出最好的决策。守则中的理想标准和原则呈现了幼儿教育的职责所在，也是对本领域核心价值的重申和肯定。本守则公开说明了我们在这个服务领域的专业责任，以及完成这些责任所需实施的伦理行为。当幼教工作者面临伦理困境时，我们鼓励其从守则的相应部分和整体精神中寻求指导。通常，"正确答案"，也就是最佳的伦理行动，并不是那么明确和明显，处理某种问题时，也许不存在现成而有效的办法。当一项重要的价值观与另一项相互矛盾时，我们就面临着伦理困境。当面临伦理困境时，我们的职责是参考守则和所有相关论点，找出最符合教育伦理的解决方案。

第一部分：对儿童的伦理责任

幼儿期是人类生命周期中一个独特而有价值的阶段。针对这一阶段，我们主要的责任是：为所有儿童提供安全、健康、养育性、回应性的保育和教育。我们有义务去支持儿童的发展和学习，尊重儿童的个体差异，帮助儿童学会生活、游戏和分工合作。我们也有义务促进儿童自我意识、效能感、自我价值感的发展，有义务提高儿童应对压力的灵活性和弹性，促使其身体安康。

1. **理想标准**

● 熟悉儿童保育和教育方面的基础知识，并通过继续教育和在职培训获得最新的相关知识。

- 儿童的保教实践，必须建立在这些基础之上：本领域最新研究成果与知识、儿童发展的知识、相关教育原则以及我们对每一个儿童的了解。
- 认可并尊重每一个儿童的独特性、能力和潜能。
- 认识到儿童易受伤害，对成人有依赖性。
- 创设并维持安全、健康的环境，该环境有助于促进儿童的社会性、情绪、认知和身体动作的发展，且尊重每一个儿童的尊严，尊重他们的付出和贡献。
- 使用适用于儿童的评价工具和策略，这些工具只是为了评估，并对儿童发展具有潜在助益。
- 运用评价所得信息来了解并支持儿童的发展，为教师的教育指导提供支持，并鉴别那些需要额外服务的儿童。
- 无论儿童有无身心障碍，融合性教育环境要满足所有儿童的需要；融合性环境要维护每一个儿童游戏和学习的权利。
- 倡导并确保所有儿童（包括有特殊需要儿童），都能获得成功所需的支持性教育服务。
- 确保对每一个儿童的文化、语言、种族和家庭结构都有所了解，并在课程中重视这些内容。
- 采用儿童能理解的语言，为所有儿童提供经验。在儿童学习英语时，支持其继续使用自己的家庭语言。
- 当儿童和家庭从一个教育机构转换到另一个时，与家庭合作，确保其过渡安全、平稳、顺利。

2. **原　则**

- 最重要的原则是，我们绝对不能伤害儿童。我们的教育实践，不能给儿童造成情绪伤害，不能让儿童身体受伤、品德下降，不能对儿童无礼、侮辱儿童，不能让儿童面临危险、被剥削或受到威胁。
- 我们必须以积极的情绪对儿童进行保育和教育，并创设富含认知刺激的社会环境，以支持每一个儿童的文化、语言、风俗和家庭结构。
- 我们对儿童不能有性别、种族、国籍、宗教信仰、身体状况、身心障碍、家庭结构、性取向、家人所属团体等方面的偏见，不能以这些偏见为借口，剥夺儿童的权利，给予差别对待，或将他们排除于幼教活动或机构之外。（此原则不适用于那些依法为某特殊儿童群体提供服务的机构）
- 在作与儿童相关的决策时，我们应该让所有具有这方面知识的人参与决策（包括家长和教职人员）。

- 我们应该使用适宜的评价系统，包括多种信息源等，以提供有关儿童学习和发展的信息。
- 我们应该努力确保有些决策，如特殊教育服务的登记、保留和分配等，应该是基于多方面的信息而制定出来的。我们的决策不能只基于一次评价，例如一次测试分数或一次观察等。
- 我们应该努力与每一个儿童建立个体性关系。教学策略、学习环境和课程，都应具有个体适应性。与家庭共同协商，以促使每个儿童都能从课程中受益。如果竭尽所能之后，现有教育仍然不能满足儿童的需求，或者儿童严重危及其他儿童从教育中受益，我们就应该与儿童家庭、合适的专家合作，决定所需要的额外服务，以最大程度地确保儿童能获得成功。（该原则不适用于那些依法为某特殊儿童群体提供服务的机构）
- 熟悉一些危险因素，熟悉儿童受虐待、被成人忽视的征兆，包括身体虐待、性虐待、语言虐待和情绪虐待，身体、情绪、教育、健康等被忽略。我们应该了解并遵守地方法律和社会程序，使儿童免于受虐待、被成人忽视。
- 当有合理的证据，能怀疑儿童受虐待或被成人忽视时，我们必须通报合适的社会机构，并追踪此事的进展，以确保社会机构采取了适宜的行动。适当的时候，应该给家长或照顾者提供相关建议。
- 当他人告诉我们某儿童疑似受虐待或被忽视时，我们应支持他对儿童采取适宜的保护行动。
- 当我们察觉有危害儿童健康和安全的状况或情境时，我们有责任去保护儿童，或通知家长和其他能改善此状况的相关人士。

第二部分：对家庭的伦理责任

在儿童发展过程中，家庭（家人）扮演着最为重要的角色。由于家庭与幼教工作者都同样关切儿童的福祉，因此我们有责任促进家庭与幼教机构之间的沟通、合作和协调，从而最终促进儿童的发展。

1. **理想标准**

- 熟悉与家庭有效合作的相关知识，通过继续和培训，让自己获得相关新信息。
- 与所服务的家庭建立彼此信任的关系，并与家庭建立伙伴关系。

- 欢迎所有的家庭成员，鼓励他们参与课程和教育活动。
- 倾听来自家庭的声音，承认家庭的力量和能力，为家庭养育儿童提供支持，并向家庭学习。
- 尊敬每个家庭的尊严和偏好，尽力了解家庭成员的结构、文化、语言、习俗与信念。
- 承认家庭在儿童养育上的价值，以及家庭为他们的孩子作决策的权利。
- 与家庭分享每个儿童受教育和发展方面的信息，并帮助家长理解和欣赏本领域的当前知识。
- 帮助家庭成员更深入地理解他们的孩子，支持家长继续发展其为人父母的技能。
- 给家长提供多种互动机会，如与教职人员互动的机会，与其他家庭互动的机会，与社区资源和专业服务进行互动的机会。通过这些方式，建立家庭支持性网络。

2. **原　则**

- 我们不能拒绝儿童家长接近儿童的教室或教学环境，除非有法律规定或其他相关法律限制。
- 我们应该让儿童家长了解课程的理念、政策、评价体系等，并向儿童解释为什么我们要如此教学。我们如此教学，是与我们对儿童的伦理责任相吻合的。
- 我们应该告知儿童家庭学校的政策，并适时让他们一起参与政策的制定。
- 我们应尽量使用每个儿童家庭都能听懂的语言，与家庭进行有效的沟通。当我们的机构没有充分的翻译资源时，我们应该善用社区资源。
- 我们应尽所有努力，采用儿童家庭能理解的语言与他们进行有效沟通。当我们的课程资源不够充足时，我们应该善用社区资源。
- 当儿童家长与我们分享有关孩子和家庭的信息时，我们应该善用这些信息，课程的计划和实施都应考虑这些信息。
- 我们应该告知儿童家长，幼教机构评估儿童的目的和特点，以及儿童评估信息的使用情况。
- 对于儿童的评价信息，我们应该采取保密原则，只有在法律要求下才可以公开。
- 当儿童遭受意外和受伤，或周围存在传染病危险，或某种情境可能导致儿童产生情绪压力时，我们应该将情况告知家长。
- 任何涉及儿童的研究方案，我们都应该告知儿童家长，家长有表示赞成或否定的机会。对于那些可能阻碍儿童受教育、阻碍儿童发展或儿童福祉的研究，我们不能同意其开展或参与其中。
- 我们不能为了私人方便或个人利益，而利用我们与儿童家长的关系，也不应该与家庭成员建立有可能损害儿童教育效能的关系。

- 对于儿童相关记录的保密和公开，我们应该形成书面的政策和条文。这些政策应该适用于所有幼教工作人员和家庭。除了家庭成员、幼教机构工作人员和相关专家外，如果要向另外的人公布儿童信息，仍需要遵守保密原则，且需要征求儿童家庭的同意（儿童受虐待或被忽视的案例除外）。
- 我们应该坚持保密原则，尊重家庭的隐私权，避免泄露应保密的信息而干扰儿童家庭的生活。但是，当我们有足够的理由认为儿童利益可能受损时，我们可以将保密的信息透露给相关法律机构，或者是那些有法律责任维护儿童利益的个人。
- 当儿童家庭成员之间的教养方式存在冲突时，我们应该持开放的态度，与儿童家长分享我们的教育观点，并帮助大家共同作出正确的决策。我们应该避免偏袒任何一方。
- 我们应该熟悉社区资源和专业服务，并鼓励儿童家庭使用这些资源。当我们将儿童家庭介绍到能提供相应帮助的社区机构时，我们应该追踪此事的进展情况，以确保社会机构提供了适宜的服务。

第三部分：对同事的伦理责任

在一个充满关爱、合作的工作场所，人类的尊严能够得到尊重，职业满意度能得到提升，积极的人际关系能得以形成和延续下去。基于幼儿教育的核心价值，我们对同事最重要的责任，就是建立和维持能满足专业需求、提升工作效率的环境和人际关系。这个愿望既适用于儿童，也适用于我们与同事的互动。

一、对同事的责任

1. **理想标准**

- 与同事建立并维持相互尊重、信任、保密、合作的关系。
- 与同事分享资源，以确保提供最优质的幼儿教育。
- 支持同事的专业需求和专业发展。
- 与同事有共同的专业目标。

2. **原　则**

- 我们应该认识到同事对机构的贡献，不能参与损害同事的声誉，不能损害同事的儿童工作成效或儿童家庭工作成效。
- 当我们担心同事的职业行为时，应该首先让同事知道我们的担心，这是对同事尊严的尊重，也是对同事之间教育方式差异性的尊重。然后，采用相互信任的方式，共同解决该问题。

- 对于同事的品质和职业表现，我们应该表达自己的观点。我们的观点应该基于第一手资料而不是道听途说，以及根据儿童的利益和机构的利益。
- 我们不应该歧视同事的性别、种族、籍贯、宗教信仰、所参与的社团、婚姻状况或家庭结构、身心障碍或性取向。

二、对雇主的责任

1. **理想标准**

- 提供最优质的服务，表达对机构和单位的支持。
- 不可做出有损机构名誉的事情，除非机构本身违反了儿童保护法和伦理守则的规定。

2. **原　则**

- 我们应该全面遵守机构的规定。当我们不认同机构的规定时，我们应该通过建设性行为，尝试去影响和改变。
- 只有在授权的情况下，我们才可以代表机构发言或行动。我们应该注意什么时候我们是代表机构发言，什么时候只是在表达个人的观点。
- 我们不能违反有关儿童保护的相关法律条文。当知道有人违反相关规定时，我们应采取合理的措施和行为。
- 如果我们担心同事的行为，但该行为没有影响到儿童的福祉时，我们可以向该同事表达自己的关切。如果儿童福祉受到影响，或经同事关注后该情况仍未得到改善，我们就应该将同事的不道德行为或无效行为报告给合适的管理者。
- 当注意到一些影响保教质量的情况时，我们应该报告机构的行政管理人员，必要时还应该通知其他管理机构。

三、对员工的责任

1. **理想标准**

- 提供安全和健康的工作条件和政策机制，以便促使员工之间相互尊重、协同合作，员工能胜任本职工作，保持心情愉悦，个人隐私和自尊能得到保障。
- 营造和保持一种信任与坦诚的气氛，以确保员工能从儿童、儿童家庭、儿童保教的最大利益出发，去发言和行事。
- 尽力保障幼教工作者享有足够而合理的薪金和福利待遇。
- 鼓励和支持员工继续发展，以便提升其技能和理论实践水平。

2. **原　则**

- 在决策有关儿童及其教育方案的问题时，我们应适当利用员工的教育背景、技能经验及其专业知识。
- 我们应该为员工提供安全而可靠的工作条件，并提供公平的业绩评价制度、书面申诉的程序、有建设性的反馈，以及职业发展和晋升机会，以便员工发挥其自信，履行职责。
- 我们应该研发并维持完善、明确、能阐释机构标准的人事制度。这些规章制度应提供给新员工，并让所有员工可以随时查阅。
- 当员工的表现与教学标准要求不够吻合时，应给予关注，并尽可能给予帮助，以便改进其表现。
- 解雇员工应该符合所有相关法令规定，并让他知道被解聘的原因。解聘必须有员工行为不适宜的证据，并有确切记录供员工查阅参考。
- 对员工进行评价或提出建议时，应以事实为依据，并以儿童和机构利益为基础。
- 员工的聘任、续任、停聘、升迁，只能依据员工的能力、工作成效，以及员工能否承担工作任务、是否具备儿童保教的能力。
- 员工的聘任、续任、停聘、升迁，不能依据员工的性别、种族、国籍、宗教信仰、所属社团、年龄、婚姻状况或家庭结构、身心障碍、性取向。我们应该熟悉并遵守防止工作歧视的法律和规定。
- 处理与员工工作表现有关的问题时，应该保持机密性，并尊重员工的个人隐私权。

第四部分：对社区、社会的伦理责任

幼儿教育机构的运作，是在由家庭及其他关心儿童福祉的机构所组成的社区情境之中。我们对社区的责任是，要提供能满足家庭多种需求的机构，并与其他幼教专家和机构合作，支持家庭从这些机构和专业人士处获得帮助，以及支持社区机构的发展。

作为个人，我们知道自己有责任为儿童提供最佳的儿童保教方案，并坚持要真诚和正直。因为我们是儿童发展和教育领域的专业人士，因为整个社会都承担着保护儿童、维护儿童福祉的责任。我们有责任在儿童教育机构和社区中，维护儿童最大的利益，处处代表儿童的心声。

1. **理想标准（个人）**

- 为社区提供优质的儿童保教机构和服务。

2. **理想标准（集体）**

- 当涉及儿童的健康、教育和福祉，涉及儿童家庭和幼儿教师等议题时，应该促进相关机构、专家、各专业领域之间的合作。
- 通过教育、研究和宣传，为儿童营造一个安全的世界，让所有儿童都能得到健康照顾、食物和居所，所有儿童都能得到养育，生活在没有暴力的家庭和社区中。
- 通过教育、研究和宣传，让所有儿童都能进入优质的早期保教机构。
- 努力工作，确保有适宜的评价体系，应从多个方面收集评价信息，评价的目的是保障儿童的利益。
- 加深对儿童及其需求的了解，让社会更能认可儿童的权利，承担起维护儿童福祉的责任。
- 支持能促进儿童和儿童家庭福祉的政策和法规，反对会危害他们福祉的政策和法规。与其他个人和团体共同努力，参与相关政策和法规的制定。
- 进一步促进儿童保教领域的专业发展，强化此承诺：实现本法则提到的核心价值。

3. **原则（个人）**

- 对于我们所提供服务的本质和内容，我们必须诚实而开放地公布出来。
- 我们应该申请、接受并致力于那些我们能胜任的工作。当我们不具备相关能力和资格，或缺乏相关资源时，我们不能提供相应服务。
- 我们必须仔细检阅相关证明性文件，不能雇佣或推荐那些能力、资格和特质不适合本职业的人。
- 在汇报本机构的事务信息时，我们应该客观、准确。
- 我们必须知道如何正确地使用评价策略和工具，并向家庭准确解释评价结果。
- 我们必须熟悉本机构保护儿童的法规条文，并确保这些法规条文得到了大家的遵守。
- 当察觉到危害儿童福祉、健康、安全的情形或情境时，我们有道德责任去保护儿童，或告知儿童家庭及其他相关人士。
- 我们不能违反有关儿童保护的法律规定。
- 当有证据表明某幼教机构违反了有关儿童保护的法律规定时，我们应该将此违法行为通报给相关管理机构。
- 当某机构违反了本法则，或机构指使其员工违反本法则，经过公平的证据核查之后，我们可以公布该机构的名称。

4. **原则（集体）**

- 当颁布的政策不是以维护儿童利益为目的时，我们有共同的责任去改变这种情况。
- 当我们有证据指出，某旨在保护儿童福祉的机构没有履行其职责时，我们有责任将此情况报告给相关权威机构，或公之于众。我们应该谨慎追踪该事情的进展情况，直到此事得到解决。

- 当儿童保护机构并没有给儿童提供相关保护，而出现儿童受虐待或被忽视的情况时，我们有共同的责任去致力改善这些服务机构。

义务声明

身为幼教工作者，我承诺要进一步提升本守则中体现的幼儿教育的价值。为此，我会全力做到下列事项：

- 绝不伤害儿童。
- 确保幼教机构以儿童发展、儿童教育的最新知识和研究为基础。
- 尊重和支持家庭的儿童养育工作。
- 尊重从事儿童保教工作的同事，支持他们维护本守则。
- 在社区和社会中，成为儿童、儿童家庭、幼儿教师的拥护者。
- 维持高标准的专业表现，不断收集最新专业资讯。
- 持续进行自我反思，意识到自身的特质、偏见和观念都影响儿童及其家庭。
- 乐于接受新观念，乐于接受他人的建议，并从中学习。
- 作为幼教专业人士，不断学习、发展和奉献。
- 遵从本守则的理想标准和原则。

Supplements Request Form（教辅材料申请表）

圣智学习出版公司（Cengage Learning）作为为终身教育提供全方位服务的全球知名教育出版集团，秉承其在全球对教材产品的一贯教学支持服务，对采用其教材的每位老师提供教学辅助资料。任何一位通过 Cengage Learning 北京代表处注册的老师都可直接下载所有在线提供的、最为丰富的教学辅助资料，包括教师用书、PPT 和习题库等等。

鉴于部分资源仅适用于老师教学使用，烦请索取资料的老师配合填写如下情况说明表：

Lecturer's Details（教师信息）			
Name： （姓名）		Title： （职务）	
Department： （系科）		School/University： （学院/大学）	
Official E-mail： （学校邮箱）		Lecturer's Address / Post Code： （教师通讯地址/邮编）	
Tel： （电话）			
Mobile： （手机）			

Adoption Details（教材信息） 原版□ 翻译版□ 影印版□			
Title：（英文书名）			
Edition：（版次） Author：（作者）			
Local Publisher： （中国出版社）			
Enrollment： （学生人数）		Semester： （学期起止时间）	
Contact Person & Phone/E-Mail/Subject： （系科/学院教学负责人电话/邮件/研究方向） （我公司要求在此处标明系科/学院教学负责人电话/传真并在此加盖公章） 教材购买由我□ 我作为委员会的一部分□ 其他人□（姓名： ）决定。			

Please fax or post the complete form to（请将此表格传真至）：

CENGAGE LEARNING BEIJING
ATTN：Higher Education Division
TEL：(86) 10-82862096/ 95 / 97
FAX：(86) 10-82862089
ADD：北京市海淀区科学院南路 2 号
融科资讯中心 C 座南楼 12 层 1201 室 邮政编码：100190